KB047454

트라우마로부터 우리 아이 지키기

부모와 상담자를 위한 지침서

TRAUMA-PROOFING YOUR KIDS

A Parents' Guide for Instilling Confidence, Joy and Resilience

Peter A. Levine · Maggie Kline 공저

하영례 · 김숙희 · 김은경 · 김혜선 공역

학지사

역자 서문

우리는 탄생과 함께 피할 수 없는 수많은 트라우마를 경험하며 살아간다. 특히 아이들은 힘이 없고 아직 발달적으로 미숙하고, 객관적으로 지각하지 못한다. 또한 주관적으로 공포나 불안의 감정을 크게 느끼고, 어른이 보기에 별로 큰 사건이 아니거나 미처 예상하지 못한 상황에서도 트라우마에 쉽게 빠질 수 있다. 아이들에게 입원, 의료 과정, 사고, 낙상, 재난, 학대, 성폭력, 이혼과 죽음 등의 사건들은 고스란히 신경계에 남아 있어 해소가 되지 않으면 평생의 트라우마가 된다.

최근 임상 현장에서 상담자들은 다양한 트라우마로 방문하는 아이들을 비롯해, 놀이치료를 끝냈지만 이전의 트라우마로 동원된 에너지가 완전히 사용되지 않았거나 방출되지 않아 비슷한 상황이 왔을 때 다시 불안을 느껴서 재방문하는 아이들을 종종 만난다. 이 때 역자들은 조절되지 않는 자율신경계의 반응을 보고, 트라우마의 기억을 다루지 않고는 치료가 마무리되지 않는다는 것을 절실히 느끼고 있었다.

한편, 역자들은 관련 SE(Somatic Experiencing) 연수를 받으며 이것을 어떻게 놀이치료 현장과 연결해야 하는지에 대한 고민이 깊어져 갔다. 그러나 이들을 위한 특별한 안내서는 없었다. 피터 레빈(Peter A. Levine) 박사의 『트라우마로부터 우리 아이 지키기: 부모와 상담자를 위한 지침서』는 놀이치료 현장에서 트라우마를 이해하고 회복할 수 있는 안내서이다. 역자들은 몇 번의 모임을 통해 SE 개념을 이해하고, 용어를 통일해 가면서 이 책을 완역하게 되었다.

제1장은 우리에게 알려진 피할 수 없는 아이 트라우마 사례들, 사건 이후에도 남아 있는 트라우마, 트라우마의 원인과 회복탄력성을 위한 방법을 소개하고 있다.

제2장은 감각 기술을 활용한 회복탄력성 강화를 하기 이전에 다양한 실습(exercise), 관찰 기술을 연마함으로써 아이의 욕구와 리듬에 조율하는 방법과 더불어 트라우마 예방의 8단계를 다루고 있다.

제3장은 '새미 이야기'를 통해 문제 해결 네 가지 원칙, 놀이치료 현장에서 할 수 있는 가상놀이, 미술 활동 그리고 자원을 만드는 그림과 결합된 자연과 동물 라임놀이 방법을 구체적으로 소개하고 이를 통해서 자신감과 즐거움으로 전환되는 활동을 보여 준다.

제4장은 여러 가지 트라우마 상황에서 부모가 어떻게 대처할지를 알려 준다. 자녀의 트라우마가 부모의 대처에 따라 지속되는 힘든 경험 혹은 일시적인 힘든 경험으로 기억될 수도 있음을 보여 준다. 특별히 사고나 낙상, 의료 과정 등의 트라우마 상황에서 SE를 통한 대처법에 대해 다루고 있다.

제5장은 자녀의 발달 단계에 따라 발달 과업을 달성하고 건강한 발달을 이루도록 하는 바람직한 부모 역할에 대해 다루고 있다. 아이가 애착과 신뢰감을 형성하고 자율적이고 주도적으로 행하며 유능감과 정체감을 확립하는 방법을 알려 준다.

제6장은 아이의 성적 트라우마의 예방과 알아차림에 중점을 두고 있다. 아이들이 건강한 경계를 발달시키도록 돕는 방법과 부모가 아이 자신을 보호할 수 있다고 믿을 수 있도록 다가가는 방법을 알려 준다.

제7장은 부모의 이혼, 죽음 및 이별 등으로 인해 예기치 못한 헤어짐이 발생하여 아이가 스트레스와 깊은 슬픔에 빠지게 될 때, 이혼에서 자녀를 온전히 지키기 위한 안내, 아이들이 고통스러운 충격과 애도를 돕는 방법과 실습을 알려 주고 있다.

제8장은 공포에서 아이들을 보호하기 위해 병원과 의료기관의 변화를 위한 모델들, 가족 친화적인 어린이 전문 병원, 지역 사회의 위기 개입 및 학교에서 이루어지는 위기 보고의 새로운 방식들을 소개하고 있다.

『트라우마로부터 우리 아이 지키기: 부모와 상담자를 위한 지침서』는 총 8장으로 구성되어 있다. 하영례가 제2장과 제3장을, 김숙희가 제6장과 제7장을, 김은경이 제4장과 제5장을 그리고 김혜선이 제1장과 제8장을 번역하였다.

이 책은 아이가 극심한 스트레스 상황이나 트라우마에 놓일 때 아이의 상태를 설명하고, 어떻게 회복탄력성을 최대화할지 그 실천적 방법들을 소개해 준다. 구체적으로, 아이들이 심각한 정신적 고통을 받지 않으면서 고통스러운 감각들과 감정들을 인지하고 해결해 갈 수 있도록 돕는 방법을 가르쳐 준다. 또 다양한 사례를 통하여 아이들이 다시 촉발되는 무의식적 반응과 두려움을 없애는 구체적 방법들을 안내하여 트라우마를 겪기 이전의 안정적인 심리 상태로 회복하도록 도와준다. 그러므로 이 책은 트라우마를 가진 아이를 돕고자 하는 부모와 상담자들에게 '회복탄력성을 위한 레시피(recipe)'가 될 수 있을 것이다.

　마지막으로 이 책이 나오기까지 함께 모여서 서로를 지지하면서 많은 힘을 주었던 모든 선생님 그리고 학지사 김진환 사장님과 세심한 편집과 교정을 맡아 주신 박선민 선생님께도 감사를 드린다.

2020년 6월, 'COVID-19'로 어려운 시기에
아이들의 건강한 미래를 소망하는
부모와 상담자들에게 도움이 되길 바라며
역자 일동

서문

우리 시대의 이야기

옛날 옛적에—아주 오랜 옛날—아름다운 왕국이 있었다.

이 왕국을 통치한 왕은 매우 현명하고 친절한 사람이었지만 행복하지는 않았다. 왕에게는 매우 사랑하는 딸이 있었다. 똑똑하고 아름다운 8세 아이였다. 이 어린 소녀는 왕궁을 벗어나는 것을 거부하면서 밖으로 한 발짝도 나가지 않았으며, 개를 보거나 심지어 짖는 소리를 들을 때마다 필사적으로 울었다.

마침내 왕은 '개는 이 왕국에 있을 수 없다.'는 칙령을 내렸다.

그래서 모든 개는 추방되었다. 하지만 그것은 그의 딸의 공포증에 도움이 되지 않았을 뿐만 아니라, 이런 명령으로 인해 다른 아이들이 매우 슬퍼하게 되었다.

공주는 여전히 궁전을 떠나려고 하지 않았다. 결국 왕은 또 다른 선언문을 썼다. '내 딸이 집 밖으로 나갈 수 있게 할 수 있는 사람에게는 내 왕국의 절반을 주겠다.'

한 시골 마을에 늙은 마법사와 현명한 여자가 살고 있었다. 둘은 피터 레빈(Peter A. Levine)과 그의 친한 친구 매기 클라인(Maggie

Kline)이었다. 그들은 그 상황을 해결할 수 있다고 말하였다.

왕은 승낙하였다. 레빈과 클라인은 궁전에 와서 공주가 트라우마(4세 때 개에게 물렸던)로 인해 힘들어하고 있다고 설명했다. 그들은 책에서 설명한 방법을 사용하여 공주의 고통을 치유해 나갔다. 놀랍게도 공주는 궁 밖으로 나가기 시작했고, 곧 강아지 한 마리를 데려왔다.

왕국은 기쁨이 넘쳐 났다. 비로소 모든 개가 돌아왔고, 아이들은 다시 사랑하는 친구들과 놀 수 있게 되었다. 누구도 공주만큼 그녀의 개를 사랑하지 않았다. 왕이 레빈과 클라인에게 말하였다.

"이제 내 왕국의 절반은 너희의 것이다."

"우리는 당신 왕국의 절반을 원하지 않습니다."라고 그들이 대답했다.

"우리는 우리 안에 왕국을 가지고 있습니다. 다만 우리는 아이들의 트라우마를 예방하고, 극복하는 방법을 가르칠 수 있도록 이 왕국에 있는 모든 부모와 대화를 하고 싶습니다."

왕은 놀라움과 기쁨을 느꼈다.

"그렇구나! 너희의 소원이 즉시 이루어지도록 하겠다."

곧 두 사람의 생각대로 되었다.

그 후 왕국은 행복한 나라가 되었다. 그 나라는 괴롭힘, 싸움, 공포가 최소한으로 줄어들었고, 아이들은 자유롭게 배우고 배움을 즐겼다. 심지어 전쟁과 성폭행 사건들도 2세대, 3세대, 4세대를 지나며 사라졌다.

피터 레빈과 매기 클라인은 가장 주목할 만한 인물이다.

『트라우마로부터 우리 아이 지키기: 부모와 상담자를 위한 지침서』는 두 사람이 도와주었던 아이들에게서 얻은 간단한 설명, 영감을 받은 실험적 연습 그리고 풍부한 예시로 이루어진 그들이 보낸 소중한 선물이다. 모든 발달 단계에서 두 사람이 결합한 지식과 어린이들에 대한 공감은 놀랍다. 그들은 아이들에 대한 이 절묘한 이해뿐만 아니라 부모들에 대한 이해도 하고 있다. 레빈과 클라인은 우리에게 아이들의 고통, 기쁨 그리고 공포를 이해하고 존중하는 방법을 가르쳐 주고, 더 행복하고, 더 자신감 있고, 더 회복력 있는 어린이, 청소년 그리고 성인의 세대를 만들어 낼 수 있는지 알려 준다. 이 책은 모든 부모, 상담자 및 스카우트 리더에게 꼭 필요한 책이다. 또한 우리가 아동 발달의 단계를 이해하는 데 도움을 주고, 각 발달 단계에서 더 적절하고 민감하게 아이를 다루도록 부모와 상담자에게 도움을 준다. 이 책은 선구적인 작업이었고, 선구적인 통찰력과 선구적인 업적이다. 이 책은 완전하고 간단하며, 상식을 뛰어넘는다.

『에메랄드 눈동자를 가진 아이(Children with emerald eyes)』의 저자
Mira Rothenberg

차례

특정 상황에서의 처치   133

−A(놀이 기구를 타는 경우)부터 Z(동물에게 물렸을 경우)까지−

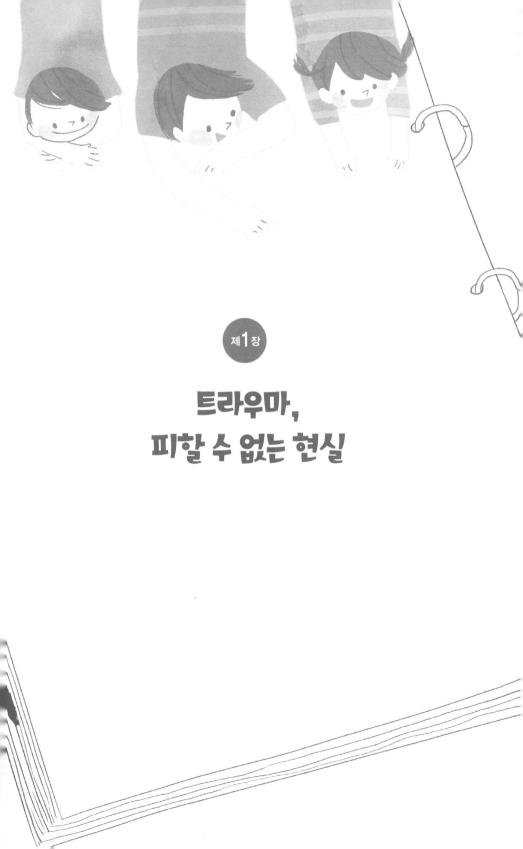

제1장

트라우마,
피할 수 없는 현실

트라우마는 피할 수 없는 삶의 요소이다. 그것은 썩 기분 좋지 않은 진실이다. 그러나 다행스럽게도 반전의 메시지가 있다. 무언가로부터 회복할 수 있는 능력, 즉 회복탄력성 역시 역동하며 실재한다는 점이다. 회복탄력성이란 스트레스, 공포, 무력감, 무언가에 의해 압도되는 감정들로부터 삶을 재기하게 하는 능력이다. 회복탄력성이란 개념은 당기면 원래대로 돌아가는 스프링에 비유되곤 한다. 너무 자주 사용하거나 지나치게 힘을 가하여 당길 경우, 결국에는 그 성질을 회복하지 못할 수도 있다는 의미도 내포한다.

닳아서 해어진 옷처럼 회복탄력성을 상실할 이유는 없다. 젊은 사람이라면 특히 그렇다. 스트레스와 삶을 짓누르는 상황과 마주할 때, 오히려 사람들은 회복탄력성을 정립하고 확장시킬 수 있는 능력을 발휘한다. 회복탄력성이 강한 아이들은 대체로 용감하다. 용감하다는 것은 무모하게 위험한 상황에 뛰어들기를 좋아한다는 의미가 아니다. 항상 **열린** 마음과 **호기심** 있는 자세로 열정과 생명력을 발산하며 세상을 탐구해 나가는 태도를 유지한다는 것이다. 그 과정을 통해 아이들은 필연적으로 많은 장애물, 좌절, 충돌과 갈등을 마주하게 된다.

자연스럽게 경험할 수밖에 없는 그러한 물리적 힘들이 다가올 때, 회복탄력성이 강한 아이들은 좌절하기보다 열린 태도를 유지한다. 마음의 문을 여는 것은 회복탄력성이 강한 아이들의 가장 전형적인 특징이다. 그들은 다른 아이들에게도 개방적이며, 자신의 것을 나누는 것을 좋아한다. 또한 자신의 공간과 소유물에 대해서도 경계를 잘 설정한다. 나이에 맞게 자신의 감정과 소통하며 그것을 잘 표현하고 다룬다. 그들에겐 경이로운 특징이 하나 있다. 좋지 않은 일이 일어났을 때 그들이 지지받는다면, 그것을 산들바람처럼 흘려보내는 능력을 가지고 있다. 그들은 행복하며 타인의 기대에 부응하기라도 하듯 생동감이 있다.

그러나 그들도 큰 위기를 겪는데, 그중 가장 심한 타격을 받을 수 있는 도전은 트라우마로 남을 수 있는 사건에서 비롯되는 경험이다. 지금부터 어떤 일들이 아이들에게 감당할 수 없는 반응을 일으키게 하는 것인지 깊이 살펴보자.

트라우마는 폭력이나 성추행과 같은 극단적 사건으로부터 발생할 수 있지만 '일상적이며' 평범한 일로부터도 생겨날 수 있다. 아이들은 사고, 낙상, 의료 경험, 이혼과 같이 흔하게 일어나는 일들로도 자신감을 잃어버리고 위축되며, 두려움과 공포를 느끼는 수준까지 나아가기도 한다. 트라우마에 사로잡힌 아이들은 공격성이 강화되거나 과잉 행동을 보이는 등 정신적 문제를 겪을 수 있으며, 성장하면서 다양한 대상에 중독될 정도로 악화되기도 한다. 하지만 트라우마 상태에 있는 아이들이 그들을 잘 이해하고 돌볼 수 있는 능력을 갖춘 부모나 도우미를 만난다면, 아무리 힘든 상황에서도 자신의 정체성을 파악할 수 있게 되며, 자신을 옭아매고 공포심을 갖게 하는 사건일지라도 극복할 수 있게 된다.

부모는 자신의 아이가 자신감과 능력을 갖추도록 위험을 감수해야 하는 일들을 수행하게 할 것인지 아니면 위험으로부터 보호할 것인지 종종 갈등한다. 아이가 자신의 세계를 알아가는 과정에서 예상치 못한 일들로 인해 트라우마를 가질 수 있다는 현실은 부모에게 상당히 균형감 있는 판단과 행동을 요구한다. 당신이 아이를 집 안에 가두고 보호하는 쪽으로 선택하더라도 결국 아이들은 자신의 호기심에 이끌려 모험하고 상처받는 과정을 겪게 될 것이다. 아이들은 그런 방법을 통해 스스로 배운다. 높은 곳에서 떨어지기도 하고, 불을 만지다가 화상을 입기도 하고, 감전되기도 하며, 동물에게 물리기도 한다. 그들은 자연의 무심한 힘과 대면해 가면서 경험을 축적한다. 아무리 노력을 한다고 해도 부모가 설정하는 안전이라는 보호막은 거품과 같아서 그 속으로 들어갈 수도 없으며, 너무 쉽게 터져 버려서 아이들의 보호막이 될 수도 없다.

아이들은 종종 트라우마를 유발하는 사건들에 노출되어 있다. 그렇다고 부모가 이러한 현실에 낙담할 필요는 없다. 앞서 언급한 일상적 상황이 아이들에게 미치는 영향뿐 아니라 전쟁, 테러, 성폭력 같은 인재나 자연 재난이 주는 큰 충격까지도 최소화할 수 있는 방법이 있기 때문이다.

스마트폰이 물속에서도 작동되도록 방수 기능을 탑재한 것처럼, 아이들이 트라우마 방어 기능을 갖출 수 있도록 하는 것은 허무맹랑한, 이루기 어려운 목표일까? 물론 그렇지 않다. 이 말을 반드시 기억하자. "고통은 피할 수 없다. 트라우마도 피할 수 없는 현실이다. 그러나 스프링처럼 다시 복구되는 능력인 회복탄력성 또한 기능한다는 것 역시 사실이다."

당신은 이 책을 통해 아이들이 극심한 스트레스 상황에 놓였을 때, 균형을 회복하기 위해 그들이 어떻게 회복탄력성을 최대화할 수 있는지 그 실천적 방법들을 배우게 될 것이다. 부모와 아이들을 책임져야 할 위치에 있는 사람들이 '회복탄력성을 위한 레시피 (recipe for resilience)'로 무장된다면 일상적인 스트레스에 대한 아이들의 내성을 강화시켜 줄 뿐만 아니라 트라우마에서 오는 충격을 방어할 수 있는 기능을 갖추도록 도울 수 있다. 그 방법들을 배워 가는 과정을 통해 그들은 더 강해질 수 있으며, 더 잘 배려하고, 유쾌하면서도 자비심 많은 사람으로 성장할 수 있다.

'트라우마'란 말은 잡지나 신문의 헤드라인 같은 곳에서 종종 볼 수 있다. 〈오프라 윈프리쇼[1]〉와 같은 인기 있는 텔레비전 프로그램에서도 수많은 시청자에게 트라우마가 사람의 영혼과 육체를 어떻게 장악하고 영향을 미치는지 알려 주기도 한다. 트라우마가 아이들의 심리와 몸 그리고 감정을 어떻게 황폐화시키는지 그 정체를 인식하기 시작한 것이다. 2001년 9월 11일을 기점으로 트라우마라는 재앙에 어떻게 대처해야 하는지에 대해 대대적인 정보 유통이 이루어졌다.

그러나 집중적인 관심에도 불구하고 트라우마가 일어나는 일반적 원인이나 예방법, 약물을 사용하지 않고 치료하는 방법 등에 대해서는 의미 있는 연구를 찾아보기가 어려웠다. 지금까지 주로 연구된 주제는 트라우마의 다양한 증상에 대한 진단 및 약물 치료법과 관련된 것이었다. "트라우마는 아마도 인간이 경험하는 고통들 중에서 가장 접근하기 어렵고, 꺼려지며, 무시되고, 부인되며, 오해받고, 다루어지지 않은 고통이다." 하지만 한 가지 다행스러운 것은

---

1) 1986년 첫 방송 후 2011년 5월 25일 종영될 때까지 25년간 오프라 윈프리가 진행한 토크쇼로 전 세계 140여 개국에 배급될 정도로 세계적 인기를 끌었던 프로그램–역자주

아이를 양육하고 보호해야 하는 사람들(아이들의 부모나 이모 또는 삼촌, 할머니일 수도 있는 어른들)이 트라우마의 해악적 결과를 예방하거나 혹은 적어도 완화시켜야 하는 자리에 있다는 것이다.

당신이 보호하고 있는 아이들에게 최선을 다하기 위해서는 무엇보다 트라우마의 정체를 그 뿌리부터 이해할 필요가 있다. 그런 다음 트라우마에 대한 왜곡된 현실과 진실을 구체적으로 들여다볼 수 있을 것이다. 그 과정에서 당신은 아이가 현실의 위협에서 벗어났음에도 불구하고 여전히 위축되어 있는 원인을 이해하게 될 것이다.

이 책은 아이들이 심각한 정신적 고통을 받지 않으면서 고통스러운 감각과 감정을 인지하고 해결해 갈 수 있도록 돕는 방법을 가르쳐 준다. 이 책의 새로운 지식들은 아이들이 트라우마뿐만 아니라 다른 어려운 감정들로 인해 다시 촉발되는 무의식적 반응과 감정으로 인해 겪게 되는 두려움을 없애도록 도와줄 것이다. 다양한 실제 사례를 통해 아이들을 위축시키는 경험들로부터 그들을 어떻게 지지할 것인지를 알게 될 것이다. 두려움을 주었던 사고나 스트레스를 주었던 일상적인 사건 이후에 생겨난 트라우마 증상을 완화하거나 차단할 수 있는 간단한 기술들을 배우는 과정에서 트라우마가 어떤 형태로 나타나는지 알게 될 것이다. 이 책의 기본적인 원칙들은 부모나 치료자에게 '정서적 응급조치(emotional first aid)'로 활용될 수 있다. 전문가의 조력이 강력하게 요구되는 때는 언제인지 알 수 있도록 도움을 줄 것이다.

우리에게 알려진 아이 트라우마 사례들

다음의 다섯 아이의 사례를 통해 다양한 연령에서 나타나는 트라우마의 특성을 보다 잘 이해할 수 있을 것이다. 제시된 사례들을 통해 자신의 아이를 떠올릴 수도 있다. 아이들이 궁지에 몰린 상황을 읽고 난 후 아이들이 왜 그런 행동을 했는지 그 원인을 발견할 수 있을 것이다.

○ 리사는 가족이 차에 타려고 준비할 때마다 신경질적으로 운다.

○ 부끄럼을 많이 타는 15세의 칼로스는 무단결석을 굉장히 자주한다. 칼로스는 이렇게 고백한다. "이제 더 이상 두렵고 싶지 않아요. 정말 할 수 있다면 정상적인 감정을 느끼며 살고 싶어요."

○ 2학년인 세라는 성실하게도 매일 아침 늦지 않고 수업에 들어간다. 그런데 11시만 되면 보건실로 가서 배가 아프다고 호소한다. 세라가 매일 느끼는 고질적 통증의 원인이 무엇인지 의학적으로 파악되지 않는다.

○ 커티스는 인기가 많고 성격 좋은 중학생이다. 커티스는 엄마에게 아무나 발로 차고 싶다고 말한다. 그는 그런 강렬한 감정이 어디에서 나오는지 모른다. 2주 후 그는 공격적으로 행동하면서 동생을 괴롭히기 시작했다.

○ 세 살배기 케빈의 부모는 케빈이 스트레스를 받을 때 보이는 '과잉 행동'과 '자폐적인' 놀이에 대해 걱정하고 있다. 케빈은 "살려 줘, 살려 줘!"라고 소리치면서 마치 죽었다가 서서히 살아나는 것처럼, 바닥에 눕고 몸을 뻣뻣하게 경직시키는 짓을 반복한다.

　이 아이들에게는 어떤 공통점이 있을까? 그들의 증상은 어디서 비롯된 것일까? 증상이 호전될 것인가, 아니면 악화될 것인가? 이러한 질문들에 답하기 위해 이 문제들이 어디서부터 시작되었는지 알아보자.

　리사가 3세 때, 가족이 탄 차가 추돌사고를 당했는데 리사는 당시 유아용 보조의자에 벨트를 맨 채 앉아 있었다. 리사는 물론 차를 운전한 엄마도 어떤 부상도 입지 않았다. 차가 살짝 긁힐 정도의 아주 '경미한 사고'였다. 어린 리사의 울음은 사고와 관련이 없어 보였다. 왜냐하면 사고로 인해 멍한 느낌이 지속되는 증상이 있었지만 그것도 몇 주가 지나자 사라져 버렸기 때문이다. 사고 후 리사에게 처음 나타난 증상은 이상할 정도로 조용했고, 식욕부진을 겪었다. 리사가 식욕을 되찾자 부모는 리사가 잘 '이겨 냈다.'라고 생각했다. 하지만 리사의 증상은 가족이 함께 타는 자동차 근처에 갈 때마다 두려움에 휩싸여 눈물을 흘리는 것으로 바뀌었다.

　리사는 한 가지 경험을 통해 트라우마를 경험하게 됐다면, 칼로스의 증상은 오랜 시간에 걸쳐 형성되었다. 칼로스는 정신적으로 불안정한 그의 의붓형에게 5년 이상 육체적으로 위협을 받아 왔다. 어느 누구도 이런 상황에 개입하지 않았다. 부모는 형제 사이에서 벌어질 수 있는 '당연한' 갈등으로 생각했다. 칼로스는 자신의 비밀을 내면 깊숙한 곳에 가두었기 때문에 그의 부모는 그가 형을 몹시 두려워하고 있다는 것을 파악할 수 없었다. 더욱이 그런 이야기를 털어놓으면 장애가 있는 형도 이해하지 못하는 나쁜 아이라고 야단을 맞을까 봐 두려웠다. 칼로스는 자신이 느끼는 두려움을 엄마에게 이야기했지만 그가 품었던 감정들은 묵살되었고, 참으라는 이야기만 들어야 했다. 불안정한 가족 관계 때문에 침울했던 누나 외에는 어느 누구도 칼로스의 처지와 고통을 알아 주지 않았다. 그때 칼로스는 밤낮으로 프로레슬러가 되겠다는 환상을 가졌고, 고등학교 스포츠 팀에서 활동하겠다는 바람도 있었다. 하지만 아침에 가까스로 일어나서 학교에 오갈 정도의 힘과 자신감밖에 남아 있지 않았다. 결국 칼로스는 자살하려고 했고, 이 계획이 학교에서 드러나자 비로소 부모는 반복적인 괴롭힘에 의해 계속 고조되어 온 감정적 고통이 칼로스를 얼마나 짓누르는지 이해하게 되었다.

세라는 중학교 2학년이 된다는 사실에 마음이 부풀 정도로 순수한 소녀였다. 엄마와 함께 들뜬 기분으로 학교에 입고 갈 새 옷도 사며 행복한 시간을 보냈다. 쇼핑이 끝난 후 세라는 아무런 마음의 준비 없이 충격적인 소식을 듣게 되었다. 부모가 이혼한다는 것과 아빠가 2주 후에 집을 떠난다는 것을 엄마로부터 듣게 된 것이다. 전혀 예상치 못한 소식에 새 학년이 된다는 부푼 기대는 금세 좌절과 슬픔으로 뒤범벅되었고, 세라의 가슴을 채웠던 쾌활함은 꼬일 대로 꼬인 실처럼 변해 버렸다. 세라가 보건실의 단골손님이 된 것은 전혀 이상한 일이 아니다.

어느 날 아침 커티스는 학교 버스를 기다리는 중에 차에 타고 있던 사람이 인도에 있던 사람을 총으로 쏴 죽이고 사라지는 사건을 목격했다. 커티스는 몇몇 친구와 함께 버스 정거장에 있었기 때문에 그들 모두 학교에 도착해 상담을 받았지만 시간이 지나도 커티스는 계속 불안을 느꼈고, 심란한 마음을 가라앉힐 수가 없었다.

케빈은 응급 제왕절개로 태어났는데, 태어난 지 하루도 안 되어 생존을 위한 수술을 받아야 했다. 그는 장과 직장에 기형을 가지고 태어나 즉각적인 수술이 필요했다. 의료적이고 외과적인 절차가 종종 필요할 때가 있는데, 이를 통해 생명이 연장되기도 한다. 그 과정을 통해 생존할 수 있다는 안도감과 생명 연장이라는 선물을 선사받기도 한다. 하지만 외과적 상처가 치유되고 오랜 시간이 흐른 후 축복이라고 생각했던 그 과정이 오히려 감정과 행동에 깊은 영향을 주고, 트라우마를 빚어낼 수 있다는 사실을 자주 망각하기도 한다.

커티스가 목격한 충격적인 총기 사건과 케빈이 겪은 큰 수술을 제외한 나머지 사례들은 극단적이지 않으며, 많은 아이에게 일어날 수 있는 경우이다. 각각의 '사건'이 매우 다를지라도 아이들이 공통으로 경험하는 것은 압도당하는 감정과 무력감이다. 각각의 아이는 '일어난 사건'과 그 사건을 '어떻게 경험했는지'에 의해 트라우마를 안고 살아가게 되었다. 어떻게 그것을 알 수 있을까? 답은 간단하다. 각각의 아이는 어떤 식으로든 자기가 경험했던 사건이 마치 지금 발생하고 있는 것과 같은 상황에 '묶여' 자기의 삶을 살아간다는 것이다. 아이들의 몸이 트라우마 순간에 설정된 알람 소리에 반응하는 것처럼 과거의 시간에 갇혀 있는 것이다. 비록 그 아이들이 경험한 사건을 기억하지 못하지만(혹은 그들의 부모가 아이의 증상을 과거의 사건과 연관시키지 못하지만) 아이들이 하는 놀이, 행동 그리고 신체적으로 표현되는 부정적 감정들은 그들의 내면에 형성된 새롭고 놀란 감정들에 대해 몸부림치며 대항하고 있음을 드러낸다.

앞의 예시들은 아이들을 압도할 수 있는 공통적인 상황의 폭과 깊이가 어느 정도인지를 가늠해 준다. 이 책에서는 아이들의 나이와 단계에 따라 일상적일 수도 있고, 아주 특별할 수도 있는 다양한 상황을 다루는 방법에 대해 여러 사례를 들어 설명하고, 어떻게 초기 대응을 할 것인지에 대해서도 언급할 것이다.

사건 이후에도 남아 있는 트라우마

날벼락이 마른하늘을 갑작스럽게 찢어 놓는 것처럼, 강렬한 경험이 아연실색할 정도로 아이를 당황에 빠트릴 때 트라우마가 일어난다. 그 경험은 아이를 압도하고 왜곡하며, 마음과 영혼이 아이의 몸에서 분리되도록 한다. 아이가 가지고 있었던 대응 능력이 사라지고, 철저히 무기력해진다. 그것은 마치 아이의 다리가 자신에게서 떨어져 나가는 것과 같다. 또한 트라우마는 지속되는 두려움과 정신적인 긴장의 결과일 수 있다. 장시간에 걸쳐 진행된 스트레스 반응은 건강과 생기, 자신감을 상실시키고, 아이를 지쳐 쓰러지게 한다. 칼로스와 그를 괴롭혔던 형의 사례에서 이 점이 분명히 드러난다.

트라우마는 자기 역량 강화(empowerment)라는 긍정적인 척도와 대척점에 서 있다. 트라우마에 대한 취약성은 개별 아이가 가진 요소에 따라 차이를 보인다. 특히 나이, 어릴 적 유대관계의 질, 트라우마 내력 그리고 유전적 기질에 따라 영향을 받는다. 좀 더 성숙한 아이나 성인에게는 영향을 미치지 않을 수 있는 일반적인 일에 의해서도 나이가 어리면 어릴수록 더 많이 압도당할 수 있다. 일반적으로 트라우마 증상의 강도는 경험한 사건의 강도에 비례한다고 알려져 있다. 스트레스 요인이 얼마나 강한지가 분명히 트라우마 발생의 주요 요소이지만, 그것이 트라우마를 정의하지는 않는다. 아이가 가지고 있는 회복탄력성의 크기가 가장 우선적인 요소로 작용한다. 더불어 '트라우마는 사건 자체에만 머물러 있지 않고 신경계에 트라우마의 흔적들이 살고 있다.' '단순한 하나의 사건'에 의해 촉발된 트라우마의 기저에는(지속적인 방임과 학대와 대조해 봤을 때) 심리적 측면보다는 생리적 요소가 주된 배경으로 깔려 있다.

　'생리학적'이라는 것이 의미하는 바는 사람이 위험에 직면했을 때 생각할 시간조차 없이 본능적으로 즉각 반응한다는 것이다. 사람의 뇌의 주요한 기능은 생존이다! 우리의 몸은 그 기능을 수행하기 위해 연결되어 있다. 트라우마 반응의 뿌리를 찾자면 280만 년이나 지속된 유산으로 거슬러 올라가야 한다. 그 유산은 우리 뇌의 가장 깊고 오래된 구조 속에 존재한다. 뇌 내부의 원시적 영역들이 위험을 감지하면 자동적으로 평소와 다르게 많은 양의 에너지를 활성화시킨다. 예를 들면, 어머니가 차에 끼인 자신의 아이를 구하기 위해 아드레날린을 급속 분비해 자동차를 들어 올리는 것과 같다. 8세 소녀였을 때 트럭 바퀴에 팔이 끼인 사고를 경험한 여성을 개인적으로 알고 있다. 구조요원들은 그녀의 아버지가 사고 현장에 이르기 전까지 그녀를 구조해 내지 못하고 있었다. 그녀의 아버지는 강력한 보호 에너지, 마치 곰처럼 엄청난 에너지를 발산하여 트럭 바퀴로부터 그녀를 빼냈다.

　우리 모두가 공유하는 불가해한 생존 에너지는 우리 자신과 사랑하는 사람을 방어하기 위해 준비되도록 심장 박동과 함께 20가지 이상의 생리학적 반응을 이끌어 낸다. 이런 무의식적인 전환은 매우 신속하게 일어난다. 바로 이때 짧고 얕은 호흡을 하게 되며, 타액의 분비도 줄게 된다. 장기와 피부 조직으로 향하던 혈액도 흐름을 바꿔 위험을 피하기 위해 도망가기(flight) 반응을 주도하는 거대한 엔진 근육들로 집중하게 한다. 더 많은 정보를 얻을 수 있도록 눈의 능력을 증가시키기 위해 동공이 확장된다. 말하는 능력은 저하되고, 혈액의 응고는 촉진된다. 근육들은 매우 긴장되는데, 이 때문에 종종 아이들은 몸을 떨기도 한다. 치명적인 위협이 가해지고 지속적인 스트레스에 직면할 때, 이러한 반응 대신 신체가 압도되면서 기능을 발휘할 수 없는 상황에 처하게 되고 두려움 속에서 어떤 근육들은 무력해지는 현상이 나타날 수 있다.

반응에 대한 두려움

아이 혹은 어른이 자기 자신 안에서 일어나는 현상인 내면의 감각이나 감정에 불편함을 느낄 때, 신체적으로 도움을 주기 위해 튀어나왔던 즉각적인 반응들이 무서움으로 변질될 수 있다. 이런 양상은 특히 신체의 크기, 나이, 혹은 다른 취약성 때문에 자신을 이동시키는 것이 불가능하다거나 어떤 반응을 보이는 것이 부정적인 결과를 초래할 수 있을 때 더 잘 나타난다. 예를 들어, 갓 태어난 영아와 어린 아이들은 위험이나 위협이 가해질 때 그 현장을 벗어날 도리가 없다. 달아날 능력이 있는 좀 더 나이 든 아이나 어른조차도 꼼짝없이 아무것도 할 수 없는 상황에 처해질 수도 있다. 수술을 받을 때, 혹은 강간이나 성폭력이 일어나는 경우에 그런 상황이 발생된다. 이 경우 의식적으로 할 수 있는 선택의 여지가 없다. 사람은 생물학적으로 싸우기 혹은 도망가기 반응이 실제 불가능하거나 불가능하다고 인식할 때 얼어붙도록 혹은 무기력해지도록 프로그램화되어 있다. 설령 그 무서움이 우리 혈액에 사는 미생물이라고 할지라도, 거기에 반응하면서 우리 몸이 얼어붙고 붕괴되는 현상은 우리 내면에 이미 프로그램화되어 있는, '회피할 수 없는' 위협에 대한 최후의 반응이다. 영아와 아동은 자기 자신을 보호할 수단이나 선택이 굉장히 제한되어 있기 때문에 위협에 쉽게 얼어붙고, 트라우마에 취약하다. 바로 이 점이 무서움에 사로잡힌 아이에게 정서적인 응급조치를 할 때 보호자의 기술이 중요한 이유이다. 부모의 지지는 아이가 자신을 찌르는 스트레스에서 천천히 벗어나게 하고, 자기 능력을 강화하고, 심지어 유쾌하게 살아가도록 한다. 부모의 지지는 아이의 급작스러운 스트레스를 자신의 내면에 있는 힘에 대한 경험과 즐거움으로 천천히 바꿀 수 있다.

얼어붙기 반응(freeze response)에 대해 반드시 이해해야만 하는 것이 하나 있다. 우리의 몸은 비활성화된 것처럼 보이지만 도망칠 수 있도록 몸을 준비하게 만드는 생리적 기제는 여전히 '완전히 충전'된 상태에 있다는 점이다. 위협이 닥쳐올 때 행동을 취할 준비가 되어 있던 근육은 마비 혹은 '쇼크 상태'에 빠져 든다. 쇼크를 받은 상태에서 피부는 창백해지고, 눈은 초점을 잃는다. 호흡은 얕아지고 빨라지는데, 얕아지는 현상만 나타날 수도 있다. 시간의 감각이 왜곡된다. 이런 현상이 무기력하게 보이지만 그 상황의 기저에는 엄청난 생명 에너지가 존재한다. 이 에너지는 어떤 행동이 실행되고 있든 그것들이 마무리되도록 기다리고 있다. 게다가 아주 어린 아이들은 움직임이 없어지면서 적극적인 반응을 하지 않고 넘어가려는 경향도 보인다. 이후 위험이 사라졌다고 해도 과거를 상기시킬 만한 간단한 자극이 발생하면 몸이 정지될 때까지 그 자극이 다시 몸을 훑고 지나가면서 정확히 동일한 신호를 보낼 수 있다. 이와 같은 현상이 일어나는 경우, 아이가 시무룩하고, 우울하며, 홀짝이면서 울거나, 들러붙어 떨어지지 않거나, 위축되는 모습을 볼 수 있다.

아이가 완전히 충전된 상태에 있든지 아니면 무력한 상태에 있든지, 보호자의 지도는 트라우마에 대한 아이의 스트레스 반응을 완화하고 회복탄력성을 강화시킨다는 점에서 중요하다. 게다가 위협에 처했을 때 아이들은 그저 도망을 치지 않고, 대개 자신을 지켜 줄 수 있는 어른을 향해 뛰어간다. 아이는 트라우마를 해소하기 위해서 자신을 지지해 줄 방어막이 되어 주는 어른이 있어야 한다. 정서적 응급조치가 가능한 부모는 말 그대로 아이가 트라우마를 '떨쳐 내고' 다시 편안하게 숨을 쉴 수 있도록 돕는다.

생존 에너지 방출과 생리적 측면에서 진행된 복합적인 변화들이 시간이 지나면서 어떻게 아이에게 영향을 미치는 것일까? 이 질문의 답은 트라우마의 결과들을 이해하는 데 중요하다. 어떤 영향을 받았는지는 위협을 받는 동안과 그 후에 어떤 일이 벌어졌는가에 달려 있다. 주목해야 할 점은 트라우마 상태에 빠지는 것을 피하기 위해 자신을 방어하는 데 지나칠 정도로 과도한 에너지가 동원되는데, 그것이 모두 소모되어야만 한다는 것이다. 에너지가 완전히 소모되지 않을 때 에너지는 사라지지 않고 '몸의 기억(body memory)'으로 남아 있어 트라우마 증상들을 반복할 수 있는 기제로 작동한다.

어린 아이일수록 스스로를 보호할 수 있는 자원이 더 적다. 영아는 자기 스스로 체온을 유지할 수 없고, 유치원생이나 초등학생은 사나운 개에게서 도망가거나 싸울 수 없다. 이러한 이유 때문에 아이의 안전, 따사로움 그리고 평온함(그리고 그들의 영역에 대한 존중)에 대한 욕구를 인지하고, 그들의 필요를 맞춰 주는 성숙한 어른의 보호가 트라우마를 방지하는 데 가장 중요한 의미를 갖는다. 또한 어른들은 아이들에게 배가 볼록 나온 장난감 동물이나 인형, 천사, 환상 속 캐릭터를 사 주어 그것들이 친구 같은 역할을 하게 함으로써 안전과 편안함을 제공할 수 있다. 이런 물건들은 아이가 일시적으로 자신의 부모와 분리되어야 할 때나 자기 방에서 홀로 잠들어야 할 때 보조적 도구로서 심리적 평안을 유지하는 데 도움을 준다. 인형 같은 물건들이 어른들의 눈에는 유치해 보일 수 있지만, 아이들에게는 활력을 주고 위축되지 않도록 긍정적 역할을 한다.

어릴 때 이 같은 보호를 받았던 성인들은 이런 정보를 몹시 당연한 '상식'으로 여길 것이다. 이것은 아이들의 욕구가 쉽게 주목받고 충족되었다는 것을 의미한다. 하지만 역사적으로 아이들의 욕구가 완전히 무시되었다고 말하기는 어렵겠지만 부끄럽게도 최소한의 수준에서 충족되어 왔다. 많은 관심을 받았던 책『성장해 가는 마음(The developing mind)』의 저자이자 발달정신과 의사인 다니엘 시겔(Daniel Siegel)은 어른들이 아이들에게 제공하는 안전과 담아주기(containment)가 얼마나 중요한지를 엄밀하게 강조하면서 신경생물학적 연구 결과를 통합해 제공했다. 발달 과정에서 어린 뇌는 보호자와 아이 간의 면대면 관계에서 해부학적이면서 신경학적 '형상 만들기'와 '가지치기'를 수행함으로써 자체 지능, 정서적 회복탄력성, 자기 조절 능력(정서적 균형 상태 회복하기)을 개발한다. 트라우마 사건이 발생할 때, 내면에 체화된 신경학적 유형들은 극적으로 고조된다. 그러므로 보호자들은 책에서 제공하는 간단한 정서적 응급조치를 잘 배우고 실행해야 한다. 그렇게 했을 때 자녀의 뇌와 행동이 건강한 방향으로 성장하는 데 보호자로서 의미 있는 기여를 하게 될 것이다.

트라우마의 원인

트라우마 증상들이 점차 발현될 가능성은 애초에 싸우거나 도망가기 위해 사용된 생존 에너지의 남아 있는 수준뿐 아니라 얼마나 자기 기능이 중단되었는지와 관계되어 있다. 이런 자기 보호 과정이 이제 걷잡을 수 없는 상태에 놓인 것이다. 아이들이 과도한 충전 상태를 풀고 건강하고 유연한 기능을 회복하기 위해서는 일관되고 인내심 있는 지지가 필요하다. 갓난아기나 막 걸음을 배워 가는 아이가 부정적인 사건에 노출될 때 "그들은 영향을 받기에 너무 어려."라고 한다든지, "기억을 못하니까 아무 문제없어."라고 하는 표현들은 사라져야 될 잘못된 믿음이다. 실제로 태아, 신생아, 아주 어린 아이들의 경우에는 신경, 근육, 지각 능력이 발달되어 있지 않기 때문에 트라우마에 대해 가장 취약하고 위험하다. 이 취약성은 정형외과적으로 다뤄야 하는 부상이나 교정 때문에 부목, 교정기, 깁스와 같은 도구를 착용함으로써 영구적으로 혹은 일시적으로 장애가 생겨 움직임이 제한받는 조금 더 성숙한 아이들에게도 적용되기도 한다. 뇌성마비, 선천적 변형 혹은 발달상 지체 때문에 몸을 자유롭게 움직일 수 없는 아이들도 동일한 범주에 포함시킬 수 있다.

우리 몸이 잊지 않는 이유: 뇌 연구가 가르쳐 주는 것들

위협적인 상황이 끝났음에도 우리는 왜 그것으로부터 자유롭지 못한 것일까? 적절한 도움을 받지 못할 경우 우리는 왜 우리 자신을 왜곡시킨 불안과 또렷한 기억을 안고 평생 살아가야 하는 것일까?

저명한 신경학자로 평가받는 『데카르트의 실수 그리고 무엇이 일어나고 있는지의 느낌(Descartes' error and the feeling of what happens)』의 저자인 안토니오 다마시오(Antonio Damasio)는 감정들이 실제로 뇌 속 생존을 위해 필요한 해부학적 지도를 가지고 있다는 것을 발견했다. 즉, 공포로 불리는 감정은 뇌 속에 매우 구체적으로 새겨진 신경회로망을 갖추고 있으며, 그 회로를 통해 우리 몸의 다양한 영역에서 발현되는 신체적 감각들과 조응한다. 우리가 보고, 듣고, 냄새 맡고, 맛을 느꼈던 것들이 과거에 경험했던 위협과 비슷한 몸의 감각을 불러일으키는데, 처음 위협을 받았던 당시에 일어났던 일들이 그대로 재현되면서 두려움과 무기력감이 다시 소환된다. 원래 두려움을 경험하는 것에는 중요한 목적이 있다. 그것은 우리가 위험으로부터 빠르게 벗어날 수 있도록 몸이 '도망가기 혹은 얼어붙기(flee or freeze)' 계획을 조직화하도록 돕는다는 점이다. 하지만 그것을 촉발시키는 기제는 두려움이 어디에서 비롯되었는지에 대한 의식적 기억이 없을지라도 유사한 두려움이나 아주 비슷한 신체적 반응을 현재의 시점에서 만들어 낸다. 그때 심장 박동은 **빠르게** 상승하거나 가파르게 떨어지기도 하며, 땀이 나고, 불안감이 올라오는데, 그것은 몸이 과거의 위협을 마치 현재 위협받고 있는 것처럼 착각하게 되면서 완전히 자기역할을 반복하기 때문이다. 하지만 부모의 눈에는 이해할 수 없는 행동과 감정들이 표출되는 것일 뿐이다.

회복탄력성을 위한 방법

이 장의 앞에서 설명한 바와 같이, 아이가 지속적인 괴로움에 **빠져** 있느냐 아니면 회복탄력성을 가지고 다시 제자리로 돌아가느냐는 위협을 받는 동안 그리고 그 이후에 어떤 일들이 일어났느냐에 달려 있다. 당신은 아이가 트라우마 상태로 들어가지 않기 위해 스스로를 보호하고 안전을 확보하려는 시도를 하면서 과도한 에너지를 끌어모으는데, 아이가 그 에너지에 접근되어야 하고 그것을 마지막까지 '소진시켜야만 한다.'는 것을 배웠다. 이처럼 비상 동원된 에너지가 완전히 사용되거나 방출될 수 없을 때, 그 에너지는 사라지지 않고 남는다. 바로 다음에 언급할 '헨리'의 사례처럼, 사라지지 않고 남아 있는 에너지는 모든 종류의 문제 증상을 일으키는 원인이 될 수 있다. 헨리가 쾌활한 모습으로 회복되도록 부모가 지지해주고 그의 불안한 에너지를 다 '소진시켰을 때', 특정 음식이나 소리에 대한 혐오감과 회피가 헨리에게서 어떻게 곧바로 사라졌는지 알게 될 것이다. 섬뜩한 두려움의 도전을 받은 후 걱정에 휩싸인 채 스트레스를 받으며 완전히 공포감에 사로잡힌 아이를 도와주기 위한 방법들을 책을 읽는 내내 배우게 될 것인데, 이는 헨리의 부모가 활용했던 방법들과 동일하다.

헨리

헨리가 4세 때였다. 헨리는 땅콩버터, 우유와 함께 젤리를 먹는 것을 좋아했는데, 먹지 않겠다고 거절해서 헨리 엄마는 걱정이 되었다. 엄마가 헨리 앞에 그것들을 가져다 놓으면 헨리는 동요하면서 몸이 경직되기 시작하며 그것들을 치워 버렸다. 엄마를 더 불안하게 했던 것은 집에서 키우는 강아지가 짖을 때마다 헨리가 몸을 떨며 울기 시작한다는 점이었다. 헨리는 유아용 식탁의자를 사용하고 있었는데, 헨리의 부모는 헨리가 겪고 있는 그 음식들에 대한 혐오와 강아지 짖는 소리에 대한 두려움이 일 년 전쯤에 그 유아용 식탁의자에서 일어났던 '평범한' 사건과 직접 관계되어 있다고는 전혀 생각하지 못했다.

헨리는 유아용 식탁의자에 앉아 좋아하는 음식인 땅콩버터, 젤리와 우유를 먹으면서 당당하게 우유를 더 채워 달라며 반쯤 남은 유리컵을 엄마에게 내밀었다. 그때 헨리는 손에 쥐었던 컵을 놓쳐 버렸고, 바닥에 떨어지면서 컵이 산산조각이 났다. 옆에 있던 강아지가 놀라 뒤로 뛰다가 헨리가 앉아 있던 의자를 건들이면서 헨리를 넘어뜨렸다. 헨리는 바닥에 머리를 찧었는데, 숨을 쉴 수가 없어 헐떡거리며 누워있어야 했다. 엄마는 비명을 질렀고, 강아지는 더욱 크게 짖어 대기 시작했다. 엄마의 입장에서 헨리가 특정 음식을 혐오하고, 개 짖는 소리에 대해 두려움을 느끼게 되었다는 것은 납

득할 수 없는 사건이었다. 하지만 트라우마의 관점에서 살펴본다면 이 사건은 넘어지기 직전에 간절히 원했던 우유와 땅콩버터 그리고 추락 후 개가 사납게 짖어 댔다는 단순한 연관성이 파블로프의 반응처럼 그 소리를 두려워하고 전에 좋아하던 음식들을 혐오하도록 프로그램화된 사례였다.

이 책 후반부에 자세히 설명하겠지만 헨리는 스스로를 통제하면서 매트리스 위로 '안전하게 떨어지는 연습을 하고', 점차 자기 몸을 중력에 자연스럽게 맡길 정도가 되었을 때 경직된 근육의 긴장을 완화시키는 방법도 배웠다. 이러한 조치를 취하기 전까지 헨리는 자신이 좋아했던 음식을 먹을 수 없었고, 이웃집에서 짖어 대는 강아지 소리에도 잠을 잘 수가 없었다. 헨리는 다행히도 두 번의 놀이치료 후에 자신이 좋아했던 음식을 즐기기 시작했고, 장난스럽게 웃으며 개를 보면서 짖어 대기까지 했다. 다시 말해서 헨리는 안전하게 '넘어지는 연습'을 하면서 자기를 방어하는 데 집중시켰던 에너지를 모두 소진시켰다. 부모라는 안전판 안에서 그들의 도움을 발판 삼아 균형을 회복하는 방법을 깨닫게 되면서 헨리의 두려움은 기쁨으로 바뀌었다.

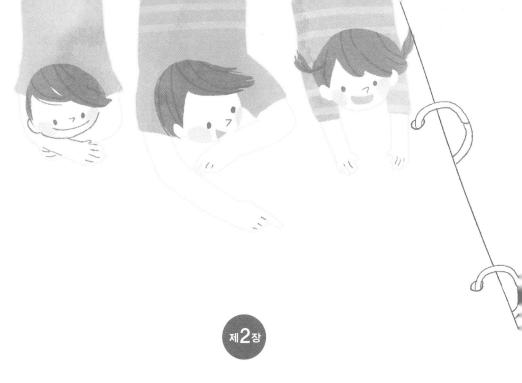

제 2 장

감각 기술을 활용한
회복탄력성 강화하기

−연습, 연습, 더 많은 연습으로−

압도적이었던 정서를 경험한 이후에 원래 상태로 회복할 수 있도록 자녀의 능력을 강화하기 위해서 당신은 먼저 몇 가지 기술을 배우고 연습해야 한다. 이 장에서는 다양한 실습(exercise)을 제공하는데, 이를 통해 당신과 자녀는 몸 안에 존재하는 풍부한 감각적 정보(landscape)를 발견할 것이다. 아마 그 실습들은 당신이나 아이들에게 생생하면서도 재미있을 것이다. 또한 부모나 자녀들에게 이 새로운 영역에 대한 새로운 단어를 익힐 수 있도록 안내할 것이다. 감각의 언어는 뇌의 깊고 구석진 영역으로부터—소위 '몸과 뇌(body-brain)'로 불리는— 전달된다. 당신은 본능적인 영역에서 발생하는 이러한 자연스러운 내적 신호를 익숙하게 알아차리게 될 것이다. 이런 기술들에 능숙해짐으로써 의식할 수 있는 몸의 반응과 의식할 수 없는 몸의 반응 사이의 간격이 줄어들 것이다. 감각에 대한 이런 경험적(experiential) 지식은 당신에게 강한 정서에 압도된 당신의 자녀를 도울 수 있는 도구를 제공할 뿐 아니라, 당신이나 부모가 혼비백산하지 않도록 하는 데에도 큰 도움이 될 것이다. 이 장에서는 자녀를 지켜보고, 귀를 기울이고, 공명(resonating)하는 등의 관찰 기술을 연마함으로써 당신은 자녀의 욕구와 리듬에 조율하는 방법을 배우게 될 것이다.

정서에 압도된 아이에게 적절한 지지하기

트라우마를 예방하거나 최소화하기 위해서 그리고 스트레스를 완화하기 위해서는 자녀의 불행한 사고에 대해 당신이 압도되지 않는 것이 무엇보다도 중요하다. 이것은 두말할 나위 없이 항상 쉬운 것만은 아니다! 아이들은 본래 연약하기도 하지만 동시에 회복력이 강하다. 적절한 지지가 제공될 때, 아이들이 스트레스 사건으로부터 대개 회복된다는 사실은 우리에게 큰 위로가 된다. 실제로 삶에 있어서 충격적인 사건과 상실을 극복하기 시작함에 따라 아이들은 더욱 활기차고 유능하며 회복력 있는 존재로 성장한다. 치유하는 능력은 원래 타고난 것이기에 어른으로서 우리의 역할은 단순하다. 다시 말해, 아이들이 이런 능력에 접근하도록 돕는 것이다. 당신이 해야 할 일은 여러 면에서 반창고나 부목(副木)의 기능과 유사하다. 반창고나 부목은 상처를 치료하지 않지만, 상처가 치료될 때까지 몸을 보호하고 지지한다. 여기서 제공되는 설명, 연습 사례 그리고 단계적인 안내들은 당신이 자녀에게 좋은 '반창고'가 될 수 있도록 할 것이다.

어른의 평정심은 아무리 강조해도 지나치지 않는다. 침착함이 필수이다! 아이가 다쳤거나 놀랐을 때, 어른 역시 어느 정도 놀라거나 무서워지는 것은 정상적이다. 당신의 두려움이나 보호 본능 때문에 처음에는 두려움이나 분노로 반응하는 것은 흔한 일이다. 그렇지만 이런 태도가 자녀를 더 놀라게 할 수 있다. 우리의 목표는 자녀가 경험하고 있을지도 모르는 두려움, 수치심, 부끄러움과 죄책감을 더 심각하게 만드는 게 아니라 최소화되도록 돕는 것이다. 이를 위한 최고의 방법은 먼저 당신 자신의 반응을 살펴보는 것이다. 만약 자녀가 실제로 큰 위험에 처해 있지 않다면, 꾸짖거나 불안하게 달려가는 것 대신에 먼저 당신 몸의 반응이 안정되도록 시간을 가져야 한다. 부모가 끔찍한 반응을 나타낼 때, 아이들은 가장 소스라치게 놀라는 경험을 한다. 왜냐하면 아이들은 양육자가 보이는 얼굴 표정을 '읽으면서' 그 위험이나 상처가 얼마나 심각한지를 판단하기 때문이다.

회복탄력성을 위한 몇 가지 단계

차분한 어른으로 머물고자 한다면 연습이 필요하다. 이 책에 제공된 경험적인 실습들은 자연스러우면서도 빠르게 정서적 균형 상태를 회복할 수 있는 능력을 향상시킬 것이고, 결국 심리적 압박이 있을 때에도 차분하게 머물도록 도와줄 것이다. 일단 당신의 몸이 '올라가는 것(충전/흥분/두려움)은 내려올 수 있다는 것(방출/이완/안전)'을 익힌다면, 당신은 머지않아 회복탄력성이 더 있는 신경계를 가질 것이고, 인생의 역경을 무사히 헤쳐 나갈 수 있을 것이다. 아마도 당신은 쉽게 구부러지고, 심지어 땅에 닿기도 하지만 심한 폭풍에도 결코 부러지지 않는 큰 대나무나 버드나무처럼 될 것이다! 당신의 신체가 '그것을 배울 때', 당신도 역시 배우게 될 것이다. 당신의 고유한 신경계는 비언어적인 단서인 몸짓, 얼굴 표정 그리고 목소리 톤을 통해서 자녀의 신경계와 직접적으로 소통한다. 이런 식으로 우리는 자녀와 **진정**으로 연결된다! 이때 가장 큰 영향을 미치는 것은 우리가 표현하는 말이 아니다. 바로 비언어적인 단서들로서 이것이 안전감과 신뢰감을 만들어 낸다. 자녀의 감각, 리듬 그리고 정서에 조율할 수 있으려면, 먼저 당신 자신의 감각, 리듬 그리고 정서에 조율하는 법을 배워야 한다. 그러면 당신의 차분함이 전달이 되어 자녀가 차분해질 것이다.

이런 조율 과정의 첫 단계는 편한 감각과 불편한 감각을 견디고 조금씩 친해지는 것을 배우면서 편한 감각 그리고 불편한 감각 모두를 경험하는 것이 중요하다. 이것은 회복탄력성이 생기는 데 필수적이다. 종종 소홀히 여겼던 우리 자신에 대해 이런 더 깊은 경험은 우리 존재의 핵심을 형성한다. 바로 우리 자신의 호흡과 복부상태를 통해 우리는 자기(self)에 대한 감각을 형성하고, 그런 이후에 아이들에게 자기감각을 알아차리도록 하는 데 도움을 줄 수 있다.

우선 몸의 감각을 탐색할 때 그곳에 집중을 유지하기란 쉬운 일이 아니다. 하지만 집중을 계속할 때마다 약간씩 더 쉬워질 것이다. 불편한 감각이 변화될 만큼의 긴 시간 동안 충분히 견디는 것이 중요하다. 한편으로 고양된 즐거움이나 기쁨을 경험하는 것도 중요하다. 연습을 반복함에 따라 당신의 몸은 스트레스를 받지 않고 흥분하지도 않으면서 더 많은 감각과 정서를 담을 수 있다. 일단 당신이 정서와 감각에 '편해짐'을 느낀다면, 자연스럽게 자녀에게 정서를 다루는 최고의 방법을 가르치는 모델이 될 것이다.

차분하게 머무르는 것을 발달시키기

긴급 상황에서 당신이 정서적 균형을 유지하지 못하거나 안정적으로 머무르지 못한다고 해서 절대 절망할 필요가 없다. 가족을 부양하는 데 있어서 그리고 직업에서의 책임과 관련된 현대의 스트레스들을(개인적 문제나 당신의 미해결된 트라우마도 두말할 나위 없지만) 고려해 보면, 어떻게 부모나 양육자가 차분하게 회복탄력성을 유지할 수 있단 말인가? 이것은 특히 갓 걸음을 걷기 시작한 아기가 계단에서 아찔하게 꼬꾸라지는 걸 보는 위기 사항에서 부모는 정말로 힘들다.

당신이 더 탄력적이고 효율적이기 위해서는(집안의 다양한 사건을 다루거나 일반적으로 자녀를 양육하는 데 있어서) 위험이나 스트레스 상황에서 어떤 식으로 당신의 본능이 작동하는지에 대해 경험적으로 알아차리는 것이 매우 중요하다. 그렇다면 아이가 크게 울고 있거나 혹은 아이가 자신의 눈을 막대로 찔렀을 때, 우리가 차분함을 유지하며 머무는 방법을 어떻게 배울 수 있을까? 당신이 크게 놀랐거나 지나치게 스트레스를 받았을 때 당신의 '몸과 뇌(body-brain)' 그리고 자녀의 몸과 뇌 안에서 무슨 일이 일어나는지를 배우는 것으로 시작해 보자.

몸과 뇌의 연결

인간은 세 개의 독특한 뇌가 함께 하나의 마음으로 기능하는 삼위일체의 뇌를 가지고 있다. 간단히 말해서, 이상적으로 조화를 이루면서 작동하는 세 개의 영역이 있다는 말이다. 첫째, 이성의 뇌로 불리는 대뇌의 신피질, 둘째, 포유류의 뇌로 불리는 변연계, 셋째, 파충류의 뇌로 불리는 뇌간과 소뇌로 되어 있다. 다시 말해서 가장 위에 있는 인간의 이성의 뇌는 문제 해결, 계획 그리고 인식뿐 아니라 사회적 기능을 담당한다. 중간에 위치하는 포유류의 뇌인 변연계는 '정서의 뇌(emotional brain)'로 기억과 감정을 다룬다. '더 아래쪽'에 존재하는 파충류의 뇌는 감각, 생존 본능 및 생명 유지 기능과 관련된다. 이 부위는 심장 박동이나 체온, 균형, 호흡의 기본적 생존과 관련된 조절 체계를 관장하는 등 다양한 기능을 한다. 갓 태어났을 때에는 포유류의 뇌나 이성의 뇌는 작동하지 않고, 파충류의 뇌만이 온전히 작동한다. 특히 이 부위는 위험 상황에서 재빨리 벗어나도록 우리의 감각 및 운동 시스템과 상호작용하는 신경계의 작동을 담당하고 있다. 이런 원시적인 뇌의 영역이 몸과 뇌의 기초적인 연결(the basic body-brain connection)을 만든다.

삼위일체로 된 우리 뇌의 3개의 각 영역은 매우 특화된 기능을 하고, 각 영역에 고유한 '언어'로 말한다. 먼저 이성의 뇌(대뇌의 신피질)는 단어로 말한다. 다음으로 정서의 뇌(변연계)는 화난, 슬픈, 기쁜, 역겨운 또는 두려운 등의 정서의 언어를 사용한다. 어린 아이들은 미칠 것 같은, 슬픈, 기쁜, 무서운, '기분이 상한' 또는 역겨운 등으로 정서를 분류하는 방법을 배운다. 마지막으로 '더 새로운(the newer)' 원시적인 파충류의 뇌는 이성의 뇌와 감정의 뇌와는 달리 우리에게 낯설지만 매우 중요한 '감각(sensation)'의 언어로 말한다.

감각의 언어는 많은 사람에게는 외국어와 같다. 당신이 알아차리든, 그렇지 않든 당신 안에는 감각과 감각에 근거한 감정으로 구성된 세계가 존재한다. 다행스럽게도 그 언어는 약간의 연습에 의해 쉽게 배울 수 있다. 해외로 나갈 때 기초적이고 필수적인 회화를 익히듯이, '압도된 감정이나 스트레스로부터 회복하려는 여정'을 떠날 때에는 감각들과 친해지는 것이 필수적이다. 자녀를 돕기 위해서는 당신 자신의 내적인 정보를 숙지해야 한다. 당신의 몸이 어떻게 느끼고 있는지에 주의를 기울이기 위해서는 약간의 시간적 여유가 필요하다. 감각은 피부에 느껴지는 압력이나 온도 변화에서부터 전율, '심장의 벌렁거림', 근육 긴장, 조임과 풀림, 떨림이나 얼얼함 그리고 열기까지 다양할 수 있다. 위험에 처하거나 예상치 못한 변화가 일어날 때, 우리를 지키기 위하여 이런 감각의 언어가 작동한다. 이런 이해는 대부분의 우리에게 익숙하지 않은 매우 다른 접근이다. 감각의 신호는 알아차리기 어렵고, 미묘하고, 이상하다고 여겨질 수도 있다. 왜냐하면 보통 우리는 말이나 생각 그리고 정서의 정보에 습관적으로 반응하기 때문이다.

우리의 생존과 항상성을 보장하는 것이 바로 이 파충류의 뇌이기 때문에 현명한 어른만이 이런 본능적인 의식의 깊은 층과 친구가 된다. 그렇게 되기 위해서는 시간, 관심 그리고 의지가 필요하다. 조용한 가운데 집중할 수 있는 시간이 조금 있다면, 이 특별한 감각의 언어는 쉽게 숙달될 수 있다. 당신이 감각의 언어를 '느낄 수 있도록' 몇 가지 실습이 다음에 준비되어 있다. 파충류의 뇌는 말이나 단어로 표현하지 않기 때문에 당신이 읽는 것만으로는 그 언어를 배울 수 없다. 그러므로 감각적으로 체험되어야 한다. 역설적으로 우리가 동물처럼 본능적이 될수록 우리는 더욱 온전한 인간이 되어 간다는 것이다.

자신의 감각에 익숙해지기

아이들은 너무 두렵거나 혹은 어려서 말을 할 수 없기 때문에 자신이 느끼고 있는 바를 언어로 표현하지 못할지도 모르지만, 충격적인 상황이 어떻게 느껴지는지를 알고 있다! 가슴 깊은 곳에서 느껴지는 공포, 마구 뛰고 있는 심장, 심장의 조임, 혹은 '목구멍에 뭐가 막힌 듯함' 등은 확실히 부인할 수 없다. 큰 재난 이후에 뉴스를 보거나 혹은 어떤 사건을 목격한 사람이 자신의 경험을 말할 때 귀를 기울여 보라. 아이들은 다음과 같은 말들을 한다. "뭐라고 말을 해야 할지 모르겠어요." "매우 싸늘한 느낌이었죠." "그건 마치 숨이 탁 막히는 느낌이었어요." "전 그냥 얼어붙었어요." "심장이 터질 것 같았지만 움직일 수가 없었어요." "다리가 납처럼 무거워졌어요."

당신이 갑자기 혼란스러운 일이 발생했을 때, 자신의 경험에 대해 잠깐 동안 생각해 보라. 당신이 느꼈던 감각들을 기억할 수 있는가? 심장이 쿵쾅거렸는가? 어지러웠는가? 목구멍이나 위가 쪼이고 막혔는가? 그리고 그 위험이 사라지고 난 후에 몸의 감각들이 어떻게 점차적으로 바뀌거나 사라졌는가? 아마도 당신의 근육이 이완되기 시작하면서 당신은 숨쉬기가 쉬워졌다거나 혹은 얼얼함이나 떨림을 느꼈다는 사실을 알아차렸을 것이다.

o 알아차림을 향상시키는 실습을 하기 전에 간단한 실험을 해 보자. 앉을 수 있는 안전한 장소를 찾는다. 먼저 무엇을 느끼는지 잠시 동안 알아차려 보라. 그리고 당신의 호흡에 주의를 기울이라. 당신은 편안한가? 아니면 불편한가? 당신의 편안함을 몸의 **어디에서** 확인할 수 있는가? 무엇을 의식하고 있는가? 심장 박동을 알아차리거나 호흡을 의식하고 있는가? 아마도 당신은 근육 긴장이나 이완 혹은 피부의 온도까지 알아차릴지도 모른다. 어쩌면 당신은 '따끔거리는' 감각을 알아차릴 수도 있다. 충분히 안정되었다면 이제 다음의 실습을 시도해 보라.

o 상쾌한 여름날이라고 상상해 보라. 당신은 자녀와 함께 해변을 따라 운전을 하고 있다. 좋아하는 노래를 틀었고, 가족은 따라 부르고 있다. 쉬는 날이라 서두를 필요가 없는 데다 당신은 해변에 가는 걸 좋아한다. 아이들은 수영 교습을 받을 예정이어서 당신은 한 시간 내내 자유롭게 하고 싶은 것을 할 수 있다. 다음 문장을 읽기 전에 잠시 멈춰서 지금 이 순간 무엇이 느껴지는지를 살펴보라. 당신 몸의 다양한 부분(배, 팔다리, 호흡, 근육과 피부 등)에서의 감각에 주목하라. 또한 당신이 해변에서 자유로운 시간을 보내는 생각을 하는 동안에 떠올랐던 생각이나 이미지에 주의를 기울이라.

[주의: 여기서 멈추고 당신의 몸 감각에 1~2분 정도 주목하라. 준비가 되었으면, 다음 두 번째 파트를 진행하라.]

o 어디선가 차량 폭주족이 당신 앞에 갑자기 끼어들어 거의 충돌할 뻔했다. 게다가 그는 무례하기까지 하였는데, 마치 당신이 잘못했다는 식으로 자녀 앞에서 당신에게 욕설을 내뱉는다. 바로 지금 당신 마음과 몸에서 일어나는 무엇을 알아챘는가? 이 느낌들을 첫 번째 파트에서 당신이 가졌던 느낌이나 감각들과 비교하라. 변화에 주의를 기울이라. 지금 무엇이 다르게 느껴지는

가? 다르게 느껴지는 곳은 몸의 어디인가? 더운가, 혹은 춥거나 오싹한가? 몸의 어딘가에 팽팽함이나 쪼인다는 느낌이 있는가? 심장 박동이나 호흡의 변화에 주목하라. 말을 하거나 행동을 하고 싶은 무언가가 있는지 주의를 기울이라. 혹은 지금 놀라서 정신줄을 놓은 상태인가?

○ 답변이 옳다거나 틀렸다는 건 없다. 사람은 모두 고유한 개인적 경험을 갖고 있다. 당신은 무서움을 느끼고 어깨나 팔 그리고 손에 힘이 들어가면서 차량의 방향을 바꾸려고 핸들을 확 돌릴지도 모른다. 또는 머리가 멍해지면서 아무것도 느끼지 못할지도 모른다. 당신에게 욕설을 내뱉은 그 운전자를 떠올리면 짜증이 느껴질 수도 있다. 만약 당신이 그렇다면 그 짜증을 어디에서 감지할 수 있으며, 그것이 무엇처럼 느껴지는가? 마치 싸움을 준비하려는 것처럼, 당신의 상체에서 근육이 팽팽해짐을 알아차릴지도 모른다. 혹은 소리를 지르기 위해 어떤 한마디가 꾹 올라오는 걸 알아차릴 수도 있지만 절대 입 밖으로 내뱉지는 못한다. 감각이나 반응을 느끼기 위해 몸을 점검하는 바로 이 순간에 당신은 생존하기 위한 기본적인 **본능들**(instincts)을 경험하고 있는 것이다.

○ 이제 잠시 시간을 갖고 활성화되거나 충전된 감정들을 가라앉혀 볼 것이다. 밀봉된 유리구슬을 상상해 보자. 이 유리구슬의 내부는 겨울 배경으로 바닥에 하얀색 반짝이들이 있다. 이제 이 구슬을 흔들어서 눈이 오는 상황을 떠올려 보자. '눈 내리는' 효과가 멈추려면 모든 반짝이가 바닥에 가라앉을 때까지 약간의 시간이 걸린다는 점을 기억하라. 당신이 안정되기 위해서는 다시 그 유리구슬을 이리저리 흔드는 것은 확실히 도움이 되지 않는다. 안정되기 위해서는 마치 그 유리구슬의 반짝이들처럼 잠시 동안 조용하고 차분한 상태를 유지하는 게 필요하다. 두 눈으로 방을 탐색한다면 매우 도움이 될 수 있다. 당신이 안전함을 알아차리고 이 모든 것이 단지 연습이었음을 알아차리라. 당신이 점차 안정됨에 따라 먼저, 당신의 두 발을 바닥에 붙인 채 현

실감을 느껴보도록 하자. 그다음, 방 안에서 편안함을 주는 물건들에 주목해 보자. 꽃, 벽지 색깔, 창문 밖에 있는 나무나 하늘, 사진이나 애장품 등을 주목해 보라. 그리고 바로 **이 순간에** 당신의 몸에서 무엇이 느껴지는지 주의를 기울여 보라.

이 간단한 실습에서 감각의 언어(정보 혹은 신호)가 실제로는 전혀 외국어가 아니라는 점을 이해할 수 있도록 제시해 주고 있다. 식탁 주위에 앉은 채로, 만족스러운 식사 이후에 편안함이나 포만감을 느끼거나 혹은 핫초코를 마신 이후에 따뜻하고 느긋해짐을 느껴보는 건 쉽다. 그러나 사람들은 자신의 느낌을 나눌 때, 행복한, 미친, 흥분된, 짜증난 및 슬픈 등의 기분이나 감정으로 대부분 표현한다. 감각을 알아차린다는 것이 처음에는 이상하게 보일지도 모른다. 그러나 자기 몸이 경험하는 '기분(mood)'의 변화에 대해 더 많이 배울수록 당신은 더 직감적이고, 본능적이며, 자신감이 높아질 것이다. 당신이 잘 모를 수도 있지만, 우리의 안녕감(Okness)은 통제력을 잃고 폭주하는 게 아니라 자신의 몸을 조절할 수 있는 능력에 기반한다. 이런 통제 상태에 있다는 것은 우리 몸에서 자연스럽게 일어나는 모든 것에 대해 우리가 열려 있다는 것을 의미한다. 이런 자기 조절(self-regulation) 능력은 변화되고 있는 감각을 알아차리는 능력과 스트레스를 유발하는 불쾌한 감각들에 오랜 시간 갇혀있을 때(stuck) 무엇을 해야 할지 아는 능력에 의해 향상된다.

자녀와 함께 새로운 어휘 만들기

새로운 언어로 기술을 배울 때, 새로운 어휘를 만들고 연습해 보는 것이 도움이 된다. 회복탄력성의 언어가 감각이기 때문에 회복탄력성을 발달시키는 데 핵심적이고 중요한 기술은 '감각 어휘(sensation vocaburary)'를 만드는 것이다. 다음에 감각 어휘가 제공되어 있다. 균형을 유지하기 위해서는, 불편한 감각뿐 아니라 중립적이거나 편안한 감각에도 주의를 기울이고 식별해야 한다. 당신의 내면 세계에서 발생하는 이상하고도 새로운 감정들을 알아차리고 이름을 붙이는 걸 배우다 보면, 자녀와 함께 새로운 어휘를 첨가하면서 그 목록이 늘어나는 걸 지켜보는 즐거움이 있을 것이다.

감각 어휘 목록

- 추운/ 따뜻한/ 오싹한
- 안절부절못하는/ 벌렁거리는
- 날카로운/ 무딘/ 가려운
- 흔들리는/ 떨리는/ 따끔한
- 딱딱한/ 부드러운/ 꼼짝할 수 없는
- 꿈틀거리는/ 차가운/ 약한
- 풀리는/ 차분한/ 평화로운
- 텅 빈/ 꽉 찬/ 건조한/ 젖은
- 흐르는/ 퍼져 나가는
- 강한/ 쪼이는/ 팽팽한
- 아찔한/ 애매한/ 어렴풋한

- 멍한/ 까끌까끌한/ 조마조마한
- 아픈/ 먹먹한/ 소름 끼치는
- 가벼운/ 무거운/ 열린
- 간지러운/ 시원한/ 매끄러운
- 조용한/ 축축한/ 느슨한

감각이 정서와 다름에 주의하라. 감각이란 우리 몸에서 느껴지는 신체적인 방식을 나타낸다. 아직 표현이 미숙한 아이가 무서워하고 있다면, 아이의 몸 어디에서 떨림이나 마비됨을 느끼는지 혹은 어디가 아픈지를 손으로 짚어 보라고 할 수 있다.

즐거운 감각이나 정서 혹은 이미지와 불쾌한 감각이나 정서 혹은 이미지 사이에서 '왔다갔다하기'

신체 기반 트라우마 치료[1](Somatic Experiencing: SE®)에서 '진자운동(pendulation)'이란 용어는 수축과 팽창을 오가는 우리의 자연적인 리듬을 가리킨다. 이 리듬을 알고 경험하는 것은 필수적이다. 이 리듬에 친해진다면 우리가 긴장 상태에서 아무리 나쁜 무언가를 느끼더라도 이완이 반드시 뒤따를 것이고, 결국 편안해질 것임을 확신하게 된다. 당신 몸의 고유한 리듬을 따라가거나 '추적하는(track)' 한 가지 방법은 당신이 숨을 들이마시고 내쉴 때 허파와 복

---

[1] 신체 기반 트라우마 치료(Somatic Experiencing: SE®)는 이 책의 공동저자인 피터 레빈(Peter A. Levine) 박사에 의해 고안된 트라우마 예방 및 치료 방법이다. —역자주

부의 안과 바깥으로 움직이는 공기의 흐름과 압력에 주의를 기울이는 것이다. 어떤 쪼임이나 막힘이 있는지 혹은 복부, 가슴, 목구멍, 혹은 콧구멍을 통해 공기가 자유롭게 이동하는지를 살펴보라. 또한 들숨과 날숨의 길이가 똑같은지 아니면 한쪽이 더 짧은지를 확인해 볼 수도 있다. 들숨과 날숨 사이에 멈춤이 있는가? 그 멈춤이 어떻게 느껴지는가? 당신이 호흡하는 동안에 근육이 땅기거나 혹은 풀리는가?

   물론 진자운동이란 단순히 호흡과 관련된 수축과 팽창보다 훨씬 더 많은 것을 의미한다. 그것은 우리 존재의 리듬을 뜻하고, 불편한 감각, 정서 그리고 이미지 속에서 더 편안한 것들로 우리의 내적 상태가 이리저리 변화함을 뜻한다. 이로 인해 매 순간 새로운 경험들이 생생하게 출현한다. 불편한 감정이 바로 사라지지 않을 때, 그 감정들은 보통 스트레스나 트라우마와 연결된다. 만약 우리가 좌절하고 절망 속에 굳어 버린다면, 자연스러운 진자운동을 통해 그 상태로부터 벗어나는 능력이 사라질 수도 있다. 진자를 다시 움직이게 하려면 우리는 약간의 도움이 필요할지도 모른다. 이러한 자연스러운 회복 과정이 멈춰 버렸을 때, 이 진자운동은 점차적으로 복구되어야 한다. 우리의 기분, 활력 그리고 건강을 조절하는 기제는 이 진자운동에 의존한다. 이 리듬이 재확립될 때 편안함과 불쾌함 사이에서 견딜 만한 정서적 균형이 존재하게 된다. 어떤 감정이 아무리 불편할지라도 그 감정이 변할 수 있음을 아는 것은 트라우마 상황에서의 무력함과 절망감의 고통에서 우리를 자유롭게 한다. 그리고 당신이 자녀에게 자연스러운 리듬을 경험하도록 도울 때 자녀는 자신감의 안정적인 토대를 제공받을 수 있게 된다.

실습: 진자운동의 리듬과 감각을 탐색하기

[주의: 동료나 친구가 다음의 이야기를 적절히 멈추어 가면서 느린 목소리로 더 명료하게 알아차릴 수 있도록 읽어 준다면 좋을 듯하다. 또 다른 방법으로 다음의 이야기를 녹음한 후 혼자서나 혹은 다른 누군가와 함께 들을 수도 있다. 어떤 경우이든, 호기심의 자세로 이 활동에 참여하는 게 제일 좋다. 이 과정에서 당신의 자연스러운 리듬과 감각에 대한 알아차림이 한층 깊어질 것이다.]

○ 편해질 때까지 잠시 동안 의자에 앉아 보자. 당신의 몸 어떤 부위가 의자에 닿아 있는지 주의를 기울이라. 의자가 당신의 등과 엉덩이를 어떻게 지지하고 있는지 느껴 보라. 충분한 시간을 가지고 의자에서 안정될 때까지 기다리라. 당신의 호흡에 주목하고 전반적으로 어떻게 느껴지는지를 알아보라. 다음에 있는 이야기를 천천히 따라가면서 떠오르는 감각, 생각, 정서 그리고 이미지를 천천히 시간을 갖고 살펴보라. 어떤 것들은 미묘하고, 또 어떤 것들은 명확하다. 당신이 더 많은 주의와 시간을 가질수록 알아차림은 더 향상될 것이다. 동시에 너무 무리하지 않도록 하라. 이번 실습의 경우 10분이나 15분 정도이면 가능할 것이다.

○ 이제, 오늘이 당신 생일이라고 상상해 보자. 특별한 날이지만 당신은 혼자라서 외롭다. 당신은 혼자 있기 싫어서 영화를 보러 가기로 결정했다. 외출 준비를 시작했다. 지갑을 확인하는 순간 당신은 크게 놀란다. 지갑이 없어진 것이다. 무엇이 느껴지는가? 잠시 시간을 갖고 당신의 몸이나 마음에서 느껴지는 감각, 정서 그리고 생각 등에 주의를 기울이라.

○ 만약 두려움을 느낀다면, 어떤 것이 느껴지는가? 당신의 몸 어디에서 그 두려움을 느끼는가? 감각을 느끼는 보편적인 장소는 내장, 가슴, 목구멍 그리고 목이나 팔다리의 근육 부위 등이 있다. 꽉 조이거나 혹은 푹 꺼지는 듯한 감각(어쩌면 메스꺼움)을 느끼는가? 당신 손에서 어떤 온도 변화를 감지하

는가? 땀이나 추위 혹은 더움이 느껴지는가? 휘청거리거나 떨린다고 느껴지는 몸 부위가 있는가? 그리고 당신이 이런 감각들에 주의를 기울이면서 시간이 흐름에 따라 어떻게 감각이 변하는지 살펴보라. 강도가 강해지는가 혹은 약해지는가? 긴장이 풀리는가 혹은 다른 어떤 것으로 변화하는가? 느낀 감정들이 한 곳에 머무는가 혹은 퍼져나가는가?

○ 당신은 안정되면서 다음과 같은 생각이 떠오른다. '아하, 내가 다른 방에 지갑을 놓아두었을지도 몰라.' 당신이 다른 방으로 가서 지갑을 찾는다고 상상하라. 당신은 지갑을 놓아두었을 만한 장소를 점검한다. 그러나 지갑을 찾을 수 없어 약간 답답하고 걱정이 된다. 다시 주의를 당신 내부로 집중하고 잠시 몸 감각, 감정 그리고 생각을 살펴보라.

○ 이제, 당신은 다소 침착해지고 생각이 더 명료해진다. 당신은 더 생각을 해가면서 지갑을 찾기 시작한다. 그것이 서랍에 있나? 내가 들어왔을 때 아마 저기 탁자 위에 놓아두었을 수도 있어……. 그다음에 난 욕실에 갔지……. 내가 욕실에 지갑을 놓아두었을까 아니면 지갑이 편의점에 있을까?(여기서 잠시 멈춰 감각에 주의를 기울이라) 당신이 집 안을 둘러보고 있는 그때 갑자기 전화가 울린다. 전화를 받는다. 여자친구가 지갑이 자기 집에 있다고 말한다. 당신은 안도의 한숨을 크게 쉰다. 조금 전까지도 제정신이 아니었던 마음 상태에 대해 생각해 보면서 어떻게 당신이 미소 짓고 있는지 느끼고 살펴보라.

[다음 이야기를 진행하기 전에 여기서 충분히 시간을 갖고 당신의 감각이 발달되고 알아차리도록 주의를 기울이라.]

○ 여자친구가 말하길 곧 집을 나갈 것인데, 집에 온다면 기다릴 것이라고 말한다. 그래서 당신이 급하게 그녀의 집으로 걸어간다. 당신이 빠르게 걸을 때 다리에서의 힘을 느껴 보라. 그녀의 집에 도착하여 방문을 두드린다. 그

러나 아무런 반응이 없다. 다시 방문을 두드렸지만 여전히 반응이 없다. 당신은 그녀를 놓쳤다고 생각한다. 약간의 짜증을 느낀다. 어쨌든 그녀는 기다릴 거라고 했고, 당신은 할 수 있는 한 빠르게 걸어 왔다. 몸의 어디에서 짜증의 감각을 느끼는가? 그것이 어떻게 느껴지는가? 서두르지 말고 이전에 했던 것처럼 감각의 변화 폭에 주의를 기울이라. 당신은 짜증이 어떻게 체험되는가? 또 다른 몸 부위에서 느끼는가? 그것은 무엇처럼 느껴지는가?

○ 집 뒤편에서 여자친구의 나지막한 소리가 들린다. 그녀가 들어오라고 말한다. 문을 열었는데 정말 깜깜하다. 어둠 속에서 천천히 방향을 찾으면서 복도를 따라 걸었다. 집 뒤편으로 가기 위해서 어둠 속을 헤맬 때, 당신의 몸에서 어떤 것이 느껴지는지 살펴보라. 당신이 친구에게 전화를 걸려는 순간, "놀랐지!"라고 친구들이 외친다.

바로 이 순간에, 이 모든 것이 당신의 깜짝 생일 파티를 위한 것임을 알았을 때, 당신은 몸에서 무엇이 느껴지는가? 다시 당신의 감각, 감정 그리고 생각에 대해 천천히 살펴보라.

이 실습은 당신이 다양한 감각, 좌절, 기대, 안도, 갈등 그리고 놀람 등에 익숙하도록 하는 데 목적이 있다. 만약 당신이 서로 다른 감정 상태를 알아차리고 편안함과 불편함 사이를 매끄럽게 이동할 수 있다면 이제 당신은 진자운동이 어떤 것인지를 알게 된 것이다.

앞의 실습 사례는 많은 놀라운 사건으로 가득하다. 놀람은 신경계를 자극한다. 좋은 놀람의 경우에는 기분을 좋아지게 만드는 무언가가 몸에서 나타나게 된다. 무서운 놀람의 경우에는 힘들게 하는 감각이 갇히게 될(stuck) 것이고, 결국 '안녕감'의 상실과 무력감을 초래할 것이다. 당신이 자신의 감각을 의식적으로 체험할 때, 어떤 한 상태에서 벗어나 다른 상태로 유연하게 움직이는 것을 시작할 수 있다. 아무리 나쁘게 느껴지더라도 그것이 절대 끝이 아니라는 것을 기억하라. 바로 이렇게 갇힌(stuck) 것에서 움직임으로써 우리는 트라우마의 고통으로부터 자유롭게 된다. 이로써 우리는 더욱 회복탄력성이 좋아지고, 우리 자신에 대해 더 잘 알아차리게 된다.

앞의 실습 사례를 충실히 이행했다면, 당신은 자신의 내부에서 이런 감각의 흐름을 느낄 수 있을 것이다. 만약 그렇게 느꼈다면, 당신은 새로운 기술을 잘 배우고 있다고 할 수 있다. 당신이 연습을 하는 동안에 혹시나 어떤 하나의 불편한 감각에 '갇히거나(stuck)' 얼어붙는(frozen) 느낌이 든다면, 서두르지 말고 주위를 둘러본 후 자리에서 일어나서 움직이고, 당신을 기분 좋게 만드는 어떤 사물이나 움직임, 생각, 사람, 애완동물 혹은 식물 등에 주의를 기울이라. 당신의 기분 상태가 좋은지를 어떻게 아는지 그리고 그런 좋은 감각들이 몸 어디에 위치하는지를 알아차릴 수 있도록 잠시 시간을 가지라. 그런 후에 이전에 불편한 무언가에 사로잡혔다고 여겨진 몸 부위에 가볍게 '손을 대어 보라'. 그리고 당신은 지금(now) 어떤 느낌을 갖고 있는지를 확인하라.

실습: 파트너와 함께 감각을 추적하기(tracking)

○ 당신을 지지하거나 그냥 옆에서 집중할 수 있도록 돕는 파트너가 있을 때, 내적 감각에 초점을 맞추는 작업이 더 쉬워진다. 함께 있어도 편안한 누군가를 선택한 후 서로 마주보고 앉는다. 이번 실습의 목표는 파트너와 함께 감

각을 '추적하는 것'이다. 간단히 말해, '추적(tracking)'이란 감각들이 순간순간 어떻게 변하는지에 주목하면서 당신의 현재 상태에 대한 알아차림의 수준을 발달시키는 것을 의미한다.

○ 우선, 어제나 오늘 기분이 좋았거나 혹은 살짝 힘들게 했던 사건을 천천히 떠올려 보라. 아무것도 떠오르지 않는다면, 이 실습을 하려고 준비하면서 무엇이 느껴지는지에 주목해도 된다. 정서나 생각 혹은 이미지들이 떠오르고 사라질 때, 그것들에 주의를 기울이고 당신의 변화하는 감각에 어떤 영향을 미치는지를 알아보라. 파트너의 역할은 당신과 함께 감각을 추적하는 것이다. 파트너는 당신의 감각을 더 섬세하게 알아차리도록 도울 것이다. 또한 간헐적으로 부드러운 질문을 통해("당신이 ~을 느낄 때, 그다음에 무슨 일이 일어나나요?") 당신이 계속해서 알아차리도록 도울 것이다. 약 10분에서 15분 정도의 추적 연습을 하고서는 멈추고 마음을 안정시킬 만한 장소를 찾으라. 그다음에 서로 자리를 바꾸어라. 이제 당신이 조용하게 옆에 머무름으로써 유발되는 안전감을 바탕으로 파트너가 감각을 추적하도록 도울 수 있다. 또한 당신은 잘 준비된 질문을 통해("몸의 어디에서 그런 느낌을 받나요?" 혹은 "그 밖에 뭐가 더 느껴지나요?") 파트너가 자신에 대한 인식을 확장하도록 도울 것이다. 실습이 끝난 후에는 서로 발견한 것들을 반드시 함께 토의하라.

제안 사항: 이번 실습을 시작하기 전에 다음에 있는 **'감각 언어를 촉진하는 질문'**을 파트너와 함께 공부하라. 이 모둠별 질문은 계획하고, 분석하고, 평가하고, 사고하는 뇌영역이 아니라 뇌의 본능적 영역을 '활성화시키는' 다양한 질문으로서 경험한 부분을 기억할 수 있도록 돕는다. 사고하는 뇌를 활성화시키는 '왜?'라는 질문을 하지 않는 것이 유의할 점이다.

감각 언어를 촉진하는 질문

○ 몸과 뇌는 닫힌 질문보다 열린 질문에 더 잘 반응한다. 열린 질문은 호기심을 불러들인다. 열린 질문은 생각하기보다는 알아차리기를 제안한다. 열린 질문은 단순히 '예.' 혹은 '아니요.'처럼 닫힌 답을 거부한다. 닫힌 답은 대화를 막다른 길로 내몬다. 하나의 예를 들자면, "당신의 몸에서 어떤 것이 느껴지나요?" 이런 질문은 여유로운 탐색과 제한이 없는 답을 할 수 있게 한다. 반면, "당신은 지금 긴장을 느끼나요?" 이런 질문은 감정보다는 생각을 강요하고, 결국 '예.' 혹은 '아니요.'의 응답만 하도록 만든다.

○ 파트너와 함께 감각을 추적하는 실습을 할 때 당신이 고려할 만한 열린 질문들이 다음에 있다. 집중을 하거나 혹은 나쁜 느낌에서 벗어나는 능력을 향상시키기 위해 이런 질문들이 적절하게 사용될 수 있다. 가장 좋은 결과를 생각한다면 간헐적으로 이 질문들을 사용하고, 각 질문 사이에는 반드시 충분한 시간을 제공하라. 충분히 시간을 갖는 것은 감각에 대한 알아차림을 향상시키는 데 있어서 핵심적 요소이다. 우리의 몸이 우리에게 말하기 시작하려면 바로 이 '조용한 기다림' 속에서라야 가능하다.

열린 질문들

• 지금 당신의 몸에서 어떤 것이 느껴지나요?
• 그것이 당신의 몸 어디에서 느껴지나요?
• 당신은 지금 무엇을 체험하고 있나요?
• 그 감각에 주의를 기울이면서 다음에 무슨 일이 일어나고 있나요?
• 그것은 어떻게 변하고 있나요?

초대의 질문들

• 그 밖에 무엇이 느껴지는 게 있나요?

- 당신의 몸이 어떤 식으로 움직이고 싶어 하는지 저에게 알려 줄래요?
- 다음에 일어날 것에 대해 호기심을 가지면서 그 감정에 집중해 볼래요?

자세하게 감각을 탐색하는 질문들

- 그 감각의 특징은 무엇인가요?
- 크기나 형태 혹은 무게나 색깔이 있나요?
- 그게 퍼져나가나요? 그것이 움직인다면 어디로 가는지 살펴보세요.
- 그 압력(고통, 온기 등)이 안에서 밖으로 가나요 혹은 반대인가요?
- 중심점을 알 수 있나요? 가장자리는 어떤가요?
- 어디서 그 감각이 시작되고 끝나나요?

감각에 대한 인식을 확장하는 질문들

- 당신이 그걸 느낄 때, 다른 몸 부위는 어떤가요?
- 당신이 어떤 몸 부위에서 그걸 느낄 때, 그것이 어떤 식으로 당신에게 영향을 주나요?

시간의 경과에 따른 움직임 관련 질문들

- **그다음에는** 어떤 것이 있나요? (비록 동료가 '꼼짝 못 하는' 감정을 보고하더라도)
- 그 감각을 따라가면 그것은 어디로 가나요? 그것은 어떻게 바뀌나요?
- 그것은 어디로 이동하나요? 혹은 만약 옮길 수 있다면 어디로 보내고 싶은가요?

감각을 음미하고 심화하기

- 감각들(따뜻한, 속이 확 트이는, 따끔거리는)을 당신이 원하는 만큼 최대한 즐겨 보세요.

감각에 대한 알아차림은 아동 발달에 있어 매우 중요한 부분이다. 그것은 지능과 자기 인식 수준을 향상시킬 뿐 아니라, 감각을 탐색하는 것은 가족에게도 즐거움을 준다! 다음에 설명된 두 개의 활동을 통해서 아이들은 촉각, 미각 그리고 후각을 실험해 볼 수 있을 것이다. 당신이 시각이나 청각에 대해서도 고유한 탐색 활동을 만들 수도 있다. 그럼, 텔레비전이나 컴퓨터 게임을 끄고 시작해 보자. 실험 이후에 기록을 할 종이와 연필이 필요하다.

활동1

1. 10개 정도의 물건을 감출 수 있는 빈 상자나 캔 혹은 가방을 찾는다.

2. 확연히 다른 질감을 가진 물품을 선택한다. 깃털, 사포 조각, 다른 형태와 색깔 그리고 질감을 가진 다양한 돌멩이, 소독용 솜뭉치, 끈적임이 있는 장난감, 비단 조각, 철수세미 등이 적당하다. 그리고 이 물건들을 상자에 숨긴다.

3. 자녀에게 눈을 감도록 하든지 아니면 안대를 사용한다. 상자에 손을 넣어 물건 하나를 집어내도록 한다. 그리고 그 물건이 어떻게 느껴지는지에 따라서 무엇인지를 짐작하도록 한다. 이 활동은 생일이나 다른 모임에서도 재미있게 할 수 있는 놀이이기도 하다.

4. 모든 물건이 무엇인지 확인한 이후에 자녀에게 각 물건을 만져 보게 한 다음 그것이 피부에 어떻게 느껴지는지 즉, 간지러운, 거친, 시원한 및 무거운 등에 대해 말해 보도록 한다.

5. 그다음에 자녀에게 돌멩이를 쥐고 있도록 한 후, 돌멩이가 매우 가벼울 때, 가벼울 때, 중간 정도일 때, 무거울 때, 매우 무거울 때 자녀의 근육이 어떻게 느껴지는지를 알아차리도록 한다. 이런 식으로 자녀는 서로 다른 무게의 돌멩이를 비교할 수 있다.

6. 자녀가 끈적이는 물건을 만졌을 때와 부드러운 물건을 만졌을 때를 비교하여 자녀의 몸에서 어떤 차이가 느껴지는지를 질문한다. 자녀의 몸 부위 어디에서 그런 차이가 지각되는지를 손으로 가리켜보라고 한다. 자녀의 팔, 복부, 피부 혹은 목구멍에서 지각되는가?

7. 이 과정에서 서로 다르게 느낀 감각의 차이점에 대해서도 질문한 후에 차례를 바꾸어 여러 감각을 비교하고 대조해본다.

8. 자녀가 발견한 감각들을 적어 놓는 목록을 만든다.

활동2

1. 앞의 놀이를 상자 대신에 '쟁반'을 사용해서 시도해 본다. 작은 컵들을 준비한 후 각각 서로 다른 맛과 질감을 느낄 수 있는 달콤한, 짠, 쓴, 매운, 바삭바삭한, 시큼한 및 부드러운 등의 다양한 먹을거리를 컵에 넣는다.

2. 보지 못하도록 안대를 부착시키고, 자녀에게 다양한 음식의 정체를 맞추게 한다. 당신은 미각을 정화시킬 목적으로 각 시식 사이에 크래커를 줄 수도 있다.

3. 자녀가 각 샘플을 맛보는 동안, 질감이 어떤지, 즉 크림 같은, 딱딱한, 미끌미끌한 및 쫄깃쫄깃한 등으로 표현해 보도록 한다. 그리고 각 샘플에서 어떤 맛이나 냄새가 나는지를 말해 보도록 한다.

4. 각 샘플이 자녀의 혀에서 어떻게 느껴지는지, 즉 따끔한, 거친, 차가운, 미끄러운, 건조한, 풀리는 듯한, 휘말리는 듯한, 무감각한 및 뜨거운 등으로 물어본다.

5. 촉감보다는 맛이나 냄새로 유발되는 감각들을 대조하면서 활동1의 6단계와 7단계를 반복하도록 한다.

6. 자녀가 발견한 감각들을 적어놓는 목록을 만든다.

앞과 같은 활동들은 가족이 감각에 대해 익숙해지도록 도울 것이다. 긴급 상황이 일어나기 전에 당신은 이미 다양한 상황에서 경험한 감각에 익숙해져 있고, 자녀에게도 그들 자신의 감각을 알아차리게 도왔다면, 그건 정말 좋은 여건이 마련된 셈이다. 당신은 가족과 함께 가족의 감각 어휘를 한층 더 증가시킬 수 있다. 그건 쉬운 일이다. 그러나 다른 어떤 새로운 기술이 그렇듯이, 매 순간 특히 혼란스러운 일이 일어난 직후에 무엇이 느껴지는지를 알아차리려고 훈련하는 것은 약간의 연습이 필요하다. 그리고 내부에 대한 알아차림의 수준을 깊게 하는 이 연습을 통해 당신은 이후 다양한 상황에 처하게 될 자녀를 도울 것이다! 또한 당신이 살아갈 때 예상치 못한 충격이나 긴장 상황을 더 잘 대비하게 될 것이다. 비록 당신이 나이가 많을지라도, '행복한 어린 시절을 경험하는 것은 결코 늦지 않았음'을 명심하라.

영원히 상처받지 않기

만약 당신이 여러 연습을 꾸준히 해 왔다면, 지금쯤에는 시간과 의지 그리고 안전감과 알아차림을 통해 불편한 감각들은 변하고 또 반드시 변화될 것임을 깨닫게 된다. 고통스러운 사건이나 상황이 항상 예방될 수는 없고, 생활을 하다 보면 생각하지도 않은 나쁜 일이 일어날 것이다. 그렇지만 트라우마는 예방되거나 변화될 수 있다. 트라우마는 인생의 숙명적인 형벌이 아니다. 몸의 내면에서 생리적인 작용을 일으키는 '일련의 사건들'은 단지 불완전한 처리과정 때문에 트라우마로 변한다. 가능한 한 이 과정은 완전하게 처리하려는 경향이 있음을 기억하라.

당신이 지금 체험하고 있는 감각 활동이나 아이디어들은 자녀가 자신의 감각을 느끼고, 견디고, 변형하도록 도움을 주는 데 그 목적이 있다. 이런 방식으로 자녀의 몸이 균형을 회복하는 법을 배움에 따라 자녀는 더 높은 회복탄력성을 가질 것이다. 아이가 무시무시한 무언가를 경험할 때, 그것은 엄청난 상처가 될 수 있다. 그러나 그 아이가 두려움과 알아차림의 상태에서 벗어나 일상의 삶으로 돌아가는 성공 경험을 할 때, 아이는 매우 특별한 자신감, 즉 새로운 회복탄력성과 유능감이 생겨나게 된다.

트라우마 예방을 위한 응급 치료: 단계별 안내

당신이 지금까지 제시한 연습을 꾸준히 실습해 왔다고 가정하면, 자녀가 위협적이거나 무서운 혹은 고통스러운 경험에 노출된 이후에 당신이 자녀를 어떻게 지도할지 배울 준비가 되어 있는 것이다. 트라우마 예방에는 정서적 혼란 상태에서 각성된 자녀의 에너지를 '풀어 내도록(unwind)' 돕는 과정이 포함된다. 이 과정에는 여덟 단계가 있다. 그것들은 간단해서 배우기 쉽다. 이 단계들은 여기에 설명된 순서대로 진행되어야 한다. 일곱 단계는 자녀가 공포나 충격 그리고 기능 정지로부터 회복될 수 있게 도울 수 있는 방법들을 가르쳐 줄 것이다. 마지막 여덟 번째 단계는 자녀가 정서적으로 회복하도록 그리고 일어난 사건에 대해 일관성 있는 이야기를 만들어 내도록 하는 데 도움을 줄 것이다. 이 마지막 단계는 자

녀에게 일어난 나쁜 일을 원래 있어야 할 과거로 보내고 현재에 영
향을 미치지 않도록 도와준다. 자녀가 안전하고 조용한 장소에 있
다면, 당신은 다음에 제시된 여덟 단계를 곧바로 사용할 수 있다.

1단계: 먼저 당신의 몸의 반응을 점검하기

천천히 고유한 자신의 두려움이나 걱정 수준을 살펴보라. 그다
음, 크게 숨을 한 번 들이마시고 매우 천-천-히 내뱉으면서 자신
의 몸에서 감각을 느껴 보라. 만약 여전히 안정된(settled) 느낌이
들지 않는다면, 안정될 때까지 반복하라. 다리와 발목 그리고 발이
어떤 식으로 지면과 접촉하고 있는지 주의를 기울이면서 느껴보
라. 차분함을 확립하는 데 필요한 시간이란 그냥 흘려보내는 시간
이 아니라 잘 쓰여지는 시간을 말한다. 이렇게 한다면, 자녀에게 전
적으로 주의를 기울일 수 있는 능력이 향상될 것이다. 당신이 자신
에게 집중할 수 있는 시간을 가진다면, 무슨 일이 일어나든 상관없
이 당신의 수용 능력을 기반으로 당신은 자녀의 욕구에 주의를 기
울일 수 있다. 당신이 평정심을 가짐으로 자녀가 더 깊은 공포와 혼
란으로 빠질 가능성은 급격히 줄어들 것이다. 아이들은 어른, 특히
부모의 정서 상태에 매우 민감하다는 점을 기억해야 한다.

2단계: 상황을 평가(assess)하기

만약 자녀가 충격 받았음을 뜻하는 신호, 즉 창백한 피부, 빠르거
나 희미한 맥박과 호흡, 게슴츠레한 눈, 방향 감각 상실, 과도한 정
서 상태 혹은 지나친 평온함 등 또는 마치 아무 일도 일어나지 않은
듯 행동을 한다면, 당신은 그냥 나가 놀게 하거나 뛰어다니도록 해

서는 안 된다. "얘야, 이제는 안전해……. 그런데 넌 여전히 충격을 받아 떨고 있는 것 같아. 엄마와 아빠는 충격이 사라질 때까지 너와 함께 여기에 있을 거야. 비록 네가 나가서 놀고 싶겠지만 잠시 동안 조용히 있는 게 중요해." 이런 식으로 말할 수 있다. 앞과 같이 당신이 조용하고 확신에 찬 목소리로 이것이 최선의 방법임을 자녀에게 전해 주어야 한다.

3단계: 충격이 사라져 갈 때, 자녀가 자신의 감각에 주의를 기울이도록 안내하기

충격에서 벗어나고 있음을 쉽게 알 수 있는 신호는 피부색의 변화, 호흡의 느려짐 혹은 깊어짐, 멍했던 눈에서 드러나는 눈물이나 표현 등이 있다. 먼저, 당신이 하나 이상의 이런 신호를 관찰했을 때 자녀에게 '자신의 몸에서' 무엇이 느껴지는지를 부드럽게 물어보라. 다음으로, 당신이 자녀의 응답을 반영하여 "너는 괜찮다는 거지?"라고 물어보고, 긍정이나 혹은 다른 반응을 기다린다.

그다음 질문은 더 구체적으로 묻는다. 즉, "배, 머리, 가슴, 팔, 다리와 등에서는 어떤 느낌이 드니?" 만약 자녀가 명확한 감각으로 "쪼이고 아픈 느낌이 들어요."라고 말한다면, 그 느낌의 위치, 색깔, 형태, 크기 혹은 무게(예를 들어, 무거운지 혹은 가벼운지)에 대해 부드럽게 물어보라. "날카로움이나 덩어리 혹은 찌르는 느낌이 지금은 어떻게 느껴지니?"와 같은 질문을 하면서 현재 이 순간에 자녀가 머물 수 있도록 계속 안내하라. 만약 자녀가 너무 어리거나 혹은 너무 놀란 상태라서 말로 표현하기가 어렵다면, 어디에서 아픈 느낌이 드는지 손으로 가리키게 하라. 이때 유의할 점은 아이들은 감각을 은유적으로, 즉 '나비 같아요.' 혹은 '바위가 있어요.' 등으로 묘사하는 경향이 있음을 기억해야 한다.

4단계: 주의 깊게 변화를 관찰하면서 자녀의 속도에 천천히 맞춰 가기

타이밍이 결정적이다! 어른들에게는 가장 어려운 부분일지도 모르지만 아이에게는 가장 중요한 부분이다. 각 질문 사이에 1~2분 정도의 침묵이 제공된다면, 회복을 위한 생리적 순환 시스템이 작동할 것이다. 너무 빠르게, 너무 많은 질문을 하면 심리적 균형을 이끄는 자연적인 과정이 방해를 받는다. 당신이 인내와 차분한 자세를 유지하는 것만으로도 아이에게 고양된 에너지의 해소와 변화가 충분히 촉진될 것이다.

이런 과정은 성급하게 재촉되지 말아야 한다. 하나의 회복 순환이 끝났음을 알려 주는 단서들에 주의를 기울이라. 회복 과정이 완료되었는지가 불확실하다면, 자녀가 당신에게 단서를 드러낼 때까지 기다리라. 그런 단서 신호에는 깊고 편안하며 자연스러운 호흡, 울음, 떨림의 멈춤 혹은 스트레칭, 하품, 웃음 그리고 시선 주고받기 등이 있다.

이런 회복적인 순환의 완료가 회복 과정이 완전히 끝났음을 의미하지 않을 수도 있다. 또 다른 순환이 시작되는지 혹은 지금으로서는 충분하다는 느낌이 있는지를 확인하기 위해 기다려라. 그 회복 과정이 완료되었음을 확인하기 위해서 몇 분 정도 자녀가 자신의 감각들에 더 집중하도록 안내하라. 혹시나 자녀가 피곤해 보인다면, 그냥 멈춰라. 그 과정을 완료할 수 있는 다른 기회가 나중에 있을 것이다.

5단계: 자녀의 몸 반응이 정상적임을 수용해 주기

자녀의 눈물이나 떨림을 멈추게 하고 싶은 충동을 자제해야 한
다. 대신에 당신에게 무슨 일이 일어났던 그것은 지나간 일이고,
자녀의 상태가 앞으로 괜찮아질 것임을 전달하라. 자녀의 몸에서
일어나는 반응이 스스로 멈출 때까지 자연스럽게 기다릴 필요가
있다. 이런 자연스러운 과정은 보통 1분에서 수십 분까지 걸린다.
연구자들은 사고 이후에 울거나 몸을 떠는 아이들은 긴 시간에 걸
쳐 회복되는 과정에서 문제가 더 적다고 말한다. 당신은 우는 것이
나 몸을 떠는 것은 정상적이고 건강한 반응임을 말과 몸의 접촉을
통해서만 전달해야 한다! "그래, 괜찮아." 혹은 "그렇지. 그냥 그렇
게 다 밖으로 빼내."와 같이 몇 마디 말과 함께 팔이나 어깨 그리고
등 부위를 따뜻하게 어루만져 주는 손길은 엄청나게 도움이 될 것
이다.

6단계: 자녀의 타고난 치유 능력을 믿기

당신의 감각이 점차 편안해짐에 따라 자녀의 주도대로 따라가거
나 긴장을 푸는 것이 쉬워질 것이다. 일단 회복 과정이 시작되었다
면, 당신의 일차적 역할은 그것을 방해하지 않는 것이다. 당신은 자
녀의 타고난 치유 능력을 믿어야 한다. 동시에 이런 타고난 치유 능
력이 일어나도록 그냥 지켜보고 견딜 수 있는 당신의 능력도 믿어
야 한다. 당신이 해야 할 일은 자녀와 함께 '그 자리에 있어 주는 것
(stay with)'이다. 당신이 정서적 균형을 유지하고 있는 그 자체는 자

녀가 눈물이나 두려움 그리고 새롭고도 이상한 어떤 종류의 감정이라도 방출할 수 있는 안전한 공간을 제공해 준다. 자녀에게 지금 현재 잘하고 있음을 알게끔 차분한 목소리와 따뜻한 손길로 어루만져 주도록 한다.

부주의한 중단이 일어나지 않도록 당신이 자녀의 자리를 이동시키거나, 주의를 산만하게 하거나, 자녀를 너무 꽉 붙잡거나, 너무 가깝거나 혹은 너무 멀리 있지 말아야 한다. 자녀가 일어난 사건을 이해하기 위해 언제 호기심을 가지고 주위 상황을 돌아보기 시작하는지를 살펴보라. 환경이나 상황에 대해 이런 형태로 자녀가 점검하는 행동은 당신에게 심리적 어려움이 해소되었음을 알리는 신호로 '정향(orientation)2)'이라고 부른다. 그것은 과정 종결의 신호이며, 이제 그냥 내버려 두라는 신호이다. 발생한 사건에 대한 자연스러운 정향 반응에는 더 많은 감각에 대한 알아차림, 현재 이 순간 살아 있음의 느낌 그리고 심지어 기쁨의 감정을 불러 일으키기도 한다.

7단계: 비록 자녀가 원하지 않을지라도 휴식을 권장하기

발생한 사건의 심리적 처리 과정과 고양된 에너지의 해소는 일반적으로 휴식과 수면 중에 계속된다. 이 7단계에서는 발생한 사건에 대해 괜히 여러 질문을 해서 사건에 대해 자극시키지 마라. 나중에 자녀는 발생한 사건에 대해 이야기를 하고 싶어 하거나, 혹은 그것에 대해 그림을 그리거나 혹은 악기로 표현하고자 할 것이다. 만약 자녀가 높은 에너지 수준으로 각성되었다면, 방출이나 해소되

---

2) 환경과의 관계 속에서 자기 이해하기-역자주

는 시간이 오래 걸릴 것이다. 이 단계에서의 변화는 너무 미묘해서 당신이 알아차리기 어려울지도 모른다. 그러나 이 휴식의 단계는 신경계가 이완되고 균형 상태로 돌아옴에 따라 충분한 회복을 촉진하고, 몸을 부드럽게 활성화하고, 열을 발산하며, 피부색을 변화시킨다. 게다가 밤에 자면서 꿈을 꾸는 활동은 몸에 필요한 생리적인 변화를 제공해 준다. 이런 변화는 자연스럽게 일어난다. 당신이 해야 할 것은 자녀에게 휴식을 하도록 차분하고 조용한 환경을 제공하는 것이다. 이때 주의할 점은 당연한 이야기이지만 만약 자녀가 머리에 부상을 입었다면, 자녀를 쉬도록 하고 싶겠지만 의사가 안전하다고 말해 줄 때까지는 잠들게 하지 말아야 한다.

8단계: 자녀의 정서적 반응에 주의를 기울이고
자신의 내면에서 경험되고 있는 것을 알아차리도록 돕기

나중에 자녀가 차분해졌을 때(심지어 다음 날이라도) 자녀가 경험했던 감정이나 감각에 대해 말해 보도록 하라. 일어났던 일에 대해 말해 달라고 하면서 시작하라. 아이들은 종종 분노, 두려움, 슬픔, 걱정, 부끄러움, 수치심, 죄책감 및 당황함 등을 느낀다. 자녀에게 이런 감정들에 대해서 위험하지 않음을 알려 주고, 당신의 경험을 말해 준다. 당신이나 혹은 당신이 아는 누군가가 비슷한 경험을 했거나 혹은 비슷한 느낌이 있었던 상황을 자녀에게 알려 준다. 이렇게 하면 자녀는 더욱 자신이 느끼고 있는 것들에 대해 더 잘 표현할 수 있다. 또한 이렇게 함으로써 자녀는 일어났던 일이나 혹은 자신의 행동이 부끄럽다거나 이상하다고 느끼지 않게 된다. 자녀가 느끼고 있는 것이 무엇이든 당신은 수용할 수 있으며, 당신이 시간과 주의

를 기울일 가치가 있다는 사실을 행동으로 보여 주도록 한다. 혹시
나 남아 있는 감정이 있는지를 확인하기 위해 사건에 대해 자세하
게 말할 수 있는 시간을 갖도록 한다. 강한 감정을 해소하는 데 그
림 그리기나 색칠하기 그리고 지점토 놀이는 큰 도움이 된다. 만약
자녀가 어느 순간에 갑자기 차분함을 잃으면, 다시 자녀에게 자신
의 감정과 감각에 집중하도록 도와주어야 한다. 이 단계에서 당신
은 놀이 활동을 통해 자녀의 회복을 더욱 촉진할 수 있다. 다음 장
의 새미의 사례 이야기를 통해 배우겠지만, 놀이는 아직 어려서 말을
하지 못하는 아이나 너무 놀라 말하기 어려운 상황을 경험한 아이
들에게 특별히 효과가 좋다. 아울러 자녀와 함께하는 라임(rhymes)
이나 미술 활동이 정서적으로 얼마나 치유를 촉진하는지도 배우게
될 것이다.

　이제 당신은 무엇을 해야 할지 알고 있으므로, 다음 단계는 필요
한 놀이 기술을 향상시키는 것이다. 다음의 정보는 고조된 '트라우
마로 인해 충전된 것(trauma charge)'을 진정시키기 위해 당신이 어
떤 단어를 선택하고, 어떤 목소리 톤과 속도로 말을 해야 하는지를
알려 준다. 일단 당신이 이런 능력을 가진다면, 당신은 자녀에게 불
필요한 놀람이나 불안감이 아니라 모든 것이 괜찮다는 확신을 심어
주는 힘을 갖게 될 것이다.

자녀의 리듬, 감각과 정서에 조율하기

　진행 중인 치유 과정을 돕기 위해서 어른은 어떤 적절한 지지를
제공할 수 있을까? 당신은 자녀가 경험하고 있을 어떤 강한 감정도

지극히 자연스럽고 정상적인 것임을 확신시킨 이후에도 자녀가 느끼고 있는 고통스러운 느낌이 결국은 사라질 것임을 이해시키는 것이 중요하다.

자녀는 자신이 느끼는 감정이나 감각이 절대 위험하지 않으며, 원래의 상태로 돌아갈 때까지 당신이 항상 함께할 것임을 앎으로써 위로받고 힘을 얻는다. 실제로, 아이들은 어른들의 시간에 맞춰 재촉되거나 금지되지 않는다면 고통스러운 감정이나 감각을 훨씬 빨리 극복해낸다. '조율된(attuned)'의 의미는 자녀의 불편한 감각이나 감정에 대해 극복하도록 한다거나 혹은 신경을 쓰지 않도록 한다는 뜻이 아니다. 오히려 자녀의 불편한 감정 상태를 견딜 수 있는 인내심을 갖는다는 의미이다. 또한 조율이란 자녀에게 맞는 속도에 당신 자신을 맞춘다는 뜻이다.

이런 수용과 존중의 중요성을 과소평가해서는 안 된다. 부목(副木)이 부러진 팔을 적절히 보호하고 지탱해 주듯이, 당신의 관심과 위로 그리고 비판단적인 표현이 자녀를 도울 것이고, 이를 통해 자녀는 건강한 안녕감을 다시 회복할 것이다. 자연스럽게 시간이 지나가면 부러진 뼈가 복구되듯이, 자녀의 정신도 원래의 좋은 상태로 돌아올 것이다.

아이들은 부모의 얼굴 표정, 자세 그리고 목소리에 담긴 단서에 민감하고 그것을 읽어 낸다는 사실을 다시 강조하고 싶다. 그러므로 당신의 몸이 무엇을 말하고 있는지를 알아차리는 것은 매우 중요하다. 아이들은 종종 부모를 기쁘게 하고 싶은 욕구나 비난과 지적을 피하거나 혹은 '올바른' 것을 보여줘야 한다는 생각으로 인해 부모가 자신에게 기대하는 방식으로 행동한다. 그래서 아이들은 자신의 진

짜 감정을 부인하고 '강한' 척하거나 '용감한' 척하기도 하다가, 결국
에는 그렇지 않았다면 해결될 수도 있었던 트라우마적 증상으로 고
통을 받게 된다. 심리치료를 받고 있는 무수히 많은 성인이 자신의
감정을 거의 드러내지 않듯이, 아이들 역시 부모가 나쁜 감정을 갖
지 않도록, 즉 부모를 보호하기 위해 자신의 감정을 감춘다. 때때로
자녀가 보이는 '용감하고 씩씩한 얼굴(brave face)'은 당황스러워 하
는 부모를 안심시키려는 시도임을 잊지 말아야 한다.

자녀의 욕구를 무시하는 위험에 빠지지 않기

첫 번째 단계는 예상치 않은 일이 발생했을 때 당신이 공포를 느
끼거나 취약해질 수 있음을 아는 것이다. 그다음 단계는 당신 몸의
감각과 접촉하는 것이다. 당신이 일시적으로 제정신이 아닐 때,
자신의 내면으로 들어갈 필요가 있다. 앞에서 언급한 바와 같이,
이전에 배운 몇 가지 실습으로도 충분할 수 있다. 먼저, 그라운딩
(grounding)으로 자신의 정서에 대해 잠시 시간을 가지고 발이 지
면이나 바닥에 어떤 식으로 닿아 있는지를 알아차려 보라. 다시 말
해, 발바닥이 지면에 단단하게 지탱되고 있는지, 종아리나 발목에
서 힘이나 무게감이 느껴지는지 혹은 아무것도 느껴지지 않는지,
당신이 고정되어 있고 안정적이라고 여겨지는지 혹은 중심이 쉽게
흐트러질 것 같은지, 당신의 팔이나 손에서는 어떤 느낌이 있는지
등을 알아차리는 것이다. 당신의 감각을 알아차리는 경험을 많이
하면 할수록 이런 자기 점검 시간은 더 쉬워지고 빨라질 것이다.
다음으로 당신에게 더 많은 안정감이 필요하다고 여겨지면, 무

릎을 구부려서 당신의 무게 중심을 더 낮추고 앞뒤로 움직이거나 천천히 춤을 추면서 당신의 하체에서 더 많은 에너지를 느껴보도록 센터링(centering)하라. 점차 더 중심이 안정되는 느낌을 갖고 다른 새로운 감각들을 확인하다 보면, 탄탄한 자세에서 나오는 안정감이나 자연스러운 호흡을 경험하면서 살짝 유쾌한 느낌을 가질 수도 있다. 어쨌든 이 단순한 두 단계만으로 자녀와 온전히 함께 있을 수 있다는 건 정말 놀라운 일이다. 이것은 위급 상황이 생기면 먼저 자신의 코와 입에 산소마스크를 장착한 후에 자녀의 산소마스크 장착을 도와주라는 비행기 안내방송과 매우 유사하다.

역설적으로 자신에게 먼저 주의를 기울임으로써 자녀를 더 잘 챙길 수 있는 상태가 된다. 당신이 자신에 대해 안정감을 느끼고, 당신의 호흡이 고르게 유지됨을 느끼고, 감각의 자연스러운 변화를 경험할 수 있을 때 당신은 일시적인 얼어붙기(freeze)의 상태에서 벗어날 수 있다. 이렇게 함으로써 당신은 자녀의 욕구나 표현에 온전히 주의를 집중할 수 있는 에너지를 가지게 된다.

물론 지금까지 배웠던 것을 활용하여 당신이 경험한 고통스러운 상황에서 회복하려는 연습을 할 때, 차분해지는 것은 그다지 어렵지 않다. 하루 동안 있었던 사소한 사건들에 대해 자신의 내면으로 주의를 기울이면서 시작해 보자. 다른 사람들은 위급한 상황을 어떻게 차분히 대처하는지를 살펴보는 것도 유용하다. 특히 당신이 혼란스러운 가정에서 성장했거나, 침착함을 주는 대상과의 경험이 전혀 없었다면 특히 유념하여 자신의 몸의 반응을 잘 인식하고 전달할 필요가 있다. 그러면 당신의 안정된 행동과 말로 아이들은 놀라울 정도로 빠르게 충격과 긴박감의 상태에서 벗어날 수 있다. 다음의 '정서적 응급조치(emotional first aid)' 사례를 통해 차분한 어른의 존재가 충격적인 사건을 경험한 아이를 심리적 고통에서 벗어나게 하는 데 어떤 식으로 도움이 되는지 살펴보자.

오토바이를 탄 십 대 소년이 차와 충돌하여 도로 바닥에 내동댕이쳐졌다. 그는 머리를 바닥에 부딪혔지만 다행히 헬멧을 쓰고 있었다. 그의 팔과 다리는 심하게 긁혔다. 확실히 피부는 창백했고, 동공이 커져 있었으며, 충격으로 놀란 상태에서 소년은 도로 가장자리로 엉금엉금 기었다. 나는 지나가던 행인에게 구급차를 불러 달라고 요청했다. 그리고 나는 잠시 동안 나의 호흡과 심장 박동에 주의를 기울였다. 이후 막 사건을 목격했을 때보다 나의 호흡과 심장이 안정됨을 느꼈다. 소년이 살아 있고, 움직일 수 있음을 알고 나서야 나는 호흡과 다리 그리고 발에 주의를 기울이면서 더 안정되어져 가고 있음이 느껴졌다. 다친 소년이 충격에서 벗어나도록 하는 데 가장 중요한 것은 나 자신의 침착한 태도임을 다시금 깨닫게 되었다. 나는 도로 가장자리로 가서 소년의 옆에 앉아 매우 침착한 목소리로 "지금 구급차가 오고 있어요."라고 짧게 말했다. 정서적 응급조치의 중요성과 지금 당장 무엇이 필요한지를 알고 있었기 때문에, 나는 확신과 권위가 담긴 목소리로 말했다. "당신은 매우 놀랐을 거예요. 구급차가 올 때까지 제가 여기에 계속 있을 겁니다. 당신은 살아 있고 별일 없을 거예요." 내가 말을 끝내자마자 소년은 몸을 떨기 시작했다. 나는 부드럽지만 흔들림 없이 소년의 어깨 부위에 손을 올렸다. 그리고 자연스러운 감각을 드러내도록 격려해 주었다. "좋아요……. 그냥 내버려둬요……. 떨리는 대로 그냥 놔둬요……. 당신은 잘하고 있어요……. 모든 게 괜찮아질 거예요……." 3분 정도 지난 후에 소년의 안색이 돌아왔다. 소년의 강한 몸의 떨림은 점차 부드러워졌고, 이내 눈물이 흐르기 시작했다. 갑자기 호흡이 터져 나왔고, 소년은 주위를 둘러보고 무슨 일이 일어났는지를 살폈다. 소년은 자신의 원래 상태로 돌아왔다!

여기서 핵심은 상대방이 취약해져 있을 때, 당신이 무엇을 해야 할지를 확실히 알고 안전함과 공감으로 침착함을 전달하는 경우에 상대방이 가장 큰 도움을 받는다는 것이다. 당신이 상황에 압도되지 않으면서 자녀의 충격과 반응을 담아 줄 수 있을 만큼 강하다는 것을 알 때, 자녀는 안전감을 느낄 것이다.

'충격으로 발생한 내적 에너지(shock energy)'는 생존을 위한 에너지이기 때문에 그것이 방출되는 과정에서 우리를 놀라게 할 수 있음을 기억하라. 이런 모든 것은 자연스러운 과정이다. 부모는 자녀가 괜찮아질 것임을 알고 있으면서 자녀와 함께 있고, 이런 에너지를 담아 주는 그릇(container)이 되어야 할 것이다.

긴급 상황이 지난 이후에 자녀를 돕기 위해 알아야 하는 또 다른 것은 리듬과 타이밍의 중요성이다. 자연에 존재하는 모든 것은 순환(cycle)에 의해 영향을 받는다. 계절이 바뀌고, 달이 차고 기울고, 썰물과 밀물이 있고, 태양은 떠오르고 진다. 동물은 짝짓기나 탄생 그리고 겨울잠을 거치는 자연의 리듬을 따른다. 모든 것이 자연의 시계와 관련이 있다. 우리는 또한 팽창과 수축(expansion and contraction)이라는 자연적인 순환을 통해 정서적 에너지를 해소한다. 이것이 말해 주는 바는 지금 현재 우리가 아무리 나쁜 감정을 느끼더라도, 이런 수축 이후에는 자유로 향하는 팽창이 뒤따를 것이라는 점이다.

그러나 인간에게 있어서 이런 자연의 리듬은 두 가지 도전을 야기한다. 첫째, 일상화된 비디오 게임이나 세상이 돌아가는 속도를 감안하면 이런 리듬은 너무 느리고 우리는 여기에 익숙하지도 않다. 둘째, 자연의 리듬은 전적으로 우리가 통제할 수 없다. 그럼에도 자연의 치유 과정에 대해 우리는 열린 태도를 취하고 존중해야 한다. 그런 치유의 순환 과정은 평가되거나, 조종되거나, 서둘러 진행되거나 변경되지 말아야 한다. 적절한 시간과 주의를 기울인 다면 아이들은 자신의 치유적 순환을 완료할 수 있다.

당신이 몸이나 마음에서 일어나는 스트레스 반응을 잘 다룸으로써 인생의 후반부에 트라우마적 증상을 발현시킬 가능성은 크게 줄어든다. 또한 자신의 내면에서 일어나는 스트레스 반응에 대한 주의 깊은 관심과 이해를 함으로써 위험하고 위협적인 상황을 더 쉽고 유연하게 극복하는 능력이 길러진다. 이를 통해 스트레스에 대한 자연스러운 회복탄력성이 형성된다. 잘 알고 있듯이, 스트레스를 직접 경험하고 이를 해소하려는 신경계는 스트레스를 억압하고 견디려는 신경계보다 훨씬 더 건강하다. 따라서 부모가 아이에게 자신의 본능적인 반응에 주의를 기울이도록 지지해 준다면 아이들은 일생에 걸쳐 건강과 활력이라는 유산을 보상으로 받게 될 것이다!

제3장

전환의 기술

-놀이, 미술, 라임을 활용한 탄력성 회복-

―――

"우리는 일 년 동안의 대화보다
단 한 시간의 놀이를 통해
인간에 대해 더 많은 것을 알게 될 것이다."

- 플라톤(Plato) -

―――

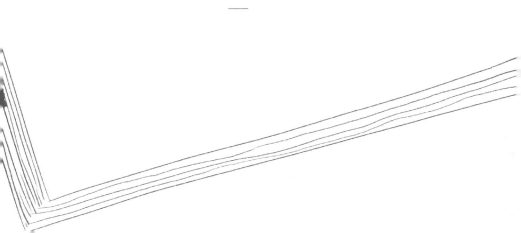

높은 곳에서 떨어진다든지 혹은 사소하지만 '일상적인 사건'이 발생했을 때, 앞의 장에서 배웠던 기초적인 응급조치를 적용하는 것만으로도 아이는 원래의 상태로 돌아온다. 그러나 때때로 트라우마적인 사건들이 최소화될 수는 있지만 완전히 예방될 수는 없다. 특히 외과적 수술, 부모로부터 오랜 기간 혹은 영구적인 분리, 극도의 공포와 두려움을 동반한 사고, 폭력 목격 혹은 학대의 희생양이 되는 것 같은 충격적인 상황에 있어서는 말할 필요도 없다. 이런 상황이 벌어진다면 전문적인 심리 지원이 매우 도움이 되고, 때때로 필수적이기도 하다. 그럼에도 불구하고, 자녀의 스트레스와 불안을 완화시키는 데 부모가 할 수 있는 것들은 여전히 매우 많다. 이 장에서는 미술 활동이나 놀이 그리고 라임(rhymes)을 활용함으로써 자신감이 향상될 것이며, 이런 자신감을 통해 자녀는 삶의 굴곡에 잘 대처할 것이다.

당연하게도 어린 아이들은 종종 부모에게 자신을 압도했던 경험에 대해 표현한다. 이제 막 걷기 시작한 아이부터 유치원생이나 초등학생은 상상이나 놀이 및 미술 활동을 통해 쉽사리 자신의 두려움과 무의식적인 혼란을 드러낸다. 만약 당신의 자녀가 한 인형으로 다른 인형을 공격적으로 때리는 상황을 반복하면서 인형을 가지고 논다면, 이것은 충격적인 상황에서 회복하려는 시도를 하고 있다고 볼 수 있다. 어쩌면 자녀가 다른 누군가에게 일어났던 무서운 상황을 목격했을 수도 있는데, 이런 경우라면 놀이를 반복하도록 내버려두기보다는 부모가 개입하여 놀이가 더 진행되도록 도와

준다면 자녀의 심리적 고통은 크게 낮아질 것이다.

　반면에, 아이들은 그렇게 명확하게 자신의 상처를 드러내지 않는다. 아이들은 자신이 원래 경험했던 것을 떠올리게 하는 어떤 활동이나 사람 혹은 물건을 피하기도 한다. 때때로 아이의 새로운 행동을 이해하기 어렵지만 그 행동이 아이가 제시하는 수수께끼일 수 있다. 이때 가족이 당황하게 된다면 자녀의 새로운 행동 이면에 있는 두려움을 보지 못할 것이다. 나중에 읽어 볼 새미의 사례가 여기에 해당한다.

　아이들은 이해하기 쉬운 방식으로 자신이 고통받고 있음을 명확하게 표현하기보다는 대부분 매우 혼란스럽게 자신의 고통을 드러낸다. 자녀는 부모를 쫓아다니고 짜증을 내면서 '반항적(bratty)'으로 행동할 수도 있다. 혹은 부산스러움이나 과잉 행동 그리고 악몽이나 수면장애 등으로 힘겨워 할지도 모른다. 특히 자녀가 어째서 그렇게 예측이 불가능하고 성가신 방식으로 행동하는지에 대한 단서를 부모가 전혀 알지 못할 때, 그런 증상들은 부모의 인내심은 한계에 도달하게 된다.

　더욱 골치아픈 것은 아이들이 자신의 걱정이나 상처를 행동으로 표출을 할 때, 잘못된 방식으로 자신의 힘을 휘두르거나 더 어리고 약한 아이나 동물을 공격한다는 것이다. 종종 아이들은 감정의 배출구를 찾지 못하면서 두통이나 복통을 느끼거나 자는 동안 이불에 오줌을 누기도 한다. 아이들이 좋아했던 사람이나 물건을 회피한다면, 이 역시 또 다른 신호로 볼 수 있다. 어떤 아이들은 참기 어려운 불안을 견디기 위해서 자신을 둘러싼 환경이나 사람을 통제하려는 시도를 하기도 한다.

자녀의 혼란스러운 행동 이면에 있는 두려움이나 수치심, 혹은 배신감을 경감시키기 위해 부모는 무엇을 할 수 있을까? 아이들은 본래 놀이를 좋아하기 때문에 당신은 '잘 의도된 놀이(guided play)'를 통해 아이가 회복되도록 도울 수 있다. 이 장에서 몇 가지 단계를 배운다면, 자녀는 두려웠던 순간에 대해 통제감을 갖고 두려움을 극복할 것이다. 자녀의 행동이 이해하기 어렵거나 혹은 자녀가 트라우마를 연상하는 놀이 중에 어떻게 대처해야 하는지 모를 때, 다음의 새미 사례는 도움이 될 것이다.

세 살도 되지 않은 새미의 이야기를 읽으면서 '놀이 회기'를 어떻게 설정해야 성공적으로 회복될 수 있는지를 알게 될 것이다. 이야기 다음에 제공되는 놀이의 네 가지 원칙을 통해서 자녀에게 유사한 지지를 제공할 수도 있다. 한편으로 새미의 사례는 일상에서의 사소한 사고를 적절하게 대처하지 못한 경우에 해당이 된다. 이때 무슨 일이 일어나는지 그리고 몇 개월이 지나서 어떻게 새미의 끔찍했던 경험이 놀이를 통해서 자신감과 즐거움으로 전환되는지를 보여 준다.

새미 이야기

새미는 두 살 반 된 남자아이이다. 새미는 주말 동안만 부모와 잠시 떨어져 조부모와 함께 주말을 보내고 있었다. 주말에 나는 초대받은 손님이었다. 내가 처음 새미를 만난 날, 새미는 가차없이 공격적이었으며 새로운 환경을 자기 멋대로 하려는 마치 다루기 어

려운 반항아 같았다. 어떤 것도 새미를 충족시키지 못했다. 잠에서
깰 때, 새미는 특히 날카롭고 성질을 부렸다. 새미가 잠을 자는 동
안에는 마치 이불과 레슬링을 하듯이 온몸을 뒤척였다. 새미는 부
모와의 분리가 힘들어 종종 행동화를 보였지만, 평소에는 조부모
와 지내는 것을 즐거워했다. 그래서 새미가 주말에 보인 행동들은
전혀 예상하기 힘들어, 가족에게는 매우 극단적으로 여겨졌다.

그들은 나에게 6개월 전에 새미가 의자에서 떨어져서 턱이 찢어
진 일이 있었다고 말해 주었다. 그 당시 새미는 피를 많이 흘려서
지역병원 응급실로 옮겨졌다. 간호사가 체온과 혈압을 측정하기
위해 들어왔을 때, 새미가 너무 공포에 질려서 측정을 할 수 없었
다. 새미는 치료를 하기 위해 소아용 파푸스(pediatric papoose)[1]에
묶이게 되었다. 새미의 몸통과 다리는 움직일 수 없었고, 머리와 목
만 움직일 수 있었다. 그 나이 또래 누구라도 그렇듯이, 새미는 할
수 있는 한 온몸을 뒤틀며 움직이고자 했다. 찢어진 턱을 봉합하기
위해서 의사는 손으로 벨트를 단단히 조여 새미의 머리를 움직이
지 못하도록 했다.

이런 어수선한 상황이 지나고 새미의 부모는 햄버거를 사러 새
미와 밖으로 나갔다. 새미의 엄마는 매우 주의 깊은 사람이었고, 그
상황이 얼마나 무서웠을지 진심으로 이해한다고 새미에게 말해 주
었다. 그런 후 모든 것이 잊혀진 것처럼 보였지만, 바로 얼마 후에
새미에게서 반항아 같은 태도가 나타났다. 이는 새미의 성마름과
응급실에서의 통제적인 태도로 경험되었을 무력함과 어떤 관련이

---

1) 플랩과 벨크로 끈이 달린 보드-역자주

있을까? 새미는 이번만큼 강한 불안과 공포 반응을 보인 적이 없었
다. 부모는 이전에 새미가 다양한 부상으로 인해 여러 차례 병원 응
급실을 방문한 적이 있다고 했다. 부모가 돌아왔을 때, 우리는 최근
의 일화가 트라우마와 관련이 있는지를 탐색해 보기로 했다.

　우리는 모두 내가 묵고 있는 간이 숙소에 모였다. 새미, 새미의
부모 그리고 조부모가 지켜보는 가운데 나는 새미의 곰돌이 인형
을 의자의 끄트머리에 놓아두었다. 그런데 그 인형이 곧바로 바닥
으로 떨어졌다. 우리는 곰돌이 인형이 다쳐서 병원에 데리고 가야
한다고 했다. 그 장면을 보고 새미는 비명을 지르면서 문 밖으로 뛰
어나가더니 다리를 건너서 좁은 개울가를 따라 달아났다. 이러한
장면을 보고 우리의 의구심이 해결되기 시작하였다. 가장 최근에
새미가 병원을 방문한 매우 좋지 않은 경험이 있었고, 겉보기와는
달리 잊은 것이 아님이 분명했다. 방금 그 인형 놀이가 그를 압도했
음이 새미의 행동으로 드러났기 때문이다.

　부모는 개울가를 따라가서 새미를 데려왔다. 우리가 다음 단계
의 놀이를 준비하고 있을 때, 새미는 엄마에게 극도로 매달렸다. 우
리 모두는 곰돌이 인형을 보호하기 위해 함께 할 거라고 새미를 안
정시켜 주면서 놀이를 진행했다. 또다시 새미는 달려 나갔으나 이
번에는 단지 옆방으로 가는 정도였다. 우리는 그 방으로 따라 들어
갔고, 그곳에서 무슨 일이 벌어지는지를 보려고 기다렸다. 뭔가를
기대한다는 듯이 나를 바라보면서 새미는 침대로 가더니 두 팔로
침대를 두들겼다.

　내가 "화가 났구나?"라고 공감을 했더니 새미는 그렇다고 인정하
듯이 나를 바라보았다. 새미의 반응을 긍정적으로 여기면서 나는

곰돌이 인형을 담요 안에 눕혔고, 바로 그 옆에 새미를 눕도록 했다. "새미야, 곰돌이가 나갈 수 있도록 도와주지 않을래?" 나는 담요 안에 있는 곰돌이 인형을 붙잡고서 다른 모든 사람이 도와주길 요청했다. 새미는 흥미를 가지고 지켜보았으나 곧 엄마에게 안겼다. 새미는 엄마의 다리를 꽉 잡은 채 말했다. "엄마, 나 무서워."

새미에게 압박을 주지 않으면서 우리는 새미가 준비되어 다시 놀 마음이 생길 때까지 기다렸다. 할머니가 곰돌이 인형과 함께 놀이를 할 때쯤에 새미는 적극적으로 참여하기 시작했다. 새미는 곰돌이 인형이 구조되었을 때, 다시 엄마에게 안겼는데 이전보다 더 강하게 매달렸다. 새미는 두려움으로 몸을 심하게 떨었다. 그러더니 놀랍게도 새미는 자신감과 흥분의 감정을 내비치며 가슴을 쫙 펴는 일이 일어났다. 바로 여기서 우리는 트라우마적 사건의 재현과 치료적 놀이의 전환 과정을 볼 수 있다. 그다음에 새미가 엄마에게 안겼을 때 새미는 예전보다 덜 매달렸고, 심지어 기분이 좋아져서 펄쩍 펄쩍 뛰기까지 했다.

우리는 새미가 다시 놀이를 할 준비가 될 때까지 기다렸다. 새미를 제외한 나머지 모두는 차례대로 곰돌이 인형 구조 놀이를 했는데 그때마다 새미는 더 활발해졌고, 마침내 담요를 벗겨 내기도 했다. 새미의 차례가 되었을 때, 그는 매우 상기되어 있었고 두려워했다. 새미가 이 어려운 도전을 받아들이게 될 때까지 여러 차례 엄마에게 되돌아가는 일이 반복되었다. 마침내 새미는 용감하게 곰돌이 인형이 있는 담요 안으로 들어갔고, 나는 그 담요를 부드럽게 붙잡아 주었다. 새미의 눈은 두려움으로 커졌지만 잠깐뿐이었다. 새미는 곰돌이 인형을 붙잡고는 담요를 밀쳐내더니 엄마의 품으로 뛰어들었다. 새미는 흐느껴 울면서 소리를 질렀다. "엄마, 나 좀 여기서 나가게 해 줘! 이것들도 좀 떼어 줘!" 이 말에 대해 새미의 아빠는 지난번 병원에서 새미가 움직이지 못하도록 손과 머리가 묶였을 때 외쳤던 말과 '똑같은 말'이라며 놀라워했다.

우리는 여러 차례 반복하여 구조 놀이를 했다. 두려워서 엄마에게 달아나는 대신에 구조 놀이 과정에서 새미는 더 강한 힘과 의기양양함을 보이면서 흥분되어 방방 뛰어다녔다. 성공적으로 구조가 될 때마다 우리 모두는 박수를 치며 함께 춤을 추었다. "새미가 곰돌이를 구했대요……. 우아…… 새미, 최고야." 두 살 반의 새미는 지난 몇 개월 전에 자신을 파괴시켰던 경험에 대해 이제 통제감을 가지게 되었다. 새미는 자신의 주변 환경을 통제하기 위해 행동화했던 트라우마적이고 공격적이며 나쁜 행동이 완전히 사라졌다. 의료적 트라우마로 인한 새미의 '지나치게 활성화된(hyperactive)' 그리고 회피적인 행동은 치료적 놀이 과정을 통해 변화되었다.

문제 해결을 위한 놀이의 네 가지 원칙

새미의 치료적 놀이 경험에 대한 분석 결과는 당신이 자녀와 놀이를 할 때 다음의 원칙을 이해하고 적용하는 데 도움이 될 것이다. 또한 마지막 장에서 당신은 자녀의 욕구에 조율하는 것이 얼마나 중요한지를 배울 것이다.

원칙 1. 아이가 놀이의 진행 정도를 결정하도록 하기

치유는 천천히 진행되는 매 순간에 발생한다. 이 말은 모든 사람에게 진실이다! 자녀의 속도는 당신과 다를지도 모른다. 자녀가 안전감을 느낄 수 있도록 자녀의 속도와 리듬에 따라 진행하라. 자녀가 당신에게 맞추도록 하지 마라. 당신이 자녀의 행동을 주의 깊게 살펴보면서 자녀의 '입장(shoes)'을 이해하려고 한다면 자녀와 어떻게 공명할지를 금방 배우게 될 것이다. 그런 의미에서 새미의 행동을 한번 살펴보자.

새미가 우리에게 '말한 것'

곰돌이 인형이 바닥에 떨어졌을 때, 방을 뛰쳐나가는 행동을 통해서 새미는 아직 이 새로운 '게임'을 할 준비가 되지 않음을 우리에게 명확하게 말해 주었다.

새미가 안전감을 갖도록 하기 위해 우리가 했던 것

새미는 부모로부터 '보호(rescued)'가 필요했고, 위로 받아야 했으며, 계속 놀이를 진행하기 위해서는 원래 자리로 돌아와야 했다. 우리는 새미에게 곰돌이 인형을 보호하고 구조하는 것을 돕기 위해 모두가 함께 있을 것이라는 것을 확신시켜 주었다. 이런 지지와 확신을 제공함으로써 새미가 그 놀이를 더 쉽게 다가가도록 할 수 있었다.

새미가 우리에게 '말한 것'

새미가 문 밖으로 나가는 대신에 침대로 간 이유는 새미는 훨씬 덜 무서워졌고, 한편 더 많은 지지를 받고 있음을 우리에게 말해 준 것이다. 아이들은 계속 진행해도 되는지를 언어로 적절하게 표현하지 못할 수도 있다. 그러므로 당신은 아이의 행동이나 반응을 통해 단서를 포착해야 한다. 의사소통을 위해 선택하는 아이의 방식을 존중하라. 아이가 스스로 기꺼이 참여하거나 할 수 있을 때가 아니라면, 결코 강제로 뭔가를 진행하지 않아야 한다.

아이를 위해 당신이 할 수 있는 것

만약 당신이 두려움의 신호나, 호흡의 불규칙, 또는 경직되었거나 멍해진, 또는 해리된 징조를 보게 된다면 천천히 진행하라. 당신이 항상 아이와 함께할 것임을 확신시키면서 인내심을 가지고 조용히 기다린다면, 이런 반응은 사라질 것이다. 대개 자녀의 눈빛이나 호흡을 관찰하다 보면, 당신이 계속 진행해도 되는지 여부를 알게 될 것이다.

실습

새미의 이야기를 반복해서 읽어 보면서 놀이를 계속해도 괜찮다는 신호로 해석할 수 있는 장소에 주의를 기울이라. 앞에 제시된 침대 이외에 세 개의 명백한 장소가 있다.

원칙 2. 두려움, 공포 그리고 흥분을 구분하기

놀이를 진행하는 과정에서 두려움이나 공포를 경험하는 시간이 길어진다면, 자녀가 트라우마를 극복하는 데 도움이 되지 않는다. 대부분의 아이는 그런 압도되는 감정을 회피하려는 행동을 보인다. 당신은 그런 회피적 행동을 허용하면서도 자녀가 회피하려고 애쓰는 감각이나 감정에 대해 '접촉할 수 있도록(touch-into)' 도움을 제공할 수 있다. 이때 자녀가 두려움을 회피하려는지 혹은 통제해 가는지를 분간해야 한다. 다음의 내용은 자녀가 잠깐의 휴식이 필요한지 혹은 더 앞으로 진행해야 하는지를 당신이 '알아차릴 수 있는(reading)' 능력을 발달시키는 데 도움이 될 것이다.

새미가 우리에게 '말한 것'

새미가 개울가로 뛰어갔을 때, 새미는 회피적 행동을 보이고 있었던 것이다. 트라우마적 반응을 해결하기 위해서 새미는 감정에 의해 충동적으로 행동화하는, 즉 뛰쳐나가서 내달리기를 하기보다는 자신이 행동을 통제하고 있다는 느낌을 가지도록 해야 한다.

아이의 행동을 '알아차릴 수 있는' 방법

회피적인 행동은 두려움이나 공포가 자녀를 위협하고 압도할 때 발생한다. 이런 행동들은 몇 가지 정서적 신호인 울기, 놀란 눈과 비명 지르기 등과 함께 일어난다. 적극적으로 도망을 가는 것은 활성화된 상태임을 말해 준다. 이것은 신이 나서 활성화된 기분 상태

와는 다르다. 아이들은 작은 승리에도 쉽게 흥분하고 종종 미소를
보이거나, 환하게 웃거나, 박수를 치면서 기쁨을 드러낸다. 전반적
으로 이런 반응들은 회피적 행동과는 매우 다르다. 신이 난 상태는
원래 경험했던 부정적 정서가 방출되었다는 증거이기도 하다. 이
런 감정이나 기분 상태는 긍정적이고 바람직하며 필수적이다.

참을 수 없는 감각이나 감정이 참을 만하거나 심지어 즐거운 것
으로 바뀜으로써 트라우마는 해소된다. 높은 불안이 생생함이나
활기로 바뀌는 것은 전혀 이상하지 않다. 그 이유는 두 가지 정서
상태가 신경계에서 똑같은 수준의 에너지를 갖기 때문이다.

아이를 지지하는 방법

만약 자녀가 신이 난 상태라면, 격려를 하거나 새미와 함께 박수
를 치고 춤을 췄던 것처럼 진행해도 좋다. 그러나 만약 자녀가 겁에
질리거나 놀란 상태라면, 안전함을 전달하고 더 상태가 진행되도록
절대 내버려두지 않아야 한다. 모든 주의를 기울여서 상황을 주시
하라. 두려움이 사라질 때까지 인내심을 가지고 기다리라. 만약 자
녀가 피곤함을 보인다면 짧은 휴식 시간을 가지는 것이 중요하다.

원칙 3. 한 번에 하나씩 하기

결코 서두르지 마라. 트라우마적 사건은 반복적일 수밖에 없다.
이런 순환적 특성을 잘 활용하라. 트라우마적 놀이와는 달리 치료
적 놀이 중의 '재조정 과정(renegotiation)'에서 자녀의 반응이나 행동
은 점차적으로 변화되면서 통제감을 획득하고 트라우마를 극복하

게 될 것이다.

새미가 우리에게 '말한 것'

새미가 문 밖으로 나가는 대신에 침대로 간 것은 하나의 단계가
완료되었음을 행동적으로 보여 주는 것이다.

아이의 진전을 관찰하기

아무리 많은 반복적 행동이나 태도가 발생하더라도 만약 자녀가
다르게 반응을 보인다면, 즉 신이 난 정도에서 차이가 있거나, 좀
더 말이 많아지거나, 혹은 더 자발적인 움직임이 있다면 아이는 트
라우마를 잘 극복하고 있는 셈이다. 그러나 자녀의 반응이 확장되
거나 다양해지는 대신에 강박적인 반복 형태로 지속된다면, 당신
의 속도에 맞춰 너무 급하게 진행하고 있을 가능성이 있다는 점을
유의해야 한다.

한 번에 하나씩만 하도록 돕기

마음을 가라앉히고 당신의 호흡이 차분해지고, 자연적으로 편안
히 쉬어질 때까지 당신은 마음을 안정화시키고(ground) 당신의 감
각에 주의를 기울여라. 놀이 과정을 더 작은 단계로 세분화하면서
천천히 진행되도록 생각하라. 이 말은 자녀의 속도와 리듬에 맞추
라는 이전의 조언과는 상반될 수도 있다. 그렇지만 현명한 부모라

면 자녀가 고통받거나 압도되지 않도록 해야 한다. 이렇게 하기 위해서는 놀이 과정을 최대한 천천히 진행해야 한다.

만약 자녀가 긴장한 것처럼 보인다면, 약간의 긴장 이완 단계를 도입하는 것이 좋다. 예를 들어, 치료적 놀이가 진행되는 중에 "어디 보자……. 의사 선생님이 주사를 줄 것 같은데……. 곰돌이가 무서워하지 않도록 우리가 뭘 하면 좋을까?"라고 말해 준다. 종종 아이들은 자신의 경험에서 어떤 종류의 확신이나 보살핌이 부족했는지를 정확히 알려 주는 기발한 해결책을 제시할 것이다.

똑같아 보이는 놀이를 아무리 많이 반복하더라도 절대 조바심이나 걱정을 하지 마라. 새미의 사례에서 우리는 곰돌이 인형을 가지고 10번이 넘게 똑같은 형태의 놀이를 반복했다. 새미는 자신의 트라우마적 반응을 꽤 빠르게 재조정할 수 있었지만, 자녀는 더 많은 시간이 필요할 수도 있다. 하루에 모든 것을 다할 필요는 없다! 휴식과 자연스러운 시간의 흐름은 자녀가 내적으로 자신의 경험을 어느 정도 재구성하는 데 휴식과 일정한 시간이 필요하다. 만약 놀이를 통해 완전히 트라우마가 극복되지 않았다면, 다음에 다시 그 놀이를 하는 상황에서 자녀는 이전과 유사한 형태의 놀이를 돌아갈 것이다.

만약 이런 제안들이 도움이 되지 않고 있다고 여겨진다면, 이 장을 다시 읽어 보고 당신이 할 수 있는 역할을 자세히 살펴본 후 자녀가 어떻게 반응하고 있는지를 더 주의 깊게 관찰하라. 혹시나 당신이 좌절을 느낀다면, 자녀의 신호에 과도하게 놀랐거나 혹은 자녀의 신호를 놓쳤을 수도 있다. 당신이 자녀를 돕기 위해서는 연습이 필요하다. 일단 자녀가 반응하기 시작한다면 걱정을 내려 놓고 놀이를 즐기도록 하라.

원칙 4. 안전한 담아 주기 환경 제공하기

부모가 긍정적인 관점을 가져야 한다는 점을 유념하라. 부모에게 있어서 트라우마적 사건을 변형시키는 데 가장 중요하면서도 어려운 측면은 모든 것이 잘될 것이라는 믿음을 유지하는 것이다. 이런 느낌은 당신의 내면에서 나오고, 이는 곧 자녀에게 전달된다. 그것은 확신을 가지고 자녀를 안전하게 담아 주는 그릇(container)과 같은 것이다. 당신이 자녀를 도우려고 할 때에 자녀가 저항한다면, 이것은 특히 어려운 일이 될 것이다.

만약 자녀가 저항한다면, 인내심을 가져야 한다. 자녀의 본능적인 부분은 자신의 고통스러운 경험을 재구성하기(rework)를 원한다. 당신이 해야 할 것은 자녀의 본능적인 그 부분이 안전감과 확신을 느끼고, 편안해질 수 있도록 기다리는 일뿐이다. 이때 유의할 점은 부모가 지나치게 걱정한다면, 자녀는 부모의 불안을 덜어 줘야한다는 메시지를 무의식적으로 받을 수 있다. 미해결된 트라우마를 가진 성인은 특히 이런 함정에 빠지기 쉽다. 만약 진행 과정이 낙담스럽더라도 결코 떠밀지 마라. 대신에 전문적인 놀이 치료자를 찾아 부디 도움을 요청하는 데 주저하지 마라.

토론하기: 도움을 받지 못한 아이에게는 무슨 일이 일어날까

만약 새미가 이런 식으로 도움을 받지 못했다면, 새미는 더욱더 불안이 높아지고 과잉 행동을 하면서 집착적이면서도 더 지배적이

되었을까? 혹은 새미의 해결되지 못한 트라우마는 나중에 회피적인 행동이나 야뇨증을 유발하게 되었을까? 또는 이유를 알 수 없는 복통이나 편두통, 불안 발작 등의 신체적 증상이 나타날 수도 있었을까? 물론 정확히 예단할 수는 없지만 이 모든 것을 예측해 볼 수 있다. 트라우마적 경험이 또 다른 형태로 일상에서 언제, 어떤 식으로 나타날지조차 알 수 없다. 그러나 우리는 여러 예방적 활동을 통해 이런 발생 가능한 것들로부터 자녀를 보호할 수 있다. 어쨌든 이런 '약간의 예방조치(ounce of prevention)'를 통해 자녀는 더 자신에 찬 아이, 이후 트라우마에서 벗어난 성인으로 성장할 것이다.

물론 새미가 그랬던 것처럼, 아이들은 우리의 도움을 직접적으로 받아들이지 못할 수도 있다. 이런 면에서 당신은 새로운 것을 시도하는 **훌륭한 부모**이다. 당신은 자녀가 떨고 있거나 진저리를 치거나, 혹은 수치심, 상실과 분노 등을 '떨쳐 내려고 하는(shake out)' 이 결정적인 순간에 자녀를 쉽게 지지할 수 있는 방법을 배운 것이다. 잘 계획된 놀이를 통해 아이는 강렬한 내적 에너지를 안전하게 방출할 수 있다. 그렇지만 당신의 지지와 안내 그리고 보호 속에서만 이런 것이 가능함을 명심해야 한다.

토론하기: 트라우마적 놀이와 치료적 놀이는 어떤 차이가 있는가

당신은 트라우마적 사건을 회피하려는 놀이 혹은 트라우마를 반복적으로 흉내 내는 놀이와 트라우마를 재구성하려는 놀이의 차이점을 인식하는 것이 중요하다. 어릴 때 자신의 트라우마를 극복하지 못하고 성장한 성인은 종종 무의식적으로 원래의 트라우마적 사건과 비슷한 형태로 상황을 재현한다. 예를 들자면, 어린 시절에 성적 학대의 경험이 있는 성인은 성적으로 난잡하거나 혹은 성적 학대자가 되든지, 어쩌면 모든 성적 관계를 회피할 수도 있다.

이와 비슷하게 아이들은 자신을 압도했던 사건의 일부를 다시 만들어 낸다. 아이는 자신의 행동 이면에 있는 의미를 비록 알지 못할 수도 있지만, 아이는 원래의 트라우마와 관련된 감정들에 의해 크게 영향을 받는다. 아이는 비록 트라우마 그 자체에 대해 말하지 않으려고 하지만, 반복적이거나 회피적인 트라우마적 놀이는 아이가 자신의 이야기를 전달하는 한 가지 방법이며, 동시에 그것은 아이가 고통을 받고 있다는 확실한 단서이기도 하다.

다음의 사례는 이런 '트라우마적(troubled)' 놀이를 잘 보여 주고 있다. 레노어 테르(Lenore Terr)는 자신의 저서 『울기엔 너무 무서워(Too scared to cry)』에서 세 살 반의 로라가 장난감 차를 가지고 놀면서 보여 준 반응을 자세하게 묘사하고 있다. "차들이 사람들을 향해 달려가고 있어요." 로라는 두 대의 경주용 차를 작은 인형들을 향해 움직이면서 말했다. "차들이 자신의 뾰족한 앞부분을 사람들에게 향하고 있어요. 사람들은 무서워해요. 뾰족한 앞부분이 사람들의 배를 치고, 입도 치고 그리고… 음… 음…….(로라가 자신의 치마 쪽을 가리킨다) 내 배가 아파요. 이젠 놀고 싶지 않아요."

로라는 자신의 두려움이 갑작스럽게 몸감각으로 느껴지자 바로 놀이를 중단했다. 이것은 전형적인 반응이다. 로라는 반복적으로 똑같은 놀이를 할지도 모른다. 그리고 복부에서의 감각이 불편할 때마다 놀이를 멈출 것이다. 어떤 치료자들은 로라가 자신의 고통스러운 트라우마 상황에 대해 통제감을 얻기 위해서 놀이를 반복하고 있다고 말할지도 모르겠다. 로라의 놀이는 성인이 공포심을 극복하기 위해 사용하는 반복적인 '노출(exposure)' 치료 기법과 정말 닮아 보인다. 그러나 테르는 그와 같은 놀이가 대개 좋은 결과를 얻기 어렵다고 경고한다. 비록 그것이 아이의 고통을 감소시키는 데 도움이 될 수 있지만, 아이가 트라우마를 극복하는 데 너무 시간이 많이 걸린다. 대부분의 경우, 이런 놀이는 그냥 단순히 반복될 뿐이다. 해결되지도 않고, 반복적인 트라우마 놀이는 성인치료에 있어서 트라우마 상황을 재현하고 강한 정서 표출을 유도하는 치료적 개입이 트라우마를 더욱 악화시키는 것처럼 오히려 트라우마로 인한 충격을 강화할 수도 있다.

새미의 사례에서 본 것처럼, 트라우마 경험의 재구성 내지 재작업은 트라우마적 놀이나 재현과는 근본적으로 다르다. 아이들이 하고 싶어 하는 대로 내버려둔다면, 대부분의 아이는 놀이가 촉발하는 고통스러운 감정을 회피하려고 할 것이다. 지도와 안내를 받으면서 새미는 차츰차츰 그의 두려움을 극복하며 '자신의 감정을 조절할 수 있게 되었다'. 트라우마 사건에 대해 곰돌이 인형과 함께하는 이런 식의 단계적 접근을 통해 새미는 승리자이자 영웅으로 재탄생할 수 있었다. 승리와 영웅에 대한 감각이 생겨나는 것은 트라우마 치료에서 성공적인 결과의 증거이다. 혼란스러운 상황이 벌어졌을 때, 우리는 천천히 그리고 사려 깊게 새미의 속도와 리듬을 따라가고 새미의 놀이에 모두가 함께 참여하면서 새미는 두려움을 극복하게 되었다. 약간의 방향 제시와 지지 그리고 기다려주는 시간을 통해 새미는 성공적으로 속박에서 '탈출(escape)'할 수 있었다. 이것은 과거 응급실에서의 경험과는 완전히 다른 것이었다.

아이에게 필요한 추가적인 도움

자녀의 문제행동이 해소되었는지를 확인하려면, 자녀가 소스라치게 놀란 일화를 언급하여 자녀의 반응을 살펴보라. 아직 해소가 되지 않은 아이라면 그런 이야기를 떠올리거나 언급되는 것을 원하지 않을 것이다. 즉, 그런 이야기가 언급되면 자녀가 짜증스러워하거나 두려움을 보일지도 모른다. 때때로 자녀가 그것에 대해 말하고 싶지 않아서 자리를 벗어나려고 할 수도 있다. 반대로 그것에 대해 지속적으로 말을 하는 아이들도 있다. 또한 자녀가 문제행동을 한동안 '보이지 않는다.'고 해서 고통스러운 감정 에너지가 모두 방출되었다고 속단하지 마라. 트라우마적 반응이 여러 해 동안 드러나지 않을 수 있는 이유는 성장하고 있는 신경계가 과도한 심리 에너지를 일시적으로 통제할 수 있기 때문이다. 자녀에게 과거에 문제행동을 유발했던 사건들을 언급해 봄으로써 트라우마적 잔재의 신호를 촉발해 볼 수도 있다.

"우리 아이가 잘 생활하고 있는데 일부러 과거를 끄집어낼 이유가 없지 않나요?"라고 말하는 사람이 있다. 트라우마 증상이 다시 활성화되는 것에 대해 너무 걱정하지 마라. 이렇게 해 보는 것은 오히려 잠재적으로 남아 있을지도 모르는 트라우마적 잔재를 해소할 수 있는 기회이다. 이를 통해 자녀는 긍정적인 자기 성찰 기능과 균형감, 마음과 몸의 조화 및 안정화(grounding), 자기 주장성과 자기감(sense of self)을 공고히 하면서 혹시나 남아 있을 심리적 고통을 낮추게 될 것이다. 이것이 자신감과 즐거움 그리고 회복탄력성을 활성화시키는 가장 빠른 방법이다.

때때로 전문적인 외부의 도움이 필요할 때도 있음을 강조하고 싶다. 부모가 사소한 사건이나 부상의 상황에서 자녀가 심리적으로 안정되도록 대부분 도울 수 있지만, 양육에 매우 유능한 부모라도 모든 것을 해결할 수는 없다. 예를 들어, 특히 가족 구성원에 의한 성추행 같이 더 복잡하고 어려운 상황에서는 일반적으로 온전히 대처하기가 결코 쉽지 않다. 무슨 일이 일어나든, 당신이 할 수 있는 최선을 다했음에도 자녀의 트라우마적 반응이 사라지지 않는다면 주저하지 말고 외부의 전문 상담기관에 도움을 요청하라.

반면에 자녀의 문제가 한 번의 노력으로 해결되지 않았다고 해서 반드시 전문가의 도움이 필요하다는 이야기는 아니다. 보통 아이들은 당신과 함께하는 더 많은 '놀이(play)' 회기를 필요로 한다. 그러나 반복적인 시도에도 불구하고 자녀가 불안해하거나 경직된다든지 혹은 더 이상 진척이 없다면, 이 놀이를 '절대 재촉하지 마라(Do Not force theissue)'. 그리고 아이들과의 경험이 풍부한 전문가의 의견을 얻으라. 트라우마를 예방하는 건 쉬울 수 있지만, 트라우마를 치료하는 건 때때로 복잡하고 어렵다. 부모에게 있어서 스트레스 요인이 오래 지속되어 어린자녀가 한동안 보살핌을 받지 못하게 된 다양한 생활사건이 발생한 때에는 특히 어렵다. 이미 말했던 것처럼 신뢰할 만한 어른의 도움이 없다면 트라우마는 점차 복잡해질 것이다.

가상놀이

아이들은 작은 인형을 좋아하기 때문에 마치 인형들이 실제 행동하는 것처럼 인형으로 놀이를 하면서 상상하고 여러 이야기를 지어내며 자신의 정서를 방출한다. 아이들은 곰돌이 인형 '푸우'나 '테디베어'처럼, 동물 인형을 이용하여 장면을 재구성하거나 다른 많은 종류의 장난감을 사용하여 이야기를 만들어 낸다. 특히 너무 충격을 받아서 자신에게 일어난 일을 직접 다루기 어려워하는 아이들이 이런 놀이를 자주 한다. 3세 정도의 아이에게는 작은 인물 모형의 장난감이 이상적이다. 단, 3세 미만의 아이에게는 질식 사고의 위험이 있으니 주의하라. 또한 '변장을 하거나(dress-up)' 역할 놀이도 자녀가 자신의 고통스러운 정서와 감각을 정리하는 데 도움이 될 수 있다.

여기서는 봉제 인형 놀이, 미니어처 장난감 놀이와 상황 설정의 역할놀이 놀이 등을 소개하고자 한다.

봉제 인형 놀이

봉제 인형 놀이는 자신의 마음을 자유롭게 표현할 수 있는 안전감을 만들어 주고 자녀에게 원래 문제로부터 충분한 심리적 거리감을 제공해 준다. 자신의 감정을 느끼거나 나누는 데 어려움이 있는 아이들은 거의 항상 인형을 통해 간접적인 정서 방출을 하고 있다.

인형의 좋은 점은 모든 연령대의 아이들과 십 대들에게 호소력이 있다는 것이다. 청소년들조차 인형과 함께 '뒹굴거나' 심지어 서로 대화를 하면서 놀이를 하는 게 자연스러울 정도이다. 아이와 함께 그렇게 노는 것은 재미있기도 하다. 어떤 특별한 목적이나 의도 없이 그냥 서로 다른 목소리로 말을 하면서 가볍게 시작해 보라. 당신이 자발적으로 움직여 보임으로써 자녀의 자발성을 장려해 주라.

　다른 의도 없이 가볍게 놀이를 한 후에 당신은 자녀의 고통을 유발했던 원래 상황이나 그 상황에서 자녀가 한 행동을 다룰 수 있다. 예를 들어, 자녀가 뾰로통해지거나 우울해지는 것처럼 강한 분노를 억누르는 증상을 보인다면, 당신은 인형을 통해 그런 감정을 표출해 보도록 안내할 수 있다. 당신이 인형을 가지고 화를 표출하는 모델링을 보여줄 수 있다. 예를 들어, '화가 난 악어 앨리스'가 이빨을 드러내면서 자신을 괴롭히는 것들에 대해 크게 소리 지를 수 있다. 반면에, 자녀가 다른 아이의 머리를 때리거나 성질을 부리면서 자신의 분노를 행동화한다면 비슷한 방식으로 인형을 통해 자신의 감정을 표출하도록 유도한다. '화가 난 거인 앵거스'는 발을 쿵쾅거릴 수도 있고, 왕국 전체에게 미친 기분이 어떤 건지 알릴 수도 있다. 이렇게 함으로써 자녀는 타인을 해치지 않으면서 자신의 감정을 표출할 수 있게 된다. 또한 아이들은 인형을 가지고 자신의 두려움, 슬픔 그리고 기쁨도 이야기할 수 있다. 이런 유형의 놀이를 하는 동안에 감정이 표현되는 것은 물론이다. 종종 아이는 인형놀이를 하면서 자신의 문제에 대한 기발하고 멋진 해결책을 찾아내곤 한다.

　아이와 함께 인형놀이를 통해 감정 표출이 더욱 편안해진다면, 이제 실제적 트라우마 상황에 한 발짝 더 접근할 수 있다. 예를 들어, 인형을 떨어뜨리거나, 교통사고 상황을 만들거나, 다가올 수술에 대해 인형을 통해 이야기해 보도록 한다든지 심지어 할아버지가 돌아가셨을 때 어떤 느낌이 들었는지 인형을 통해 표현하도록 할 수 있다. 인형을 통해 그때의 감정과 생각이 탐색될 수 있다. 어른들이 올바른 환경을 제공한다면 아이들은 놀랄 만큼 빠르게 원래의 상태로 돌아온다. 자신을 무력하게 만든 상황에 대해 아이는 통제감을 획득하면서 두려움을 직면하기 시작할 것이다.

인형을 구입하거나 직접 만들 수도 있다. 어떤 것은 한 손에 잡힐 만 한 크기이고, 어떤 것은 손가락만 할 수도 있다. 이런 인형들은 장난감 가게나 백화점 장난감 코너에서 구입할 수 있다. 물론 온라인을 통해서도 구입이 가능하다. 혹은 자녀와 함께 인형을 만든다면 그것 자체로 재미있을 것이다. 집에 있는 종이 가방이나 오래된 양말로 쉽게 만들어 사용할 수 있다. 자녀가 양말 뒤꿈치 부분으로 인형얼굴을 만들고, 눈이나 입, 귀나 머리카락은 종잇조각이나 실을 사용하여 인형을 만들 수 있다.

미니어처 장난감 놀이

3세 이상의 아이에게 미니어처 장난감이나 모형 놀이는 아이의 내면 세계로 들어갈 수 있는 또 다른 관문이다. 최근에는 TV나 영화와 함께 컴퓨터, 비디오 게임이 더 일반화되면서 전기전자 매체들이 아이의 삶을 크게 잠식한 것처럼 보인다. 그러나 일단 자신의 상상력을 발휘할 기회가 주어진다면, 아이는 작은 모형과도 몇 시간씩이나 놀 것이다. 당신이 자녀와 접촉하려는 의지를 가진다면, 미니어처 장난감에 대해 많은 정보를 얻게 될 것이다. 아이들은 카우보이나 인디언, 바다 동물이나 육지 동물, 해적과 칼, 가족 구성원을 상징하는 인물 인형, 경찰과 도둑, 구급차와 소방차, 나무, 마녀, 괴물, 화산, 집 안의 가구, 아이, 의사, 간호사, 붕대, 보물 상자와 전리품 그리고 접시나 식기류 등을 선택하곤 한다. 당신이 허용만 한다면, 자녀는 모든 종류의 주제에 대해, 그리고 자신이 표현하고 싶은 대로 상상력을 발휘하여 표현할 것이다.

부모는 자녀와 함께 바닥에 앉아 놀이에 참여할 수 있다. 자녀가 어떤 식으로 장난감과 놀 때, 예의 바르고 부드러운가?, 아니면 거칠고 가혹한가? 아이가 어떤 상황을 설정하고 있는가? 등을 살펴보라. 아이가 어딘가에 숨거나 혹은 싸우거나 탈출하는 놀이를 좋아하는지 지켜보라. 잠깐 동안 지켜본 후에 당신이 어떤 역할을 하면 되는지 자녀에게 물어보라. 만약 자녀가 강한 감정에 압도되어 고통스러워한다면, 어떤 사건(이혼, 사고, 성추행, 병원 방문, 재난 등)을 아이가 표현하고 있지는 않은지 주의 깊게 관찰하고 생각해 보라. 아이가 자신의 상상력을 펼치면서 모형과 다양한 상황을 만들 때, 자주 놀이 속의 마법 같은 일이 일어나면서 아이의 긴장과 고통을 완화시켜 주기도 한다. 아이가 놀이를 하면서 자신의 감정에 속박된 에너지를 외부로 내보내거나 표현하게 된다는 점이 중요하다. 이런 식으로 놀이를 하면서 아이는 자기감을 유지하고 정서적 균형을 회복할 수 있다.

초등학교 입학 전의 아이들에게 모래 상자는 장난감(피겨)과 함께 놀 수 있는 적절한 매체가 될 수 있다. 이런 모래놀이는 모래를 만지는 감각적 경험과 작은 손으로 장난감(피겨)을 움직이는 동작적 경험을 동시에 제공한다. 그것은 문제를 해결하는 데 있어서 매

우 유용한 도구이다. 이후에 소개되는 그림 그리기 혹은 다른 치료
적 놀이에 있어서도 가장 중요한 것은 사려 깊은 어른의 관심 속에
서 아이 자신만의 세계, 자신만의 감정 그리고 자신만의 창의성 경
험을 해 볼 수 있게 한다는 것이다. 부모가 충고나 판단을 하지 않
고 허용적일 때, 아이는 안전함을 느낀다. 아이들의 내적 세계와 접
촉하는 것은 말이 아니라 '우리 자신이 무엇을 해야 할지를 감각적
이고 경험적으로 알고 있는 존재(hands knowing how)'임을 믿을 때
일어난다. 칼 융(Carl Jung)은 '종종 우리의 감각(hands)은 아무리 머
리(intellect)로 생각해도 풀 수 없었던 수수께끼를 해결하는 방법을
알고 있다.'고 한다. 이때 어른이 할 일은 정서적 수준에서 아이와
접촉하기 위해 그들의 내적 경험에 한 걸음 더 들어가는 것이다.

상황 설정의 역할 놀이

상황 설정의 역할 놀이는 아이들에게 원래 문제로부터 심리적
거리감을 제공하고, 안전하게 자신의 생각이나 감정을 거리낌 없
이 표현할 수 있도록 한다. 이런 유형의 놀이는 자연스럽고 자발적
이다. 바이올렛 오크랜더(Violet Oaklander)는 자신의 저서 『숨겨진
보물: 아동의 내적 자아에 대한 안내(Hidden treasure: a map to the
child's inner self)』에서 10세 조이를 소개하고 있다. 조이는 남아로서
5세 때 버려진 차 안에서 로프에 단단히 묶인 채 발견되었다. 10세
때 조이는 약물치료에도 불구하고 분노 폭발과 과잉 행동을 보였
다. 조이에게 필요한 치료의 방향은 안전한 어른과의 관계 경험, 이
후 아이에게 힘과 통제에 대한 감각을 경험할 수 있는 환경을 제공

하는 것이다.

치료 과정을 소개하면, 치료자(바이올렛)는 조이에게 초기 몇 회기에 걸쳐 접촉을 향상시키는 활동을 통해서 먼저 신뢰 관계를 구축하였다. 얼마 후, 조이는 장난감 선반에서 수갑을 하나 발견했고, 조이는 점차 놀이실에서 어떤 상황을 설정하면서 통제감을 가지기 시작하였다. 조이는 치료자(바이올렛)에게 도둑의 역할을 맡겼고, 자신은 경찰관이라고 칭했다. 그러고 나서 치료자(바이올렛)에게 지갑을 훔친 척하라고 시킨 뒤, 치료자(바이올렛)를 추적하여 체포했다. 조이는 이 놀이에 매우 열정적으로 참여하였다. 그다음 회기에도 똑같은 놀이를 진행하면서 조이는 로프로 치료자(바이올렛)를 꽁꽁 묶는 싶다고 말했다. 그래서 치료자(바이올렛)는 그다음 주에 로프를 준비해 주었다. 조이는 치료자(바이올렛)를 추적하고, 체포하고 손에 수갑을 채우고 묶는 놀이를 자신이 싫증을 느낄 때까지 수십 번을 반복했다. 이런 과정을 통해 조이는 편안해졌고, 점차 초기 트라우마 사건과 관련이 없는 다른 놀이를 하기 시작했다. 얼마 지나지 않아 조이의 엄마가 다음과 같이 보고했다. "조이가 변했어요. 더 이상 파괴적이지도 않고, 차분해지고, 행복해 보여요."

조이처럼 꼼짝하지 못한다거나 혹은 어찌할 방법도 없는 상태에서 공격을 받는 충격적인 상황을 경험한 아이들은 적극적으로 회복할 수 있는 놀이 경험이 필요하다. 에너지가 넘치는 이런 유형의 놀이가 가지는 부가적인 효과는 방어적 자세나 움직임과 관련된 근육들을 활성화시킨다는 점이다. 즉, 이런 놀이는 정서적으로 압도된 상태에서 상실되어 버린 힘과 유능감에 대한 감각을 회복시킨다. 아이들이 상상놀이에 몰입하고 있을 때 자기 인식(self-consciousness)은 사라진다. 또한 아이가 건강한 방어체계를 발달시키는 데 도움이 되는 강력한 다른 활동으로 아이에게 자신이 제일 좋아하는 동물 역할을 해 보도록 하는 것이 있다. 구체적으로 아이 자신이 좋아하는 동물 인형을 준비해 주고, 동물의 움직임과 특성을 흉내 내도록 분위기를 조성해 준다. 이때 아이는 으르렁거리고, 뛰고, 달리고, 이를 드러내고, 딸그락거리고, 할퀴고, 수영을 하고, 뱀처럼 미끄러지고, 갑자기 덮치는 행동들을 표현할 수도 있다.

한편 아이들이 종이를 이용하여 동물이나 사람 혹은 괴물의 가면을 만들어서 이런 놀이를 한다면 더욱 재미있어 할 것이다. 아이들은 이러한 가면 뒤에 얼굴을 숨긴 채 자신의 감정을 표현하고 행동으로 드러냄에 따라 더 쉽게 자신의 내적 힘과 접촉할 수 있다. 아이는 불을 뿜는 용과 맞서 싸우면서 불꽃을 튕겨 내고, 베개나 매트 같은 안전한 장소로 빠르게 이동하거나 혹은 천천히 착륙하는 행동을 보일지도 모른다. 또 숨을 장소를 찾아 나서거나, 칼싸움이나 전투에서 이긴다거나, 상처를 꿰매면서 의사나 간호사 역할놀이를 하거나, 혹은 사고를 피하기 위해 핸들을 틀면서 몸을 이리저리 움직이는 행동을 놀이를 통해 표현할 수 있다. 인형이나 인물 모형 놀이처럼, 상황 설정의 역할 놀이를 통해서 아이들은 상실감이나 무력감과는 반대되는 감각들을 경험하는 신체적 활동에 참여하게 된다.

미술 활동

점토와 반죽 활동

점토와 반죽 활동은 인물 형상이 만들어졌다가도 뭉개지고, 그러다가 또다시 만들 수 있으므로 변화 과정마다 관찰을 하여 그 감정을 표현하거나 표출하는 데 도움을 준다.

점토와 반죽은 놀라울 정도로 촉감이 좋을 뿐만 아니라 쉽게 모양을 변형시킬 수 있다. 아이들은 어떤 형상이나 인물도 만들 수 있다. 자녀가 점토로 사람을 만들었다면, 자녀에게 그 인형과 대화를 해 보도록 격려할 수도 있다. 자녀가 죽음이나 이혼 혹은 유기로 인해 이제는 더 이상 함께하지 못하는 누군가를 만들 수도 있다. 어린 아이들이나 앞의 문제가 있는 나이가 많은 아이들은 점토 모형을 쉽게 덩어리로 만들어, 바닥에 내려칠 수도 있다. 이는 그 덩어리가 무엇을 의미하든 상관없이 아이가 의기양양하게 힘을 가지는 효과가 있다.

핑거페인팅 및 그리기 활동

핑거페인팅과 그리기 활동을 통한 감각적인 경험은 아이들이 강력한 자기감을 형성하는 데 도움을 준다. 핑거페인팅은 아이들이 자신의 정서를 표현하고, 자신의 어려움을 해소하도록 하는 데 매우 좋은 방법이다. 그것은 마치 아이들 자신의 깊은 감정에 대한 이해가 끈적이는 촉각적 창조물 속에서 나타나는 것 같다. 과잉 행동을 보이는 아이들은 핑거페인팅이 효과적이다. 많은 아이들은 매우 침착해지고, 주의력이 향상되었으며, 자신의 혼란된 감정을 말로 묘사할 수는 없지만 훨씬 좋아진 기분 상태다. 또한 자녀와 함께 조용히 색칠을 하는 것은 강력한 정서적 유대의 경험을 제공해 준다. 때때로 자녀가 당신에게 함께 핑거페인팅을 하자고 초대할 수도 있다.

그림을 그릴 만한 나이의 아이들에게는 그리기 활동들이 감정을 다루고 극복하는 데 도움이 될 것이다. 자녀가 그림을 그릴 때 그리고 있는 장면에 대해 당신에게 말해 보도록 하라. 자녀의 그림이 트라우마적 사건을 묘사하는지 혹은 회복이나 극복의 신호인지를 관찰하라. 충고를 하거나, 판단을 내리거나, 그림에 대해 해석을 하지 마라. 대신에 그림 속에 있는 사람이나 동물들이 무엇을 느끼고 있는지를 물어보라. 만약 어떤 물체가 그림 속에 있다면, 그것에 대해 그리고 주변의 사물이나 인물들과 무슨 관계인지 좀 더 말해 달라고 하라. 만약 자녀가 그림 속에 자신의 모습을 그렸다면 주의를 기울이라. 부모가 가져야 할 핵심적 요소는 자녀의 그림에 대해 개방성과 호기심의 태도를 갖는 것이다. 그리기 활동을 하면서 당신의 관념이나 감정을 자녀에게 덧씌우지 않아야 진정으로 자녀의 내면 세계와 접촉할 수 있을 것이다.

자유롭게 그리기 활동

자유롭게 그리기 활동은 색과 선을 통해 하고 싶은 마음의 이야기를 표현하는 데 도움을 준다. 자녀에게 도화지와 여러 색깔의 필기구를 제공한 후 자녀에게 한 가지 색을 선택하여 지금 이 순간에 느껴지는 것을 간략하게 선(squiggly lines)이나 그림으로 표현해 보라고 하라. 만약 자녀가 자신의 그림이나 감정에 대해 말하려고 하면 주의를 기울여서 들어 보라. 말로 표현하지 않는다고 해서 억지로 말하도록 하지 마라. 자녀의 기분 변화에 따라 선택하는 색깔을 관찰하면서 간략하게 선이나 그림을 그려 보도록 하라.

몸 본뜨기 활동

몸 본뜨기 활동은 초등학교 3학년 이전의 아이들에게 적용할 수 있다. 대형 도화지나 포장지 위에 자녀를 눕도록 한 후 자녀의 몸 형태를 따라 그려서 몸을 본뜬다. 그리고 자녀가 느끼는 정서나 감각을 묘사할 수 있는 상징적인 색이나 표식(coding key)을 선정한다. 그다음 자신의 고유한 상징적인 색이나 표식을 이용하여 자신의 몸 부위에서 느껴지는 다양한 감각과 정서를 본뜬 몸 위에 표시해 보도록 한다.

상징적인 색의 예는 다음과 같다.

- 파란색 = 슬픈
- 꼬불꼬불한 주황색 선 = 초조한
- 분홍색 물방울 = 행복한
- 검은색 = 무감각한

- 보라색 곡선 = 활력이 넘치는
- 빨간색 = 뜨겁고 미칠 것 같은
- 갈색 = 꽉 조이는

7세 이상의 아이들에게는 다음의 그림과 같이 큰 종이 위에 몸 본뜨기 대신 '생강빵 인형(gingerbread person)' 사람을 그려 보도록 할 수 있다. 다음으로 종이의 여백에 자신만의 고유한 상징적인 색과 표식을 하도록 하라. 그다음으로 지금 이 순간 느껴지는 어떤 감각이나 감정이 몸의 어디에서 일어나고 있는지를 본뜬 몸 위에 표시하도록 한다. 긍정적이고 편안한 감정뿐 아니라 부정적이고 불편한 감정 역시 충분히 표현할 수 있도록 격려하도록 한다.

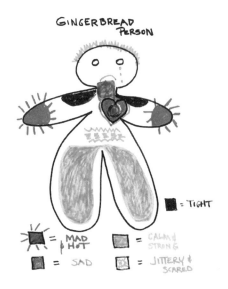

확장활동

확장활동으로 매우 어리거나, 부끄러움이 많거나, 이해력이 부족한 아이들에게는 몸 본뜨기 활동을 변형해서 사용할 수 있다. 단순하게 자녀가 자신의 감정에 대한 상징 색을 두 가지만 선택하도록 하라. 먼저 편안하고 자녀가 좋아하는 감정에 대해 한 가지 색을 고르게 하고, 다음에 불편하거나 자녀가 좋아하지 않는 감정에 대해 한 가지 색을 고르도록 한다. 이때 본뜬 몸 그림은 부모가 대신 그려 줄 수도 있다.

일어난 일을 보여 주는 장면이나 이야기 그리기 활동

그리기 활동은 감정을 이해하고 탐색하는 매우 안전한 방법이다. 자녀에게 일어났던 일을 자유롭게 그림으로 그려 보도록 하라. 이때 구체적으로 어떻게 그리라고 지시하기보다는 그냥 자녀가 그리고 싶은 대로 그림을 그리도록 하면 된다. 아이들은 종종 유령이나 천사 혹은 애완동물이나 슈퍼히어로 등을 그리곤 하는데, 이런 캐릭터들은 자신의 트라우마를 극복하는 데 도움이 된다. 자녀의 그림은 예술적일 필요가 없으며, 당연히 정확해야 할 이유도 없다. 트라우마적 스트레스를 치료한다는 맥락에서 아이들의 그림은 억압된 에너지를 방출하는 데 목적이 있다. 어떤 것이든 괜찮다. 자유로운 예술 활동은 종종 정서적 자유를 가져다준다.

걱정과 두려움 그리고 그 반대의 감정을 그리기 활동

그림을 통해서도 자녀가 안도감을 갖지 못한다면, 다음의 구조화된 그리기 실습은 기분 변화를 촉진하는 데 큰 도움이 될 수 있다.

자녀에게 두 장의 종이에 각각 다른 그림을 그리도록 한다. 한쪽에는 걱정이나 두려움 혹은 좋은 기분이 들지 않게 하는 어떤 것들을 그려 보도록 한다. 다른 한쪽에는 편안함이나 희망, 행복, 안전 그리고 안심 등의 감정을 불러일으키는 것들을 그려 보도록 한다. 보통 아이들은 자연스럽게 그릴 것이다. 아이들은 자동차 사고와 같은 재난을 그리기도 하고, 혹은 무지개를 그리기도 할 것이다. 어떤 그림이 먼저 그려지는가는 중요하지 않다. 무엇을 그릴지에 관해서는 자녀가 선택하도록 하라. 모두 그린 후에 부모와 이야기를 나눈 후에 자녀가 자신의 '걱정(worry)' 그림을 반대의 그림으로 덮고, 자신의 감각과 감정을 인식해 볼 수 있다. 두 장의 종이가 아니라 한 장을 접어서 각각에 그림을 그리도록 하는 것도 좋은 방법이다.

자녀가 가진 자원 그리기 활동

모든(everybody) 사람은 역경을 극복할 수 있는 자원을 가지고 있다. 이 말은 '우리의 몸(every body)은 역경을 극복할 수 있는 자원을 가지고 있다'고 해석될 수 있다. 그런 자원들(resources)은 육체적·정서적·정신적 안녕감을 지지하거나 보조하는 것을 의미한다. 자원들은 내적인 것일 수도 있고, 외적인 것일 수도 있다.

아이들은 내적인 자원을 가지고 태어나지만, 반영해 주고 양육해 주는 부모와 같은 외적인 자원에게 의존해야 한다. 아이들은 자신의 자원이 필요할 때 내적인 자원을 불러낼 수도 있다. 무엇보다도 가장 좋은 자원은 아이가 고통스러운 사건 이후에 그 자신의 내적인 힘과 회복력을 느낄 수 있는 능력이 있다는 것이다.

외적 자원은 아이가 자신감을 회복하도록 도울 수 있고, 내적으로 아이를 단단하게 만들 수 있다. 이런 외적 자원들은 어렵고 힘든 시기를 극복하는 데 도움을 준다. 예를 들면, 애완동물, 조부모, 식물 재배, 친구의 집, 좋아하는 친척들, 시, 노래 부르기, 공놀이, 물건 만들기, 수영, 엄마나 아빠, 인형, 편지 쓰기, 야외에서 놀기, 형제자매, 선생님, 신(god), 수집 활동, 자전거 타기, 하이킹, 그림 그리기, 독서, 춤추기, 악기 연주, 축구 클럽, 산이나 해변, 자신의 방, 기도하기, 수학 공부, 체조, 역할 놀이, 별 보기, 할머니의 오리털 이불, 그림 도구, 화학 실험 도구, 쿠키 만들기 그리고 대화하는 친구 등이 있다.

자녀와 함께 다양한 자원을 탐색한 후에 자녀가 어려울 때 도움이 된다고 생각하는 자원을 그림으로 그려 보도록 하라. 그다음 가장 최근에 함께 했던 사람이나 애완동물 혹은 어떤 자원 활동을 회상하도록 하라. 그리고 그런 자원들이 자녀의 내면에서 어떤 정서나 감각을 불러왔는지 말해 보도록 하라. 이러한 경험을 충분히 하게끔, 자녀에게 눈을 감도록 하고 몸 어떤 부위에서 그런 감각이 느껴지는지를 말해 보도록 한다. 보다 어린 아이들이라면 좋거나 나쁜 느낌이 드는 몸 부위를 손가락으로 짚어 보도록 해도 좋다.

자원 만들기:
그림과 결합된 자연 및 동물 라임 놀이

다음에 제시된 혹은 자녀와 함께 만든 단순한 라임(rhymes)들은 치유를 촉진하는 재미있는 방법이 될 수 있다. 다음의 라임은 대략 3~7세까지의 아이들에게 자기 역량을 강화하는(empowering) 자원을 형성하는 데 도움이 될 수 있도록 특별히 만들어졌다. 그렇지만 그 나이보다 좀 더 많거나 어린 아이들에게도 충분히 도움이 될 수 있을 것이다. 다양한 라임들 중에는 아이들이 동물을 좋아하기 때문에 동물이 등장한다. 익살스러운 동물들을 통해 아이들은 자신이 상실했던, 어쩌면 자신이 가지고 있는지도 몰랐던 힘을 회복할 수 있다. 아이들에게 이런 라임들에 맞춰 내면에서 일어나는 힘과 변화를 그림으로 그려 보도록 할 수 있다.

라임을 활용하는 방법

1. 우선 조용히 라임을 읽어 본다.
2. 최상의 결과를 위해 자녀와 어떤 식으로 이 라임을 활용할지 생각해 보면서 다음의 참고 사항을 읽어 본다.
3. 자녀의 반응을 관찰하면서 자녀에게 그 라임을 천천히 읽어 준다.
4. 자녀가 감각을 느끼거나 체험할 수 있도록 혹은 자신의 반응이나 의문점에 대해 이야기할 수 있는 충분한 시간을 가진다.

5. **천−천−히 진행하라!** 어떤 아이들에게는 하루에 한 문단 정도만 읽어 줄 수
   도 있다. 자녀의 연령이나 발달 단계 그리고 상황에 적합하게 라임을 선택하
   고, 활용하며 이를 하나의 시작점으로 사용하는 것이 중요하다.

첫 번째 라임 '내 안에 있는 마법(the magic in me)'은 집중하는 실
습과 함께 자녀가 자신의 몸과 접촉할 수 있도록 도울 것이다.

참고사항: 이 라임은 CD[영원히 상처가 될 수는 없어: 트라우마로
부터 아이를 안내하기(It won't hurt forever: Guiding your children
through trauma)]로 제작되어 있다. 이 오디오 CD 시리즈는 이 책과
잘 어울린다. 그림이 첨부된 전체 라임은 저자의 다른 책인『한 아
이의 눈에 비친 트라우마: 치유의 기적을 일깨우기(Trauma through

이 책에 제시된 그림들은 당시 11세였던 줄리아나 도발레(Juliana Dovalle)가 그렸다.

a child's eyes: Awakening the ordinary miracle of healing)』(2007)에 소
개되어 있다.

내 안에 있는 마법(The Magic in Me)

우리는 놀이를 할 거야. 그렇지만 시작하기 전에

너는 네 안에 있는 마법을 찾아야 해.

잠깐 동안 너의 몸이 될 수 있는 모든 것에 대해 느끼고 살펴봐.

네가 가지가 높게 자란 나무라고 생각해 봐.

네가 가지를 쭉 뻗는다면 하늘에 닿을 수도 있을 거야.

크고 오래된 참나무처럼 강해진다는 건 어떤 걸까?

다리는 나무뿌리처럼 되고, 뻗은 팔은 나뭇잎이 자유롭게 흔들리는 것일까?

제안사항: 앞의 라임을 자녀에게 읽어 주고 난 후에 잠시 멈추고
자녀가 몸으로 무엇을 어떻게 표현할 수 있을지 생각해 볼 시간을
준다. 자녀가 마치 '오래된 큰 참나무'나 혹은 자녀가 좋아하는 다
른 큰 나무처럼 서 있도록 한다. 물론 자녀가 지면에 어떻게 뿌리내
릴지를 고민하면서 자세를 잡을 수 있도록 하라. 그리고 필요하다
면 쿵쾅거리며 걸을 수 있는 충분한 시간을 줘야 한다. 자녀가 대지
깊숙이 뿌리를 뻗은 나무의 모습을 흉내 낸다면, 땅속 깊이 뿌리를
뻗은 느낌이 어떤지 자녀에게 물어보라.

땅에 뿌리를 내린 느낌에 대한 탐색이 끝난 이후에 자녀의 '가지'
나 '잎사귀'에 바람이 부는 상황으로 넘어가 보자. 자녀의 팔을 높

이 들게 한 후 앞뒤 좌우로 흔들리도록 한다. 그다음, 팔이 움직일 때의 느낌을 확인하면서 대나무처럼 원래 상태로 돌아오는 탄성을 느낄 수 있도록 한다. 자녀에게 자신의 '가지'를 양옆으로 구부리게 하고 균형을 잃지 않은 채로 지면에 얼마나 가까이 구부릴 수 있는 지를 느껴 보게끔 한다. 그리고 이런 다양한 움직임 속에서 자신의 균형점이 어디에 있는지를 자녀가 알아차리도록 해 보자.

라임은 계속된다.

어쩌면 넌 깨끗하고 자유롭게 흐르는 강물처럼 될 수도 있을 거야.
저 높은 산에서부터 저 아래 바다로 흘러가지.
너의 호흡이 마치 강물처럼 너를 통과할 수도 있지.
머리에서부터 발끝까지 말이야. 너 자신을 느껴 봐!
이제 넌 하늘과 땅에 연결되어 있어.
웃음이 나올 수도 있지만 눈물이 날 수도 있을 거야.
흐르는 강물처럼 되어도 상관없어.
너의 가지는 높게 뻗어있고, 뿌리는 저 아래 단단하니까.
네 호흡에 귀를 기울여 봐, 혹시 노래가 들린다면,
이제 너는 뭐든지 할 준비가 된 거야!

제안사항: 다양한 빠르기의 음악을 틀어도 좋다. 부드러운 미풍과 사나운 태풍을 상상하면서 아이들은 서로 다른 리듬과 속도를 경험할 수 있다. 몇 가지 다른 움직임을 따라한 후, 자녀에게 자신만의 고유한 움직임을 만들도록 격려하라. 자녀의 발이 지면에 안정

적으로 접촉할 수 있도록 하는 것이 중요하다. 따라서 발끝으로 서지 않게끔 하면서 발바닥과 뒤꿈치가 바닥에 평평하게 닿도록 한다. 만약 자녀가 도움을 요청한다면, 자녀가 자신의 발을 바닥에 안정적으로 접촉할 때까지 당신의 손으로 가볍게 자녀의 발을 잡아주면서 종아리, 발목 그리고 발에 대한 감각을 느껴 보도록 할 수 있다.

탈출하는 장면 그리기 활동

탈출하는(escape) 장면 그리기 활동은 보편적으로 아이가 무력감의 상황을 벗어나도록 하는 데 해결책으로 도움을 준다. 자유롭게 내달리고 싶은 욕구에 접근할 수 있을 때 아이들은 유능감을 느낀다. 지금 소개하는 그리기 활동은 아이에게 무서운 상황에서 벗어날 수 있다는 자신감과 그런 상황 속에서도 자신의 정체감을 유지할 수 있다는 확신을 심어 줄 수 있다.

일단 자녀가 안정화되었다고 느낀다면, 당신은 이런 그리기 활동을 시도해 볼 수 있다. 우선 자녀에게 과거에 있었던 두렵거나 도전적인 상황을 떠올리게 하고, 그 상황에서 어떻게 안전감을 찾았는지를 물어보라. 어떻게 그 상황을 모면했는지 혹은 어떻게 모든 상황이 다시 좋아졌음을 알게 되었는지 물어보라. 그리고 누군가가 자녀를 도와주었는지 혹은 혼자였는지, 자신을 보호하기 위해 뭔가를 할 수 있었는지, 도움이 필요하다는 것을 어른들에게 어떻게 알렸는지 등을 물어볼 수 있다.

자녀가 한두 가지 정도의 요소에만 집중하도록 하라.

1. 안전을 확보하거나 상황에서 벗어나기 위해 자녀는 어떤 행동을 취했
   는가? 예를 들면, 더 높은 곳으로 이동하기, 타인이 볼 수 있도록 자신
   을 커 보이게 하기, 보이지 않도록 자신을 작아 보이게 하기, 걷기, 뛰
   기, 숨기, 기어오르기, 밀치기, 발끝으로 서기, 울면서 도움을 요청하
   기, 얼어붙기, 소리치기, 침묵, 숨 참기, 계획 세우기, 119에 전화하기,
   기다리기, 기도하기, 바닥을 기어가기. 손을 내뻗기, 참고 견디기, 벗
   어나기, 고개 숙이기, 머리 감싸기 등
2. 누가 혹은 무엇이 자녀를 도왔는가? 예를 들면, 형제자매, 이웃, 발로
   차기, 비명을 지르거나 달리기, 인명 구조원, 나뭇가지, 더 강한 존재
   에 대한 믿음, 애완동물, 십자가, 행운, 시간, 의료진, 내적인 힘, 밧줄,
   아무 소리를 내지 않거나 꼼짝하지 않을 수 있는 능력, 친구. 빠르게
   방향 틀기, 응급 구조사, 구명조끼, 부모. 민첩함 등

먼저, '탈출 장면'을 그리고 색칠해 보도록 한다. 그다음, 그린 그
림을 자세히 보도록 한 후 좋은 감정을 불러일으키는 부분이 있는
지 찾아보도록 한다. 좋은 감정이란 자녀가 좋아하는 감정으로, 예
를 들면 강렬한, 힘이 센, 행운의, 편안한, 사랑스러운, 지지적인,
따뜻한, 용감한, 자랑스러운, 빠른, 혹은 똑똑한 등이 될 수 있다.
마지막으로, 그런 감정과 일치하는 내적인 감각들이 몸의 어디에
서 느껴지는지 손으로 가리키도록 한다. 자녀가 충분히 그런 감각
들을 찾고 경험할 수 있도록 시간적 여유를 준다. 또한 이런 과정에
서 자녀가 좋은 감정이 몸의 다른 부분으로 퍼져 나감을 말한다면,
이를 표현해 보도록 한다.

힘을 불러일으키는 라임과 결합된 그림 그리기 활동

다음의 라임은 아이들에게 힘과 강점(power and strength)의 자원들을 북돋우는 데 도움이 된다. 트라우마를 긍정적 경험으로 변형시키기 위해서 아이들은 스스로를 보호하는 데 자신감을 가져야 한다. 트라우마 상황에서 대부분의 아이는 자신을 보호하는 데 있어서 아무것도 할 수 없기 때문에 무기력하다. 그러나 다음의 라임 래피드 〈Rapid T. Rabbit〉[2]는 아이들로 하여금 '도망가기(flight)'의 본능적 자원을 발휘할 수 있도록 돕고 있다. 이 본능적인 자원은 힘과 활기를 불러일으키고 이로 인해 아이들은 위험에서 성공적으로 탈출할 수 있으며, 이 과정에서 억압된 에너지가 방출되어 아이들은 활성화된 좋은 기분 상태를 유지한다.

너는 얼마나 빨리 달릴 수 있니?
코요테 찰리는 점심을 먹을 거예요.
찰리는 매우 똑똑하며, 오늘은 느낌이 좋아요.
찰리는 무성한 수풀 속에 조용히 앉아서
인내심을 가지고 토끼가 지나가길 기다리고 있어요.

토끼 래피드가 오솔길을 따라 깡충깡충 뛰어오네요.
래피드는 토끼풀을 먹으려고 멈추더니 꼬리를 핥아요.

---

[2] 1980년대 초반 미국에서 방영된 인형극의 제목인 동시에 주인공인 토끼 캐릭터의 이름–역자주

래피드를 잡으려고 갑자기 코요테가 뛰어나왔어요.

정말 높이 뛰어올랐어요.

래피드는 재빨리 움직였죠. 이리저리 요리조리.

이리저리 요리조리 피하더니 래피드가 통나무 속에 숨어요.

코요테는 똑똑하고, 코요테는 거칠죠.

코요테는 빠르고, 그렇지만 토끼를 잡을 만큼 빠르지는 않죠.

너는 빠르게 달리거나 도망쳐 본 적이 있니?

그때 너의 다리가 어떤 모양이었는지, 또 다리에서 느껴지던 힘이 어땠는지 기억할 수 있니? 너는 건강하고, 튼튼한 몸을 가지고 있지.

너는 높게 뛰어오를 수도 있고, 멀리 뛸 수도 있어.

네가 달리면 팔이 움직이는데, 그때 네 팔의 힘을 느껴 봐.

심장박동 소리와 태양의 따뜻함도 느껴 봐.

얼굴에 부딪히는 바람이 느껴지니? 머리털 사이로 지나가는 바람이 느껴질 거야.

네가 공중으로 뛰어갈 때 무릎과 손을 느껴 봐.

이제 넌 안전하게 숨을 장소에 도착했어.

네가 경주에서 이겼으니 이제 크게 숨을 내쉬어도 돼.

가슴과 배에서 어떤 느낌이 드니?

이제 넌 안전하게 숨을 장소를 찾았지?

Have YOU ever had to run fast and escape?

Can you feel your *LEGS*, their *strength* and their *shape*?
You have a body that's healthy and strong.

You can jump high and you can jump long.

Feel the *power* in your arms, they swing as you run

Feel the *b·e·a·t* of your *HEART* and the *warmth* of the sun.

Feel the *b e e z e* on your face, does it tickle your hair?

Feel your *HANDS* and your *KNEES* as you fly through the air.

Now you have come to a *safe* hiding place

Take a *deep breath* because you won the race!

How does it feel in your *TUMMY* and *CHEST*

Now that you've found a safe place to rest?

네 몸에서 일어나는 모든 움직임에 주의를 기울여 봐.	Pay attention to all the movement within
경주에서 이기고 난 직후에 어떤 느낌이 드니?	How does it feel right after you win?
호흡에 귀를 기울여 봐. 들어왔다가 그다음 밖으로 나갈 거야.	Be aware of your breath, it comes in then goes out,
만약 기분이 너무 좋다면, 크게 소리쳐도 괜찮아.	When you feel great, you might even shout!

*독자의 이해를 돕고자 라임이 든 원문을 함께 싣는다.

제안사항: 앞의 라임은 트라우마를 극복하는 데 필요한 두 가지 중요한 요소인 안전(safety)에 대한 감각과 탈출(escape)에 대한 감각 자각을 심화시키는 데 활용될 수 있다. 앞의 라임의 첫 번째 파트에서 달리고 뛰는 혹은 몸을 '휙휙(zigging and zagging)' 움직이거나, 몸을 틀거나, 발로 차는 것처럼 자연스럽게 몸에서 일어나는 본능적인 힘을 자녀가 느끼면서 이 힘에 대한 감각을 충분히 경험할 수 있을 만큼의 시간적 여유를 주라. 자녀에게 마치 토끼처럼 깡충깡충 뛰면서 안전한 곳으로 달아나는 행동을 하도록 시켜 본다.

아이들이 위협으로부터 달아나려는 본능적인 힘과 강점을 몸의 움직임으로 경험할 때, 그들의 내면에서 출현하는 자존감이 발달한다. 그것은 마치 자전거 타기처럼 '운동 기억(motor memory)'이 되기 때문에 스트레스 상황에서도 남아있어 일종의 자신감을 만든다. 이런 기억을 강화시키려면, 달리고 뛰면서 신체에서 느껴지는 힘을 경험한 후에 아이에게 어떤 특정한 몸동작을 하고 있는 자신의 모습을 그리고 색칠해 보도록 한다. 만약 자녀가 너무 어려서 동작을 그림으로 묘사하기 어렵다면, 자신의 몸동작을 다양한 색의 선(squiggly lines)으로 표현해 보도록 한다.

앞의 라임의 두 번째 파트에서 자녀는 안전하다는 것이 몸으로 어떻게 느껴지는지를 경험할 수 있게 된다. 다음에는 안전에 대한 감각이 어디에서 느껴지는지를 탐색하는 라임이 이어진다.

따끔하면서도 뜨거운 에너지가 느껴지니?
어디에서 그 에너지가 느껴지니?
그곳을 나에게 알려 주겠니?
네가 기쁠 때, 행복감이 넘칠 거야.

말해 줘 봐. 네 안의 어디에 행복한 느낌이 있는 거니?

Do you feel the tingling and the warm energy?
Where do you feel it··· can you *show* it to me?
When you feel glad, you're full of happiness

Can you tell me, *inside you,* where *your* happiness is?

안전한 장소 그리기 활동

안전한 장소 그리기 활동은 아이만의 안전하고 특별한 장소를 상상하여, 긴장을 풀고 편안해지는 데 도움을 준다. 먼저, 자녀에게 앉거나 누운 자세로 눈을 감고 편안하게 쉬도록 한 후에 긴장을 풀 수 있도록 호흡에 주의를 기울이게 한다. 그다음에 충분한 시간을 가지고 편안하게 느껴지는 몸 부위와 긴장되거나 쪼이는 느낌이 드는 몸 부위를 찾아보게 한다. 자녀에게 '하~~~~~' 소리를 내면서 깊이 숨을 들이쉴 때 그리고 내쉴 때 어떤 감각이 느껴지는지 물어본다. 자녀의 긴장이 충분히 풀렸다고 여겨지면, 정말 안전하다고 생각하는 특별한 장소를 자녀에게 상상하도록 한다. 그 장소는 이미 알고 있는 특정한 장소일 수도 있고, 혹은 완전히 상상으로 만들어진 장소일 수도 있다. 중요한 것은 자녀가 원하는 대로 이런 장소를 떠올리도록 하는 것이다. 자녀는 인형이나 실제 애완동물을 그 장소에 배치할 수도 있다. 그 장소는 어쩌면 푹신한 1인용 소파이거나 보들보들한 깔개 혹은 담요를 포함할 수도 있다. 푹신한 의자나 베개가 필요할 수도 있다. 낯선 사람들 속에 자녀가 혼자일 수도 있으며, 혹은 자녀가 좋아하는 사람들과 함께 있을지도 모른다. 벽에는 액자, 그림 등이 걸려 있고, 실제이든 가상이든 애완동물과 식물 그리고 친구들이 있을 수도 있다.

자녀가 자신만의 안전한 공간을 충분히 상상할 수 있도록 시간을 넉넉하게 준 후에 자녀에게 그 장소를 걷고 있는 것처럼 탐색해 보도록 한다. 그다음에 자녀에게 상상한 장소 내에서 잠시 쉴 수 있는 편한 자리를 찾도록 한다. 만약 자녀가 적절한 장소를 찾지 못한다면, 상상으로라도 안전한 장소를 만들도록 한다. 이렇게 한 후에 자녀에게 안전하다는 생각을 불러일으키는 감각이 어떤 것인지 말해 보도록 한다. 그리고 몸 어디에서 이런 감각이나 느낌이 드는지 자세하게 설명하도록 한다. 충분한 시간을 가지고 안전하다는 감각이나 느낌을 탐색한 후에 그 '안전한 장소(safe place)'에 대해 그림을 그리고 색칠해 보도록 한다.

두렵거나 무서운 마음에서 벗어나거나 변화시키기 활동

　안전한 장소 그리기 활동은 아이에게 여전히 남아 있는 불편한
감각과 감정을 처리할 수 있도록 도움을 준다. 충분한 시간을 가지
고 안전한 장소를 떠올려 보고 탐색을 하면서 다양한 감정과 느낌
을 묘사한 후에도 자녀가 두려움을 보인다면, 자녀에게 무엇이 두
려운지 말해 보도록 한다. 자신의 몸 어떤 부위에서 두려움을 느끼
고, 어떤 부위에서 편안함이 느껴지는지 알려 달라고 한다. 이때 행
복하거나, 안전하거나, 혹은 놀란 자신의 모습을 그리게 한다. 만약

두려움이나 불안이 여전히 크다면, 자녀가 더 편안함을 느낄 수 있
도록 그리고 내적으로 '안전한 섬(islands of safety)'을 가질 수 있도
록 방법을 찾아본다. 가족과 함께 즐거워하는 사진을 보여 주거나,
자녀가 좋아하는 장난감 혹은 인형을 주거나, 혹은 안아 주거나 흔
들어 주는, 즉 자녀가 긍정적으로 반응할 수 있는 신체 접촉을 하면
서 과거에 안전감을 느꼈던 때를 떠올리도록 하는 것이 적절하다.
또한 베개나 이불 혹은 종이 상자를 이용해서 자녀 스스로 숨을 곳
을 '만들어 보도록' 한 후, 숨기 놀이를 해도 좋다.

　앞의 라임과 다음의 라임은 불편감에 '갇힌(stuck)' 감각들이 변
화되도록 도와준다. 특히 이 라임은 실제로 이런 일이 일어나면
자녀가 무엇을 할 수 있는지에 대해 구체적인 방법을 알려 주고
있다.

네가 가리키거나 말한 신체 부분에 주의를 기울여 봐.	If you pay attention to the places you point to and name
느껴지는 게 혹시 조금 전과 달라졌니? 아니면 여전히 똑같니?	Does it change how they feel, or do they stay the same?
만약 똑같이 느껴진다면, 이렇게 하면 돼.	If they stay they same, her's what *you* can *do*
딱 붙어 있는 그 느낌이 네 몸 밖으로 나가도록 해 봐.	To help the stuck feelings *move* right out of you
만약 색깔이나 형태가 있다면 자세히 살펴봐.	See if there's a *color* or *shape* you can name,

네가 주의 깊게 살펴본다면 그건 마치 놀이처럼 보일 수도 있어.

너에게 느껴지는 것들이 이리저리로 움직일지도 모르지.

흔적도 없이 사라지는 두려움을 한 번 봐.

네가 가장 좋아하는 장소에 있다고 생각해 봐.

그곳은 너에게 특별한 장소이고, 조용하고, 안전하지.

누가 너와 함께 있으면 좋을까?

엄마? 아빠? 아니면 곰돌이 푸우?

형이나 언니? 멍멍이? 야옹이는 어때?

모자에 고양이를 넣고 다니는 수스 박사님(Dr. Seuss)[3]은 어때?

누군가가 널 안아 주길 원하니?

그들이 널 꼭 안아 준다면 마음이 편안해지고 평화로워질 거야!

As you watch it closely, it becomes like a game.

Your feelings may move from place to place.

Watch the fear go without leaving a trace.

Imagine that you're at your favorite place,

It's *quiet* and *safe* in your own *special place*.

Who would you like to be there with you?

Your mother, your father, or Winnie the Pooh?

Your brother, your sister, your dog, or your cat?

Or perhaps Dr. Deuss, with his cat in the hat.

Would you like to be held by someone, just right?

You can *RELAX* and *breathe easy* as they hold you tight!

---

3) Dr. seuss(1904~1991)는 미국의 동화작가이다. 유머와 그림을 좋아했던 그는 고향 풍경을 그대로 표현해 놓은 첫 동화책 『모자 쓴 고양이』로 명성을 쌓았다. 그는 기이한 상상력, 그리고 허를 찌르는 유머와 재치로 독특한 작품세계를 창조하여 아이들에게 지금도 살아 있는 작가이다.-역자주

아니면 네가 미치도록 힘들거나 혹
은 울고 싶을 때라면,
네 옆에 누군가가 있으면 좋을까?

때때로 우는 게 기분을 좋게 만들기
도 해.
그건 마치 웃음과 똑같은 건데, 단
지 좀 더 촉촉할 뿐이야!

Or, would you like to have someone
close by
Just in case you get *MAD*, or
you need a *good* c_{r_y}.
Sometimes crying can make you
feel better,
It's just like laughing, only it's
wetter!

제안사항: 자녀가 쉽게 떨쳐 내기 어려운 불편한 느낌, 즉 배가 아
프다거나, 가슴이 답답하다는 느낌에서 벗어나도록 돕고 싶다면
감각을 방출하는 목적으로 만든 라임들을 사용해 보라. 눈을 뜨거
나 감은 채로 자녀에게 몇 분 동안 그 불편한 느낌에 초점을 맞추
도록 하라. 자녀에게 지금 느껴지고 있는 '불편한 부분' '아픈상처
(owie)' '통증' '뼈처럼 느껴짐' 등 무엇이든 상관없이 크기나 형태,
색깔이나 무게가 있는지 부드럽게 물어보라. 자녀가 조용히 이미
지나 감각을 떠올릴 수 있도록 질문 사이에 충분한 시간을 제공하
라. 그런 후에 조금 전의 '아픈 상처'가 지금은 어떻게 느껴지는지
물어보라. 자녀가 하는 말을 잘 듣고 자녀의 몸의 반응에서 특히 호
흡이나 자세가 더 편안해지는 등의 미묘한 변화를 주의 깊게 살펴
면서 차근차근 천천히 진행한다.

앞의 라임의 마지막 부분에서 라임은 자녀가 누구와 함께 있길
바라는지 그리고 무엇을 하고 싶은지 진지하게 묻고 있다. 자녀가

자신의 소망을 확인하고 자신의 정서를 탐색할 수 있도록 충분한 시간을 제공하라. 자녀가 드러낼 수 있는 어떠한 정서적 반응이나 욕구에 대해서도 수용과 지지를 잊지 마라. 당신이 자녀의 눈물, 분노, 슬픔 혹은 두려움을 감당할 수 있을 만큼 충분히 담아 준다면, 자녀는 안전과 안정에 대한 감각이 더욱 확고해질 것이다. 이런 담아 주기(containing)를 함으로써 당신은 자녀에게 차분하게 주의를 기울일 수 있으며, 자녀의 말을 경청하고, 자녀가 어떠한 종류의 감정이나 감각을 경험하더라도 함께할 수 있다. 당신이 할 일은 자녀의 감정을 '바로잡아 주는 것(fix)'이 아니다. 자녀에게 주의를 기울임으로써 자녀가 자신에게 실제로 일어나는 것이 무엇인지를 느낄 수 있고 감정을 처리할 수 있게 도와주는 것이다. 이런 식으로 하다 보면 감각이나 정서는 본연의 자연스러운 방향으로 흘러가게 된다.

과거, 현재 그리고 미래 그리기 활동

과거, 현재 그리고 미래 그리기 활동은 과거의 감정에 사로잡힌 아이들에게 유용하다. 도울 수 있는 또 다른 종류의 그림 그리기가 있다. 다음에 소개할 그림 그리기 실습은 아이들에게 시간의 흐름에 대한 감각을 줄 것이다. 동시에 이 그림을 통해 자녀가 미래를 어떻게 인식하고 있는지를 알 수 있다. 자녀에게 큰 도화지를 세 구역으로 나누어 접도록 한다. 첫 번째 구역 맨 밑에 '과거(RAST)', 두 번째 구역 맨 밑에 '현재(PRESENT)' 그리고 세 번째 구역 맨 밑에 '미래(FUTURE)'라고 적도록 한다. 그리고 난 후 각 구역에 자녀 자신의 생활을 나타내는 적절한 그림을 그리도록 한다.

좀 더 어린 아이들에게도 사용할 수 있다. '과거(past)'는 그냥 그 나쁜 일 이전에 일어났던 것이라고 쉽게 설명해 준다. 그리고 '현재(presene)'는 지금 현재 어떤 느낌이 드는지 그리고 어떻게 생활하고 있는지를 말한다고 설명할 수 있다. 그리고 '미래(future)'는 그냥 내일 정도로 말해 주면 된다. 자녀의 연령이나 발달 수준을 고려하여 그 단어들을 당신이 직접 써 주거나 프린트해 준다.

만약 자녀의 미래 그림이 어둡고 과거와 비슷하다면, 현재를 묘사한 그림을 중심으로 지금 현재 자녀의 감정 상태를 탐색하도록 한다. '현재' 그림을 보고 그가 느껴지는 감각이나 감정이 있는지를 물어본다. 그 감각이나 감정에 주의를 기울이도록 하고, 어떻게 그것들이 변하는지 살펴보도록 안내한다. 만약 자녀가 불편한 감각을 경험하고 있다면, 이전에 제시된 불편한 감각에서 벗어나도록 돕는 방법들을 최대한 활용하라. 자녀가 좀 더 편안해지거나 혹은 적어도 불편함을 잘 견딘다고 여겨지면, 미래에 대한 생각이 혹시나 달라졌는지 물어보라. 만약 미래에 대해 조금이라도 좋아졌다고 여겨지면, 자녀에게 다른 종이에 새로운 '미래(FUTURE)'를 그려 보도록 한다. 자녀에게 새로 그린 미래 그림을 보도록 한 후 새롭거나 더 편안하게 느껴지는 감각과 감정에 주의를 기울이게 한 후 표현하도록 한다. 이때 자녀가 준비가 되기도 전에 무리하게 더 좋은 기분을 느끼도록 재촉하지 마라. 저절로 감정이 변화될 수 있도록 충분한 시간을 주라. 당신이 자녀의 리듬과 속도에 잘 조율을 한다면, 당신은 『헨젤과 그레텔』 동화에서처럼 자녀가 어두운숲 속에서 떨어뜨린 '빵 부스러기'를 따라갈 수 있을 것이고, 이를 통해 자녀는 다시 집으로(자신에게) 돌아오는 방법을 갖게 될 것이다.

제4장

특정 상황에서의 처치

－A(놀이 기구를 타는 경우)부터 Z(동물에게 물렸을 경우)까지－

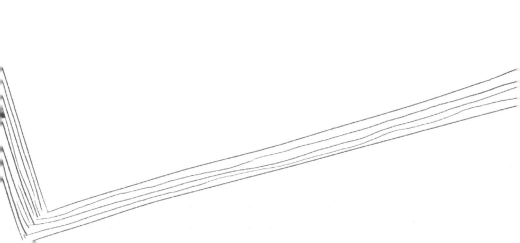

대부분의 사람은 재앙이나 장기간의 학대로 트라우마가 생긴다고 생각한다. 이러한 사건들이 트라우마에 취약하게 만드는 것은 분명하지만, 사건 자체의 결과라기보다는 신경계가 그 사건을 어떻게 인식하고 처리했는가에 따라 트라우마 증상이 나타난다. 따라서 허리케인 카트리나, 전쟁, 9·11사태, 인도양의 쓰나미 같은 끔찍한 사건을 겪은 뒤에 아이들에게 효과적인 정서적 응급조치가 있으면 급성 스트레스 반응이 만성적인 스트레스 장애로 이어지지 않는다.

반면, 소파에서 굴러 떨어지거나, 가벼운 추돌사고, 일상의 의료 과정도 장기간의 증상이나 회복력 상실 같은 고약한 상황을 만들 수 있다. 그건 그 일이 끔찍했기 때문이 아니라 발달 중인 아이의 신경계가 두려움에 압도되었기 때문이다. 응급조치가 없다면, 공포는 강하게 각인되어 일상의 스트레스를 견디는 아이의 능력에 문제를 일으킬 수 있다. 시간이 지나면서 여러 가지 문제가 발생할 수 있다. 자신감 부족과 낮은 좌절 인내력부터 심한 불안 장애, 기분장애와 주의력 결핍 과잉행동 장애(ADHD) 같은 행동 장애에 이르기까지 다양한 문제를 일으킬 수 있다.

다행히 아이가 자신감, 즐거움과 회복력을 유지하도록 부모로서 도울 방법은 많다. 불상사를 겪은 후에라도 말이다. 이 장은 아이들의 삶에서 일상인 불가피한 사고, 낙상과 의료 과정에서 부모가 자녀를 돕도록 한다. 수술로 인한 트라우마 반응을 줄이려면 어떻게 자녀를 준비시켜야 하는지 알려 줄 것이다. 또한 부모에게 또래 괴롭힘으로부터 아이를 보호하는 적절한 조언들을 할 것이다. 이미 언급한 몇 가지 스트레스 요인에 대한 응급조치를 주로 설명하지만, 이 장에서 배울 정보나 기술들은 알파벳 첫 글자를 딴 다음과 같은 다양한 상황에서도 적용될 수 있다. 놀이 기구 타기(**A**musement park rides), 또래들에게 괴롭힘을 당함(**B**ullies), 충돌사고(**C**rashes), 치과 치료(**D**ental work), 엘리베이터 타기(**E**levator rides), 낙상(**F**alls), 총기사고(**G**unshots), 높은 의자에서 떨어짐(**H**igh-chair tumbles), 예방접종(**I**noculations), 해파리에 쏘임(**J**ellyfish stings), 킥볼 부상(**K**ickball injuries), 쇼핑센터에서 길을 잃어버림(**L**ost at the mall), 의료 과정(**M**edical procedures), 갑작스러운 건강 악화(**N**ose dives), 수술(**O**perations), 물건 분실(**P**ossessions lost), 싸움(**Q**uarrels), 롤러스케이트를 타다 넘어짐(**R**oller skating slip), 봉합수술(**S**titches), 편도선 수술(**T**onsillectomies), 우산에 찔림(**U**mbrella pokes), 화산 폭발(**V**olcanic eruptions), 폭력을 목격함(**W**itnessing violence), 엑스레이 검진(**X**-ray machines), 부모의 선택(**Y**our choice), 얼룩말(동물)에게 물림(**Z**ebra bites)이 그것이다.

사고나 낙상 시 응급조치

사고와 낙상은 잠재적 트라우마의 가장 흔한 원인이며, 성장 과정에서 자연스러운 부분이다. 영아에서 걸음마기로 넘어갈 시기에 걸음마를 배우려면 넘어질 수밖에 없다. 균형을 잃었다가 다시 균형을 잡는 걷기 감각이 바로 성장을 촉진한다. 우발적인 사고나 낙상은 피할 수 없는 것이지만, 평생 트라우마 증상을 갖고 사는 것은 피할 수 있다. 신체적인 부상은 없다고 하더라도 어른에게 대수롭지 않게 보이는 것이 아이에게는 충격을 줄 수 있음을 기억하라. 또한 '큰 아이'처럼 울지 않거나 '다치지 않아야' 부모가 속상하지 않을 거라고 믿는 아이는 곧잘 감정을 숨기게 된다.

　물론 낙상이 언제나 아이를 압도할 만큼 힘든 것은 아니다. 몸이 균형을 잃었다는 것을 처음 감지하면 곡예를 해서 착지가 아프지 않게 한다. 특히 무서움이나 부상이 없었다면 가벼운 낙상은 일종의 '스트레스 예방접종'처럼 앞으로 닥칠 삶의 여러 상황에 대한 회복력을 강화시키면서 감각에 대한 알아차림을 향상시키고, '응급조치'를 연습할 수 있는 기회를 주기 때문에 선물이라고 할 수 있다. 그러나 착지는 쉽지 않으며, 상당한 공포 반응을 일으킬 수 있다.

　다음의 '사고와 낙상에 대한 응급조치' 가이드는 제2장에서 배운 기본적인 것들과 겹치기 때문에 친숙할 것이다. 앞 장의 내용이 거의 모든 사건에서의 트라우마 예방과 관련된 '기본적 요점'을 설명한 것이라면, 다음의 내용은 특별히 사고와 낙상에 대한 것이다. 다음의 지침은 부모가 사고의 심각성을 어떻게 인식하든 상관없이 사용할 수 있다. 의심할 여지 없이 예방이 치료보다 더 중요하다.

응급조치 8단계 지침

1단계: 부모 자신의 반응 살피기

(이 단계는 아무리 강조해도 지나치지 않다!)

부모 자신이 얼마나 두렵고 걱정되는지 알아차리기 위한 시간을 가지라. 그다음에 숨을 깊이 들이마시고 천천히 내쉬며 침착하게 반응할 만큼 안정될 때까지 몸 안에서 느껴지는 것에 주의를 기울이라. 부모가 지나치게 감정적이거나 감정을 억제하는 것은 낙상이나 사고 그 자체보다 아이를 더 놀라게 할 수 있다. 비행기에서 부모가 아이 옆에 앉을 때 "보호자가 먼저 산소마스크를 착용하라."는 지침을 기억하라.

2단계: 아이를 움직이지 않게 한 후 진정시키기

안전상의 문제나 부상의 특성상 아이를 차에 태워 이동해야 할 때에는 반드시 아이를 부축하라. 비록 아이가 스스로 움직일 수 있다고 해도 혼자 움직이게 하지 마라. 쇼크로 인해 아이가 부상의 정도를 알 수 없음을 명심하라. 아이의 몸에서 아드레날린이 급증하기 때문에 부상의 정도를 알기 어렵다. 부모가 아이를 보호하는 책임을 맡고 있으며, 무엇을 해야 할지를 정확히 알고 있음을 애정 어린 태도와 권위 있고 확신에 찬 목소리로 전달하라. 스웨터나 담요를 아이의 어깨와 몸 위에 덮어 주면서 아이를 편안하고 따뜻하게 해 주어라. 만약 머리에 부상의 가능성이 있다면, 의사가 '괜찮다'고 할 때까지 아이를 잠들게 하지 마라.

3단계: 안전과 휴식을 위한 시간을 충분히 갖기

특히 아이가 게슴츠레한 눈, 창백한 피부, 급하고 얕은 호흡, 방향 감각 상실, 지나치게 과장되거나 무덤덤한 표정, 아무 일도 없었던 것처럼 행동하는 것과 같은 충격의 징후를 보인다면 더욱 휴식이 필요하다. 점프하거나 다시 놀이로 돌아가도록 해서는 안 된다. 이완되고, 차분하게 진정된 상태를 부모가 보여 줌으로써 무엇을 해야 하는지 아이에게 알려 줄 수 있다. 이렇게 말하는 것도 좋다. "넘어지면 가만히 앉아 있거나 누워서 충격이 사라질 때까지 기다리는 것이 중요해. 엄마는 네가 진정될 때까지 네 곁을 떠나지 않을 거야." 차분하고 확신에 찬 목소리는 무엇이 최선인지 부모가 알고 있음을 아이에게 전달한다.

4단계: 아이를 안아 주기

자녀가 아기이거나 아주 어리다면, 부모는 아이를 안았을 것이다. 이때 너무 꽉 조이지 않게, 부드럽지만 단단하게 아이를 안아야 한다. 과하게 토닥이고 흔들거나 꽉 안는 것은 몸의 자연스러운 반응을 훼방하여 아이의 회복을 방해할 수 있으므로 피해야 한다. 회복 과정을 방해하지 않으면서도 나이 든 아이를 지지하고 안심시키려면 등이나 어깨에 손을 얹는 것을 추천한다. 따스한 '치료의 손길'은 부모의 차분함이 신체 접촉을 통해 직접 전달되기 때문에 아이는 안전감을 느끼게 된다. 물론 이것은 아이가 신체 접촉을 싫어하지 않을 때라야 한다.

5단계: 쇼크가 사라지면 아이가 자신의 감각에 주의를 기울이도록 안내하기

(제2장에서 살펴본 것처럼, 5단계와 6단계는 트라우마의 예방과 치료에서 가장 중요하다)

회복의 언어는 본능적인 뇌의 언어이며, 그것은 감각과 시간, 인내의 언어이다. 촉감이 중요한 것처럼, 부모의 어조 또한 중요하다. 아이에게 '몸 안'에 어떤 느낌이 드는지 부드럽게 물어보라. 아이가 답한 것을 질문처럼 다시 반복하라. "괜찮아졌니?"라고 묻고 아이의 반응을 기다리라. 다음처럼 더 구체적으로 질문하라. "배(머리, 팔, 다리, 기타 등등)에서 어떤 느낌이 들어?" 만약 아이가 분명한 감각을 말한다면, 그 '위치'나 '크기' '형태' '색깔'이나 '무게'에 대해 부드럽게 물어보라. 이러한 감각들이 의미하는 바가 무엇인지에 대해 신경 쓰지 마라. 중요한 것은 바로 아이가 감각을 알아차릴 수 있고, 그것을 다른 사람과 나눌 수 있다는 것이다. "그 돌덩이(날카로운 것, 혹, 아픈 상처, 가시)가 지금은 어떻게 느껴지니?"와 같은 질문들로 아이를 지금 현재 이 순간에 계속 머물도록 안내하라. 만약 아이가 너무 어리거나 놀라서 말하기 힘들다면, 손가락으로 어디가 아픈지 가리키도록 하라.

6단계: 질문과 질문 사이에 1~2분간 침묵하기

이 단계는 부모에게 가장 어려울 수 있지만, 아이에게는 가장 중요한 부분이다. 이렇게 함으로 과도한 에너지가 방출되며 아이의 생리적 순환이 마무리된다. 하나의 순환이 끝났음을 알려 주는 단서에 주의하라. 이러한 단서들은 깊고 편안하며, 자연스러운 호흡,

울거나 떨림의 멈춤, 기지개, 하품, 얼굴에 혈색이 도는 것, 미소, 주변을 둘러보거나 시선을 마주하는 것을 포함한다. 또 다른 순환이 시작되어야 하는지 혹은 잠시 멈춰야 하는지를 알려면 기다려야 한다. 부모에게는 보이지 않는 너무나 많은 것이 아이의 신경계에서 일어나고 있음을 명심하라. 그래서 아이의 상태가 달라졌다는 신호를 기다리는 것이 중요하다.

7단계: 초기 응급조치 중에 사고나 낙상에 대해 이야기하지 않기

부모의 호기심이나 불안을 줄이려고 아이에게 사고에 대해 질문하거나 이야기하지 않는 것이 좋다. 왜냐하면 사고에 대해 '이야기'를 나누는 것이 각성으로 과도해진 에너지를 방출하는 휴식 시간을 방해할 수 있기 때문이다. 무엇보다 안정이 필요할 때, 사고에 대해 말하는 것은 아이를 흥분시킬 수 있다. 흔들림, 떨림, 오한과 같은 본능적인 감각들은 바로 이런 조용한 기다림 속에서 차분한 이완 단계로 가는 회복 과정을 시작하기 때문이다.

고양된 에너지가 방출된 이후에 아이가 사고에 대한 이야기를 하거나, 그림을 그리거나, 혹은 놀이하기를 원할 수 있다. 만약 각성된 에너지의 정도가 너무 많다면, 방출 과정은 계속될 것이다. 방출이 끝난 신호는 너무 미묘해서 부모가 알아차리기 어려울 수 있지만, 더 많이 이야기하거나 놀이하기보다는 휴식하는 것이 온전한 회복을 촉진한다. 신경계가 평형 상태로 돌아오면서 몸이 부드럽게 떨리고, 열이 내려가고, 혈색이 돌아오게 된다.

이러한 변화는 자연스럽게 일어난다. 부모가 해야 할 일은 바로 차분하고 조용한 환경을 조성하면서 이 과정을 부드럽게 이끌 수 있는 몇 가지 초점 질문을 하는 것이다. 아이 주위에 가족이 모여들어 "무슨 일이냐?"고 질문하는 상황에서 조용한 공간을 제공한다는 것은 정말 쉽지 않다. 간결하고 자상하게 "지금 말고, 나중에 네 여동생이 좀 쉬고 나서 이야기하자."라고 말할 수 있다. 사고의 세세한 부분에 대해 아이에게나 아이 앞에서 이야기하는 것은 불필요한 두려움을 더하기 때문에 사고로 인해 각성된 신경계를 악화시킬 수 있다. 이것이 치료 과정을 망칠 수 있다. 형제자매가 걱정하고 있음을 말하고 싶어하면, "움직이지 말고 가만히 있으면 금방 기분이 좋아질 거야." "울어도 괜찮아. 울고 나면 기분이 좋아질 거야."와 같은 진정시키는 말을 하도록 지도하라. "계단에서 놀면 다친다고 전에 내가 말했지."와 같이 망신을 주는 말은 제발 하지 마라. "넌 정말 제대로 하는 게 없어."와 같이 비난하는 말도 삼가라.

8단계: 아이의 신체 반응을 계속해서 수용해 주기

아이의 눈물이나 떨림을 멈추게 하고 싶은 유혹을 뿌리쳐야 한다. 대신 무슨 일이 일어났든 이제 다 끝났고, 곧 괜찮아질 것이라고 전하며 아이와의 신체 접촉을 유지하라. 평형 상태로 돌아가기 위해서 에너지 방출은 스스로 멈출 때까지 계속되어야 한다. 이 단계는 대개 몇 분이 걸린다. 사고 후에 울고 떨 수 있었던 아이들이 사고에서 회복될 때 문제가 더 적다는 것이 여러 연구에서 밝혀졌다.

차분한 목소리와 진정시키는 신체 접촉을 통해 자녀가 '몸 안의 무서운 느낌을 밖으로 내보내는 것이 자연스럽고 좋음'을 알게 하는 것이 바로 부모가 할 일이다. 이때 아이를 너무 꽉 안거나 갑자기 이동시켜 아이를 방해하거나 주의를 흐트러뜨리지 않도록 하는 것이 중요하다.

시간이 얼마나 걸릴까

무섭거나 가벼운 낙상, 사고에도 앞서 설명한 단계면 충분하다. 여기에 언급된 8단계의 응급조치 지침은 어떤 사고든 발생한 그 순간부터 바로 적용될 수 있다. 예를 들어, 아이가 보도에서 스케이트를 타다가 발목을 삐었는데 그 장소가 위험하지 않다면, 바로 그 장소로 얼음과 담요를 들고 가서 아이를 보살피는 그때에도 적용될 수 있다. 생리적 순환(cycle)이 끝나는 데에는 보통 5~20분 정도의 시간이 걸린다. 얼음찜질을 하고 담요를 두른 후, 아이가 편안하고 따뜻하며 안전하다고 느끼고 나서야 떨림이 시작되는 것은 흔하다. 몇 분간의 휴식 후에 치아를 부딪히며 참았던 눈물이 볼을 타고 흘러내리기 시작하고, 마침내 안도의 한숨을 내쉴 수 있다.

낙상이나 사고가 의료적 치료를 요할 경우, 병원으로 가는 차나 구급차 안에서 부모가 응급조치 단계를 적용할 수 있다. 일단 아이가 어느 정도 과잉된 에너지를 방출하면, 부모는 아이에게 응급실이나 진료실에서 예상되는 절차를 안내해 줄 수 있다. 아이가 의료 시술을 받을 수 있도록 준비시킬 때 아이에게 할 말을 현명하게 선택하라. 아이에게 도움이 되도록 단순하고 솔직하게 말해야한다. 긍정적으로 제안하는 방식이 좋다. 예를 들어, 만약 봉합수술을 해야 한다면 수술은 따끔하겠지만 '상처'는 빠르게 회복될 것이라고 알려 주는 것이다. 통증에서 관심을 다른 곳으로 돌리기 위해 부모

가 무엇을 하면 좋을지 함께 논의하고 연습해 보라. 예를 들어, 아
이에게 부모의 팔을 꽉 잡도록 하고 한 번 꽉 잡을 때마다 '특별한
크림'이 나와서 통증이 풍선처럼 멀리 날아가는 것을 상상해 보라
고 한다. 적절한 시점에 현명하게 아이에게 말하고 싶다면, 이 장에
있는 '진정시키는 치료적 말의 힘'이 도움이 될 것이다.

쇼크 상태인 아이를 돌볼 때
신체 접촉을 하는 이유

아이 몸의 반응을 세심하게 살피며 돌볼 때, 신체적인 지지를 함
께 제공하는 것이 보다 효과적이다. 부모의 손길은 접촉이 어떻게
사용되느냐에 따라 충격에서 벗어나 정상으로 돌아오는 회복의 과
정을 도울 수도 있고, 방해할 수도 있다. 아기나 어린 아이를 보살
피는 것이면, 무릎 위에 안전하게 안으면 된다. 만약 좀 더 나이 든
아이라면, 어깨나 팔, 등 가운데에 손을 얹으면 된다. 돌보는 어른
이 신체적으로 가까이 있는 것은 아이에게 좀 더 안정감을 느끼게
해 준다. 하지만 자연스러운 에너지의 방출을 방해할 수도 있기 때
문에 아이를 너무 꽉 잡지 않도록 유의해야 한다. 아이와 접촉할 때
주안점은 바로 다음을 전달하는 것이다.

- 아이가 혼자가 아님을 알게 하는 안전함과 따뜻함
- 부모와 연결됨으로써 아이가 안정되고 집중할 수 있음
- 부모가 자신의 두려움 때문에 생리적 회복 과정을 방해하지 않으며, 아이

가 경험하는 다양한 감각, 감정, 본능적 반응을 수용하여 각성된 에너지를
방출하고 안도감을 느끼도록 도울 수 있다는 부모의 확신
* 한 명의 독립된 개인으로서 자신만의 속도로 해결과 회복을 향해 나아가
면서 자연스럽게 몸을 이완할 수 있는 타고난 지혜가 아이에게 있음을
믿음

어떤 정확한 말보다 부모의 신체 언어(body-language)가 더 중요
하다. 우리는 사회적 동물이기 때문에 상황의 심각성, 특히 응급 상
황인지를 알기 위해 다른 사람의 신체 단서를 읽는다. 아이는 자신
이 안전한지에 대한 감각을 부모가 표현하는 표면적인 것뿐만 아
니라 신체 반응에 따라 판단한다. 이 말은 부모의 얼굴 표정, 자세
나 몸짓이 안전 또는 불안을 조성할 수 있음을 의미한다.

자신의 본능적인 반응을 알아차려라. 그리고 일상에서 연습하
라. 현대 생활에서 스스로 응급조치를 연습할 수 있는 기회는 충분
히 많다. 예를 들어, 자동차가 충돌할 뻔했을 때 안전한 장소에 차
를 세우고 안도감과 함께 괜찮다고 느낄 때까지 자신의 감각을 추
적하라. 이것은 폭력의 목격, 낙상, 부상, 충격적인 뉴스나 다른 스
트레스 사건을 경험한 직후에 행해질 수 있다. 심지어 공포 영화를
보는 중에도 해 볼 수 있다.

진정시키는 치료적 말의 힘

갑자기 극적인 일이 일어나면, 주위 사람들의 의견에 쉽게 영향 받는 취약한 상태가 된다. 마취가 필요한 의료 상황에서 아이들 역시 마음이 약해지게 된다. 일어난 일이 무엇이든지 부모가 능숙하게 선택한 단어와 타이밍, 어조는 자녀의 회복을 가속화시키는 힘이 있다.

주디스 아코스타(Judith Acosta)와 주디스 프리거(Judith S. Prager)가 쓴 『최악의 상황은 끝났다: 매 순간이 중요할 때 해야 할 말(The worst is over: What to say when every moment counts)』에서 저자들은 절망적으로 보이는 상황을 회복시키고, 출혈을 멈추게 하고, 심지어 화상 피해자들에게 흉터가 생기지 않게한 언어적 응급조치의 수많은 예를 제시하고 있다! 우리는 말이라는 게 얼마나 쉽게 우리를 안심시키거나 긴장시키는지를 안다. 말은 평범한 경험을 낭만적인 것으로 바꾸며, 혈압을 올리거나 내리고, 웃음과 기쁨은 물론 눈물과 슬픔을 가져다줄 수 있다.

다음 목록은 단어를 현명하게 선택하는 틀로써 유용하다. 아이의 기분이 어떤지를 이해하고 있음을 전하려면 적절한 목소리 톤을 사용하여 말로 다음을 전하라.

- 연민의 눈으로 일어난 일을 수용하고 있음을 보여 주기
- 혼자가 아니라 부모와 연결되어 있으며, 안전하다고 느끼도록 확신 주기
- 무슨 일이든 이제 다 끝났다고 안심시키기

- 방출과 변화가 있을 때까지 감각을 알아차리도록 안내함으로써 사건이 일어난 과거에서 지금 현재에 머물도록 돕기
- 상황에 대처하는 데 도움이 되는 아이의 내적·외적 자원을 상기시키기(제3장의 '자원 만들기'를 참조하라)

사고가 났을 때, 자녀가 이해할 수 있는 간결하고 솔직한 말로 일어난 일을 설명하라. 예를 들어, 넘어져서 피가 날 때, 부모는 간결하게 다음과 같이 말할 수 있다. "넘어지면서 많이 놀랐지? 조금 다쳤는데 피가 나는구나. 상처를 깨끗하게 하자. 그리고 피가 멈추게 차가운 붕대를 대 줄게. 그러면 기분이 나아질 거야. 네가 좋아하는 색깔의 밴드를 골라 봐. 엄마는 어떻게 하면 네가 좋아질지 알아. 네가 원하면 밴드 붙이는 걸 도와줘." 또는 나이 든 자녀에게는 "네가 원하면 밴드를 네가 붙여도 돼."라고 말해도 좋겠다.

상처에 대한 조치를 한 후에 창백한 피부, 식은땀이 흐르는 손바닥, 얕고 빠른 호흡과 동공 확장 같은 몸의 단서를 살펴보라. 아이는 여전히 어느 정도 망연자실한 상태일 수도 있기 때문에 앉거나 바닥에 눕는 것이 좋다. 이때 부모는 이렇게 말할 수 있다. "힘든 건 다 끝났어. 상처는 벌써 다 치료되었어. 하지만 아직 좀 떨리지. 그 떨림이 사라질 때까지 아빠가 여기 있을 거야. 떨리거나, 초조하거나, 몸이 움찔거리거나, 피식 웃음이 나올 수도 있어. 눈물이 나올 수도 있어. 초조함이나 떨림, 눈물이 사라질 때까지 아빠가 너와 함께 있을 거야. 내 무릎에 앉아 있어도 돼. 그러고 나면 나중에 무슨 일이 일어났는지 엄마와 재미있는 이야기를 함께 만들 거야." 아이가 좋아하고 원한다면, 일어난 일에 대해 그림을 그려도 좋다.

실습: 말의 힘을 경험하기

O 말은 표현되는 그 순간에 그 자체로도 강력하지만, 특히 우리가 취약할 때에는 우리의 뇌리에 깊이 각인된다. 잠시 동안 당신의 삶을 휘저었던 말들을 회상해 보라. 그러면 당신은 그런 말들이 얼마나 강렬했으며, 삶에 얼마나 큰 영향을 줬는지 경험적으로 이해할 수 있다.

A 부분

1. 나쁜 일이 있은 후에 당신을 안심시키거나 달래기 위해 말, 손길, 몸짓, 행동을 해 줬던 어떤 한 사람에 대해 기억하는 것을 한두 문단으로 묘사해 보라. 당신의 기분이 나아지고 회복시키려고 그가 무슨 말과 행동을 했는지 최대한 상세하게 떠올려 보라.

쉴 수 있는 편안한 장소를 찾아보자. 지금 글로 쓰려는 것을 떠올리면서 당신 몸에서 어떤 느낌이 드는지 알아차려 보라. 시간을 가지고 감각, 감정, 생각과 이미지에 집중하라. 과거 경험에 빠져드는 순간, 당신의 몸이나 자세가 어떠한지 주의를 기울이라. 이 추억이 즐거운 것임을 알려 주는 게 어떤 감각인지를 살펴보라.

이 연습을 할 때, 불쾌한 경험이 떠오를 수도 있다. 이것은 정서적 기억을 각인하는 뇌의 부분인 편도체가 충격을 준 강력한 사건들을 저장하기 때문이다. 그것이 유쾌한 것이든, 불쾌한 것이든 강렬한 경험은 뇌에 기록된다.

연습을 통해 당신은 이해심 많은 어른의 보살핌이 정말로 필요했을 때 실제로는 둔감했던 어른의 대처를 떠올릴 수 있다. 당신의 경험을 이해하지 못한 사람이 바로 부모나 친했던 가족 구성원이라면 특히 고통스러운 상처가 될 수 있다. 만약 이런 경우라면 다음의 연습을 통해 다른 경험을 할 수 있다. 당신의 상처를 치유하다 보면, 과거 가족의 패턴을 반복해서 둔감하고 습관적으로 아이에게 반응하는 것이 점차 줄어들 것이다. 부모가 이 책을 읽는 이유가 바로 여기에 있다.

B 부분

1. 끔찍한 일이 있었을 때 당신을 달래지 않고 상황을 악화시키는 말과 손길, 몸짓, 행동을 했던 둔감하고 부주의한 사람을 떠올리고, 그와 관련된 기억들을 한두 문단으로 묘사해 보라.

2. 지금 묘사하고 있는 불쾌한 경험에 사로잡히지 말고, 당시에 당신이 떠올렸던 이미지, 말, 감각 및 감정을 변화시키는 데 도움이 될 만한 '정반대'의 이미지를 생각해 보라. 그냥 툭 떠오르는 게 무엇이든 판단하지 마라. 치료적 요인을 최대한 포함하는 **정반대의 장면**을 확장해 보라. 어떤 말, 손길, 몸짓 그리고 행동이 당신에게 안도감을 주는가? 특히 어떤 것이 당신을 위로해 주고, 기분을 좋게 하고, 또 과거의 상처를 달래 주는가? 과거 그때 당신이 듣고 싶었던 말과 보고 싶었던 행동을 **지금** 스스로에게 해 보라. 마치 **지금 이 순간** 아이에게 해 준다고 생각하면서 재현해 보라.

3. 쉴 수 있는 편안한 장소를 찾아보자. 새로운 회복의 이미지를 떠올릴 때, 당신의 몸에서 어떤 느낌이 드는지 알아차려 보라. 시간을 가지고 감각, 감정, 생각과 이미지에 주의를 기울이라. 지금 이런 체험을 하면서 당신의 몸이나 자세에 어떤 일이 일어나는지 알아차려 보라. 이런 새로운 기억이 긍정적이고 유쾌한 것임을 알려 주는 감각들은 무엇인지 기록해 보라.

듣기와 스토리텔링으로 감정 표현하기

　　심각하고 복잡한 상황이라면 자녀에게 부모가 신경써야 하는 감정이 남아 있을 수 있다. 아이이든, 어른이든 사고나 낙상을 경험하면 당황하거나 난처하다고 느끼는데, 특히 친구들 앞이라면 더욱 심해진다. 사고로 옷이나 소지품, 물건이 망가지면 수치심이나 죄책감을 느낄 수 있다. 사고로 인해 의료비나 다른 비용으로 가족에게 경제적으로 부담을 주었다고 생각될 때에도 아이들은 수치심이나 죄책감을 느낄 수 있다.

　　정서적 응급조치가 끝나고 난 후 아이가 진정되고 편안해지면, 아이가 경험했던 감정들에 대해 이야기할 시간을 따로 갖도록 한다. 이것은 사고가 일어난 그 날 늦게나, 그다음 날 또는 새로운 감정이 드러날 때마다 가능하다. 아이는 수치심이나 죄책감과 함께 분노, 슬픔과 두려움을 느낄 수 있다. 그러한 감정들이 정상적임을 자녀가 알게 하라. 아이의 말을 경청하고 부모가 들었던 말을 다시 반영해 주라. 그러면 아이는 부모가 잘 듣고(listening) 있으며 이해하고 있음을 확신할 것이다. 결코 아이의 감정을 교정하거나 바꾸려고 하지 마라. 쉽지 않은 상황이라도 부모나 다른 지지해 주는 어른이 아이와 함께 '견디어 주면' 아이의 감정이 자연스럽게 변한다는 사실을 믿어야 한다. 이런 종류의 지지는 일시적인 불편함을 참을 수 있게 할 뿐만 아니라, 좌절에 낙담하지 않고 견딜 수 있는 아이의 인내력을 강화시킨다.

사고나 낙상에 대해 직접적으로 작업하기

크고 푹신한 베개는 아이가 안전하게 넘어지는 것을 연습하는 데 도움이 된다. 아이를 가운데 세우고 주변을 베개로 에워싼 뒤에 부모는 아이 옆에 앉는다. 넘어지는 것을 제어할 수 있도록 아이의 목, 어깨나 등 아랫부분을 부드럽지만 확실하게 손으로 받쳐 준다. 부모의 손으로 아이를 지탱하면서 천천히 넘어져 보라고 지도하라. 아이가 경직되거나 놀란 것 같으면 잠시 멈춰 가면서 진행하라. 이제 아이에게 '흔들고 굴리는' 놀이를 할 것이라고 알려 줘라. 아이를 앉게 한 후에 옆으로 부드럽게 흔들고, 그다음에는 앞뒤로 흔들어 보라. 이번에는 아이가 부모를 앞뒤로 흔들면, 부모는 중심에서 벗어났다 되돌아오며 놀이를 재미있게 만들 수 있다. 부모는 베개 위에서 앞뒤로 그리고 옆으로 뒹굴 수 있다. 그러고 나면 아이는 조금씩 부모의 팔 안과 베개 위로 '넘어질' 수 있다.

안전한 착지가 포함된 이러한 '놀이'는 반사 신경의 발달과 자신감 회복에 도움이 된다. 낙상의 두려움에서 벗어나게 되면 타고난 균형 감각이 굳건해진다. 아이 크기의 큰 짐 볼은 균형 상태에서 균형을 잃은 상태였다가 다시 균형 상태로 돌아오는 연습을 할 때 사용된다(이런 공은 할인매장에서 구매할 수 있다). 공 주위의 바닥에 부드러운 베개를 배치하여 안전하게 착지할 수 있도록 한다. 아이의 눈을 뜨게 하고 두 발은 충분히 벌려서, 안정감을 구축한 후에 시작해 보자. 공 위에 앉아 있는 아이를 이리저리 부드럽게 흔들면서 어떤 일이 일어나는지 지켜보라. 아이가 반사적으로 팔, 다리, 몸으로 자신을 보호하는지, 아니면 자신을 잡아 주는 부모에게 몸을 맡기는지 살펴보라. 만약 아이가 약간 긴장하여 경직되어 있다면, 부모가 옆에 없을 때 자신의 몸이 어떻게 반응할 것 같은지 상상해 보라고 한다. 아이가 자신의 반사적 반응에 익숙해질 때까지 계속 탐색하고 연습하라. 아이가 점점 더 편안해지고 능숙해지면 아이의 눈을 감게 하여 도전의 수위를 높일 수 있다. 일단 넘어질 것 같은 느낌이 들면, 넘어지지 않으려고 몸의 모든 부분이 작동하게 된다. 넘어지는 것을 막을 수 없게 되면 결국 팔, 팔꿈치, 손목, 손, 무릎, 다리, 발목과 발이 충격을 완충하기 위해 다양한 동작이나 형태를 취한다. 아이가 자유낙하할 때 잡아주는 이런 종류의 '베개 놀이' 중에 느린 동작으로 연습했던 연속 '발레' 동작을 하며 아이가 넘어지는 것을 보더라도 놀라지 마라.

만약 아이가 너무 두려워해서 낙상을 직접 다루기 어렵다면, 좋아하는 인형이나 동물 인형으로 아이의 실제 경험과 유사한 장면을 만들어 볼 수 있다. 예를 들면, 다음과 같다. '아기 코끼리 바바가 높은 의자에서 뒤로 떨어졌어요.' 이런 유형의 놀이가 소개된 제3장에 있는 새미의 이야기를 참고하라. 아이가 역할놀이를 할 때 반드시 아이의 반응을 자세하게 살펴보라. 아이에게 필요한 만큼만의 지지를 하면서 **언제나 성공할 수 있다는 감각**을 아이가 가질 수 있도록 하라. 동물 인형에서 형제자매, 친구나 부모로 대상을 바꾸며 역할놀이를 한다.

자신감을 되찾도록 돕는 몇 가지 라임

만약 아이가 넘어져서 응급실로 가야 하는 부상과 함께 극도의 충격을 받은 상태로 완전히 '얼어붙거나' '마비되는(shut-down)' 증상에서 벗어나려면 더 많은 시간과 인내, 더 다양한 접근이 필요하다. 아이를 회복시키는 가장 좋은 방법은 감각을 닫기보다는 열 수 있도록 페이스를 천천히 진행하는 것이다. 제3장에서 자연과 동물에 대한 라임이 아이에게 내적 힘과 안전하고 안정된 느낌을 갖도록 도와주었던 것처럼, 다음의 라임은 너무 무서워서 자신을 보호하고 방어하지 못했다는 수치심, 부끄러움이나 자기 회의감을 없애기 위해 만들어졌다. 동물도 우리가 하는 것과 똑같은 종류의 반응을 한다는 점을 아이에게 알려 줘라.

다음의 라임 구절에서 주머니쥐 오스카의 '얼어붙기 반응'이나 '죽은 척하기'는 매우 중요한 생존 기제임을 보여 준다. 사고나 낙상에 대해 싸우거나 달아나거나 피할 수 없다면, 이런 반응은 아이들을 보호한다. 불행히도 이 본능적인 행동은 종종 어른들과 아이들에게 비겁하거나 약하다고 여겨진다. 주머니쥐 오스카 라임은 '얼어붙기 반응'이 정상적일 뿐만 아니라 때에 따라 가장 영리한 선택임을 보여 준다.

어린 아이들이 주머니쥐 오스카가 죽은 척함으로써 어떻게 코요테 찰리를 따돌리는지에 대한 이야기를 들을 때 다음 두 가지가 달성된다. 첫째, '얼어붙기 반응'은 긍정적이며 강점(empowering)이라는 것이다. 둘째, 몸에서의 반응에 두려움을 느끼지 않으며 얼어붙었다가 원래의 상태로 되돌아올 수 있는 주머니쥐의 능력을 아이가 동일시함으로써 얼어붙은 상태에서 공포, 수치심과 두려움 없이 벗어날 수 있다는 점이다. 이러한 이해는 무기력하고 당황스러운 심리 상태를 경험할 때 자신에 대해 좀 더 긍정적인 기분을 느끼게 한다. 약간의 시간과 인내를 갖고 그러한 감정들을 '그냥 흘러보내는 것'은 처음에는 흔들리고 요동치는 것 같지만 이내 안도감을 느끼며 심지어 미소 짓게 해 준다.

다음의 라임에서 주머니쥐 오스카는 자신을 보호하기 위해 어떻게 일시적으로 얼어붙는지를 보여 준다. '위험이 사라졌을 때', 오스카는 자기 내면에 있던 '고양된 모든 에너지'를 단지 몸을 부르르 떠는 행동으로 날려 버림으로 이 자연스런 보호 상태(얼어붙기)에서 쉽게 벗어날 수 있다.

주머니쥐 오스카	Oscar Opossum
주머니쥐 오스카는 동작이 몹시 느려. 모두가 스쳐 지나갈 동안, 그는 터벅터벅 길을 따라 걸어. 코요테를 보았을 때에도 오스카는 달리지 않아. 대신 공처럼 몸을 말고 죽은 척하지.	Oscar Opossum is *slow as molasses* He plods right along, while everyone passes. When he sees coyote, he *can't run,* so instead He rolls up in a ball and *pretends that he's dead!*
언덕 위까지 내달리는 토끼와 다르게 네가 본 것처럼 오스카는 꼼짝하지 않고 누워서 위험을 피할 수 있었어.	Oscar *escapes,* you see, by *lying quite still* *Not* like the rabbit who *runs* up the hill!

오스카는 몸 안에 에너지가 부글부글 하지만
호흡을 참으며 죽은 척하지.

Oscar has all his energy ***BOILING*** inside
From holding his breath to pretend that he died.

너는 오스카처럼 몸을 공처럼 말고 죽은 척할 수 있어?
숨쉬기도 어렵고, 너무나 작게 느껴져.

코요테가 물지 않기를 바라면서
최대한 몸을 웅크리니 춥고 외로워.

Can you ***Pretend*** that you're Oscar rolled up in a ball?
You're *barely breathing*, and you *feel very small*.
It's cold and it's lonely as you hold on tight
Hoping coyote will not take a bite!

*독자의 이해를 돕고자 라임이 든 원문을 함께 싣는다.

제안사항: 아이와 함께 부모보다 크고 빠른 무언가에 의해 쫓기는 척해 보라. 아이에게 무엇이 '쫓아오길' 원하는지 물어봐라. 그건 호랑이, 곰, 맹수나 괴물일 수 있다. 네가 잘 숨거나 죽은 것처럼 보여서 맹수가 그냥 지나가도록 '속이려면', 달리기를 멈추고 대신 조그만 공처럼 몸을 말아 최대한 움직이지 말고 조용히 있자! 최대한 꼼짝하지 않은 채로 말도 하지 말고 여러 감각을 탐색해 볼 수 있도록 시간을 갖는다. 그러다보면 결국은 호흡이 편해지면서, 모든 근육이 이완될 것이고, 이때 내면의 에너지가 방출되면서 안도감이 느껴질 것이다.

다음의 라임은 '얼어붙기 반응'에서 벗어나기 전과 후에 생겨나는 정상적인 정서 반응을 탐색하는 데 도움이 되는 질문들로 계속된다.

너는 이렇게 느껴본 적이 있니?

너는 달리고 싶지만 가만히 있어야만 해.

무서웠지만, 슬펐지만 그것 때문에 미칠 것 같았니?

네가 느낀 것을 엄마와 아빠에게 말할 수 있겠니?

Do you remember ever feeling this way?

You wanted to run, but you had to stay.

Were you **SCARED**, were you *Sad*, did it make you ***MAD***?

Can you tell what you felt to your mom or your dad?

제안사항: 아이들은 앞의 구절을 읽고 나면 자신의 진짜 생각과 감정에 '솔직해진다.' 서로 나눌 수 있는 충분한 시간을 준다. 아이가 보이는 모든 정서 표현이 무엇이든 관심을 보이며 아이를 관찰

하고 귀 기울여 듣자. 아이의 감정에 대해 알고 난 후, 그 감정을 판단하거나 교정하지 않음으로써 아이가 안전감을 느끼게 하자. 또한 감정을 좀 더 깊이 탐색하도록 도울 수 있다. "또 다르게 느껴지는 것이 있니?"와 같은 개방적 질문을 하거나 "아빠에게 너를 무섭게 만드는 것에 대해 말해 봐." 또는 "엄마에게 좀 더 말해 봐."라고 이야기 해주자. 코요테 찰리와 주머니쥐 오스카의 라임은 계속된다.

너는 두려워하지 않아도 돼	**You Don't Have To Be Afraid**
주머니쥐 오스카는 낮게 누워야 해. 하지만 몸 안에는 날아갈 준비가 되어 있어. 마침내 코요테 찰리가 떠났을 때	Oscar Opossum has to lie low But *inside* his body, he's ready to blow. When Charlie Coyote finally takes off
주머니쥐 오스카는 일어나 흔든다.	Oscar Opossum *gets up* and *shakes off.*
오스카가 떠는 걸 봐. 흔드는 걸 봐.	See Oscar *tremble*, see Oscar *shake*
작은 지진으로도 땅이 흔들리는 것처럼. 한참을 떨고 흔든 뒤 오스카는	Just like the ground in a little earthquake. After he trembles and shakes for a while
기분이 좋아져서 웃으며 떠나.	He feels *good as new*, and walks off with a *SMILE!*

코요테가 갔으니 이제 일어나 달리자(속삭이며)
하지만 먼저 햇볕을 쬐며 떨고 흔들자.
오래지 않아 너는 점프할 수 있고,
깡충 뛸 수 있고, 발을 구를 수 있어.
아니면 초원에서 놀며 신나게 달릴 수 있어.
심장에서 가슴으로 흐르는 피의 흐름을 느껴봐.
이제 너는 안전하고, 이제 너는 쉴 수 있어!

Coyote has gone, now *get up* and run(whisper)
But **first** you might **tremble** and **shake** in the sun.
Before long you can jump, you can skip, you can stomp
Or play in the meadow and have a good romp.
Feel the *blood flow* through your **HEART** and your **CHEST**
Now you are *safe* and now you can *rest!*

제안사항: 아이와 몸을 흔들고 떠는 흉내를 낼 때, 극적으로 표현하도록 과장되게 움직여라. 몇 가지 재미난 활동을 한 뒤 가만히 누워 쉬면서 몸 안의 에너지와 그 흐름을 알아차리게 하라. 이것은 기분이 좋고 따뜻하게 느껴지는 미묘한 감각을 아이가 더 잘 느끼게 해준다.

다음의 '젤리 한 그릇'은 에너지 방출을 준비하는 감각에 대한 알아차림이 커지도록 재미있게 쓴 라임이다.

젤리 한 그릇

너는 빨강, 보라, 초록, 노란색 젤리
가 가득 담긴 그릇인 척할 수 있니?

이제 누가 너를 이리저리 흔든다고
상상해 봐.
너는 흔들거리고, 떨리고, 꿈틀거리
기 시작해.

너의 손가락이 떨릴 때 심장이
고동치는 걸 느껴봐.
이제 땅으로 떨어지면서 흔들리는 걸
느껴봐.
팔이 떨리는 것, 가슴 속의 따뜻함
을 느껴봐.
너무 열심히 하려고 하지 마. 이미
넌 잘하고 있어.

너의 뱃속과 다리의 진동을 느껴봐.
그걸 강처럼 흐르게 내버려 둬.
그건 즐거운 감각이야.

Bowl of Jell-O

Can **you pretend** you're a
big bowl of Jell-O?
Red, purple, green, or even bright
yellow?
Now make-believe someone
gives you a jiggle
And you start to **shake** and
tremble and *wiggle!*

As your fingers tremble, feel your
heart pound,
Now feel the shaking go down to
the ground,
Feel the **trembling** in your
arms, the *warmth* in your chest,
Don't try too hard, you're diong
your best.

In your belly and legs, feel the
vibration,
Let it *flow* like a river, it's a
pleasant sensation!

머리에서 발끝까지 에너지가 움직이는 걸 느껴봐. 좋은 기분이 커지도록 네 몸 안의 힘을 느껴봐.	Feel the energy **move** from your head to your toes. Feel the strength in your body, as the *good feeling grows*.

제안사항: 아이와 함께 상황과 요구에 어울리는 자신만의 라임을 완성할 수 있다. '젤리 한 그릇'과 같은 라임은 놀라지 않고 몸의 감각을 경험하도록 돕는다. 몸에 대한 알아차림을 강화하고, 에너지를 방출하는 라임으로 몸이 정상 상태로 돌아가는 것이 안전하고 즐겁게 일어날 수 있다.

교통 사고를 다룰 때 유용한 조언들

사고가 났을 때, 사고와 관련되어 에너지가 '충전된' 물건과 경험에 대해 아이와 다시 이야기하여 '둔감화 시킬' 필요가 있다. 불쾌한 사물을 보거나 불쾌한 경험에 대해 이야기할 때, 아이의 행동을 보면 사고의 어떤 부분을 고통스럽고 압도적으로 기억하는지 알 수 있다. 연결이 분명할 때도 있지만 그렇지 않을 때도 있다.

때로 충격과 부정이 사라질 때까지 에너지가 '충전'되지 않아 증상이 나타나지 않을 수 있다. 에너지가 과잉되어 증상으로 나타나기까지 몇 주가 걸릴 수도 있다. 이런 경우 아이를 '자극하는 것들'에 대해 천천히 이야기하여 아이가 더 이상 압도되지 않도록 하는 것이 중요하다. 자동차 사고를 다루는 다음의 예는 아이의 나이와 상황에 맞게 조정될 수 있다.

자동차 사고 후, 아이의 카시트를 거실로 가지고 올 수 있다. 아이를 품에 안거나, 걸음마기 아이와 함께 아기 걸음으로 조용히 걸어서 카시트로 점점 다가가서 결국 카시트에 앉을 수 있게 된다. 아기 걸음으로 걸어가는 과정에서 중요한 것은 신체가 경직될 때와 돌아설 때 호흡이나 심장박동이 변하는 몸의 반응을 지켜보고 기다리는 것이 중요하다. 회피하게 되고 두려운 대상과 마주쳤을 때에는 앞서 설명한 4단계부터 8단계까지를 단계별로 실행한다. 이때 부모는 아이의 요구에 맞게 속도를 조율하여 너무 많은 에너지나 감정이 한꺼번에 방출되지 않도록 주의해야 한다. 아이가 더 '긴장한' 것처럼 보인다면, 에너지나 감정이 한꺼번에 방출되기 때문이다. 만약 이런 일이 일어난다면, 안심시키고 부드럽게 접촉을 하거나 안고 흔들어 아이를 진정시키자. 아이가 힘들어하면 멈추도록 한다. 전체 과정이 한 번에 실행되어야 할 필요는 없다!

운동 중에 사고가 났을 때 아이를 돕는 라임

부모가 자녀의 감정을 이해하는 신뢰로운 관계가 형성되면, 자녀는 부모의 가이드를 더 잘 수용하게 된다. 이때 자녀가 부모나 부모가 아는 누군가와 비슷한 경험을 나누는 것이 도움이 된다. 아니면 이 책에 제시된 것처럼 이야기와 라임을 만드는 것도 좋은 아이디어이다. 예를 들어, 다음 '도리의 이야기'는 자전거에서 떨어져 놀라고 당황한 한 소녀에 관한 이야기이다. 이 이야기를 시작으로 아이에게 자신의 이야기를 만들어 보라는 것이 이야기를 적용하는 하나의 방법이다. 이때 자녀의 나이, 요구와 상황에 맞게 이야기를 만들도록 한다. 이야기를 활용하는 또 다른 방법은 '평가' 도구로 쓰는 것이다. 부모는 이야기와 그림을 이용하여 특정 상황에 대한 부정적 스트레스가 아이에게 아직 남아 있는지를 알 수 있다. 아이의 말에 주목하면서 반응을 주의 깊게 살피며 '도리의 이야기'를 천천히 읽어 보라. 아이의 눈이 접시처럼 휘둥그레지는가? 아이의 몸이 경직되는가? "이 이야기는 싫어요"라며 책을 '쾅' 하고 덮는가? 또는 아이가 가만히 있지 못하고 동요하는가? 만약 아이가 도리의 반응에 동일시한다면, 사고에 대해 도리와 비슷한 감정을 느껴서이다. 아이의 반응을 살펴볼 때, 부모는 이야기를 멈추고 침착하게 수용적인 태도로 불쾌한 감정이 안도(relief)로 바뀔 때까지 아이 내면에 요동치는 감각과 감정을 경험하도록 도와주어야 한다.

이야기를 읽은 후, 아이에게 그림으로 그리게 하거나, 어린 아이들에게는 이 책에서처럼 자신만의 그림 이야기를 완성하도록 할 수 있다. 만약 아이가 그림을 그리기에 너무 어리다면, 느낀 것을 난화로 표현하면 된다. 크레파스와 마커를 주고 끄적거리거나 원, 뾰족한 모양, 물결 모양, 직선 등 다양한 선을 그릴 수 있다. 아이들은 자신의 감정을 반영하며 자연스럽게 그릴 것이다.

도리의 이야기

등을 대고 앉아. 긴장을 풀어 봐. 너에게 이야기를 해 줄게.

내 친구인 그 아이는 도리라는 소녀야.

도리는 어린이 야구팀의 1루수야.

새 자전거를 갖는 게 꿈이야.

지난번 생일에 그 꿈이 이루어졌어.

반짝이는 파란색의 새 자전거를 갖게 되었어.

도리는 자전거에 올라타서는 한 블록을 쭉 내려갔어.

빨리 더 빨리, 그러다 자전거가 큰 돌덩이와 부딪혔어.

바퀴는 미끄러졌고, 도리는 자전거 안장에서 벗어나 날아갔어.

도리는 딱딱한 길 위로 떨어졌어.

도리가 포장도로에 쾅 부딪히며 떨어졌어.

도리는 무릎에서 피가 흐르는 것을 보았어.

도리는 울기 시작했지만 울음소리가 나지 않았어.

숨을 쉴 수가 없었고, 모든 감각이 마비되었어.

무릎의 피를 보았을 때

주머니쥐 오스카처럼, 몸이 얼어붙기 시작했어.

나중에 도리는 기분이 나빠졌어.

도리는 슬퍼졌고, 화가 났어.

도리의 새 자전거는 너무 빨리 사고가 난 거야.

도리는 사고 내는 것 말고 아무것도 할 수 없었어.

도리의 잘못이 아닌데도 도리는 자기 탓을 했어.

자전거를 생각하면 부끄러웠어.

이것과 비슷한 일이 너에게 일어나면

너는 엄마와 아빠에게 뭐라고 말할 수 있겠니?

제안사항: 도리가 비슷한 상황을 어떻게 다룰지에 대해 이야기할 시간을 갖는다. 앞서 우리의 동물 친구인 코요테 찰리와 주머니쥐 오스카로부터 배운 교훈과 몸 안의 감각과 감정을 흘려 내보내는 것의 중요성을 기억하라.

몸을 흔들고 나면 넌 점프할 수 있고, 달릴 수 있어.

너는 햇볕 아래서 토끼처럼 숨을 수 있어.

넌 찰 수 있고, 울 수 있고, 웃을 수 있고, 느낄 수 있어.

넌 춤출 수 있고, 노래할 수 있고, 자동차 바퀴처럼 돌 수 있어!

사고에 대한 이야기 나누기

이 장의 앞부분에서 사고가 일어난 직후 트라우마 증상을 예방하는 단계별 가이드를 제시하였다. 이 모든 단계는 빈번히 필요하다. 사고가 아이를 위협할 때, 최선의 노력을 했음에도 아이에게 트라우마 증상이 나타날 수 있다. '트라우마에 대한 응급조치 이후'에도 아이가 계속 힘들어하면, 사고에 대한 이야기 나누기와 그림 그리기가 유용하다.

이야기 나누기를 할 때, 어른의 시각에서 무슨 일이 일어났는지 이야기할 필요가 있다. 다음 단계에는 아이를 초대해서 아이의 시각에서 이야기하는 것이다. 처음에는 이야기하기를 꺼리던 아이도 자신의 시각에서 일어난 일을 이야기함으로 엄마 아빠가 생각을 '바꿔' 자기 이야기에 동의해 주기를 원한다. "아니에요, 그런 일이 일어난 게 아니에요. 진짜 일어났던 일은 _____예요." 아이가 정서적으로 압도될 때마다 함께 이야기해야 할 보편적 요소들을 확인하라. 앞의 도리의 예에서 그런 결정적인 요소들을 찾을 수 있으며, 그런 요소들은 다음의 내용을 포함한다.

- 사고가 일어나기 전의 흥분
  (문장: "지난번 생일에 그 꿈이 이루어졌어."와 "자전거에 올라타서는 한 블록을 쭉 내려갔어.")
- 실제 충돌 전에 무서운 부분(에너지를 높이는 지점)
  (문장: "빨리 더 빨리!" "큰 돌덩이와 부딪혔어." "바퀴가 미끄러졌어."와 "안장에서 벗어나 날아갔어.")
- 사고 시 실제 충돌
  (문장: "딱딱한 길 위로 떨어졌어."와 "포장도로에 쾅 부딪히며 떨어졌어.")
- 신체 부상의 결과와 그로 인한 공포
  (문장: "무릎에서 피가 흘렀어.")
- 얼어붙기 반응
  (문장: "울음소리가 나지 않았어." "숨을 쉴 수가 없었어." "모든 감각이 마비되었어."와 "주머니쥐 오스카처럼, 몸이 얼어붙기 시작했어.")
- 복합적인 감정의 출현
  (문장: "도리는 기분이 나빠졌어. 도리는 슬퍼졌고, 화가 났어.")
- 피할 수 없는 죄책감과 수치심의 출현
  (문장: "도리는 자기 탓을 했어."와 "도리는 부끄러웠어.")

- 압도되는 감각과 정서로 인해 고양된 에너지의 방출

  (문장: "몸을 흔들고 나면 넌 점프할 수 있고 달릴 수 있어. 넌 찰 수 있고, 울 수 있고, 웃을 수 있고, 느낄 수 있어.")

- 성공적 결과와 함께 활성화된 트라우마의 해결

  (문장: "넌 춤출 수 있고, 노래할 수 있고, 자동차 바퀴처럼 돌 수 있어.")

사고 상황에 부적절한 아이의 강렬한 반응에 어른들은 당황하게 된다. 이럴 경우, 아이의 반응을 진지하게 받아들이는 것이 중요하다. 아이는 해결되지 않은 이전의 사건에 자극되어 여전히 화난 상태로 의사소통을 한다. 그것을 작업할 기회로 삼자. 최근의 사건이 이전 사고의 견딜 수 없었던 상황을 회상시킬 때, 아이는 화난 상태로 의사소통하기 쉽다. 몸은 영아기부터 유아기까지의 모든 경험을 기록하고 기억한다. 말문이 트이기 전의 경험이라 의식적인 기억이 부족해서 말로는 표현할 수 없지만 사고에 대한 그림과 이야기 속에 나타난 아이의 죄책감, 수치심과 걱정을 보며 부모는 놀라게 된다.

이야기로 좀 더 작업하기

아주 어린 아이의 경우라면, 상상 속 친구나 동물, 인형으로 사고에 대해 이야기하는 것이 좋다. 이것은 사고에 대해 심리적 거리를 둘 수 있어 아이의 무서움을 줄여준다. 이야기를 꾸밀 때에는 결정적인 요소가 한 번에 하나씩 포함되도록 해야 한다. 예를 들어, 만약 아이가 계단에서 넘어졌는데 사고에 대해 힘들어하지 않으면서도 계단에 대해 언급하지 않는다면, 상상 속 이야기에는 반드시 계단과 관련된 부분을 추가하라. 아이가 이야기 속 가상 인물의 반응 및 감정과 동일시하는지 잘 관찰하라. 상상 놀이를 통해 생겨나는 모든 감각과 감정을 아이가 다루고 해소할 수 있도록 이야기를 멈추라. 만약 아이가 불안해하면, 응급조치의 단계들을 따르라. 예를 들어, 무서운 감정을 느끼는 지점에서 아이에게 무서운 것의 '색깔' '크기' '모양'에 대해 말해 달라고 하라. 감각과 이미지의 질, 형태와 크기가 변하고, 사라질 때까지 부모가 함께함을 말해 주라! 트라우마 해결에 필수적이지만 빠진 것을 이야기에 넣으라.

의료 과정에서의 트라우마 예방

의료 과정에서 준비의 중요성

아이들에게 흔하지만 자주 간과되는 트라우마의 원인은 일상적이거나 응급 상황에서의 치료 과정이다. 여기서 습득하게 될 지식을 갖고 부모가 클리닉이나 병원 의료진들과 함께 팀으로 일하는 것이 가장 이상적이다. 이 공동의 노력으로 아이가 침범적인 치료 과정이나 수술 절차 때문에 경험하는 불필요한 위압감을 크게 줄일 수 있다. 책략을 소개하기 전에 다음의 놀랄 만한 이야기를 먼저 읽어 보라.

테디의 이야기

"아빠, 아빠, 그냥 놔둬요, 놔둬요! 제발 죽이지 말아요! 그냥 보내요!"

이것은 10세 테디가 놀라 방에서 급발진하듯 뛰쳐나오며 비명을 지르는 소리이다. 당황한 아버지의 손바닥에는 움직이지 않는 뒤쥐가 있었는데, 뒷마당에서 한 마리를 발견하여 아들에게 가져온 것이었다. 아버지는 테디에게 동물들이 생존하기 위해 어떻게 '죽은 척'하는지를 가르쳐 줄 수 있는 멋진 방법이라고 생각했다. 자신의 악의 없는 행동에 대한 아들의 반응에 놀란 아버지는 이 일로 아들이 오래전 잊고 있었던 사건을 떠올렸기 때문임을 알지 못했다.

테디의 5세 생일에 가족 주치의와 오랜 친구가 방문했다. 식구가 모두 주치의 주위에 모이자 의사는 테디가 8~9개월 때 병원에서 찍은 사진을 보여 주었다. 테디는 그 사진을 슬쩍 보더니 분노와 공포로 소리를 지르며 방을 이리저리 마구 뛰어다녔다. 아이의 이런 괴상한 반응을 보는 부모가 몇이나 될까?

생후 9개월에 테디는 온몸에 심한 두드러기가 생겼다. 아이를 지역병원에 데려갔고, 소아과 검사실 위에 움직이지 못하도록 묶었다. 전문의 팀이 검사 때문에 테디를 찌르고 쑤시는 동안, 테디는 진료실의 번쩍이는 불빛 아래서 공포에 질려 소리를 질렀다. 검사가 진행되는 며칠간 테디는 부모와 격리되어 혼자 있었다. 일주일 넘게 아이를 보지 못했던 엄마가 테디를 데리고 집으로 왔을 때, 테디는 엄마를 알아보지 못했다. 엄마는 테디가 엄마는 물론 다른 가족과도 잘 지내지 못할 것이라고 말했다. 이후 테디는 다른 아이들

과 함께하지 않고 혼자 있는 시간이 늘어났으며, 자기만의 세상에
서 살기 시작했다. 테디가 생후 9개월 때 경험한 병원 트라우마는
이후 기술과 관련된 다양한 사람과 기업가에게 우편물 폭탄을 보
내 유죄판결을 받은 '우나바머(Unabomber)'인 시어도어 카진스키[1]
의 성격 형성에 중요하고 결정적인 요소였다(논쟁의 여지가 있지만,
편지 폭탄테러는 유년기를 망가뜨려 자신을 비인간적으로 만든 압도적인
그 힘에 대한 복수인 것이다).

트라우마 근원으로서 병원 경험

적절한 도움이 없다면, 눈부시게 밝은 의료용 전구, 신체 제지,
수술 도구들, 마스크를 쓰고 알아들을 수 없는 말을 하는 의료진과
마취로 인해 몽롱해진 의식을 이해할 수 있는 내적 자원을 아이가
갖기 어렵다. 또한 전자 모니터링 장비의 으스스한 음색, 낯선 사람
들의 갑작스런 방문, 방 건너편의 고통스런 신음 소리를 들으며 회
복실에서 혼자서 깨어나는 상황을 아이는 이해하기 힘들다. 영유
아기의 아이들에게 이런 사건은 거대 외계인에게 납치되어 고문당

---

1) 시어도어 존 카진스키(1942~)는 미국의 수학자이자 테러리스트이다. 폴란드계 이민
   2세대 가정에서 태어나 하버드 대학교 수학과에서 학사, 미시간 대학교 대학원에서
   석사와 박사 학위를 취득하고 캘리포니아 대학교 수학과에서 2년 동안 조교수로 재
   직하다가 기술의 진보가 인간을 망치는 주범이라 인지하고 그에 맞서 싸우는 시도로
   17년간 사업가, 과학자 등 다양한 사람에게 16차례에 걸쳐 우편물 폭탄을 보내 3명을
   살해하고, 29명에게 부상을 입혔다. 우편물 폭탄테러 주요 타깃이 대학연구소와 공항
   이어서 우나바머(unabomber-university and airline bomber)라는 이름으로 알려져
   있다.-역자주

하는 것만큼 무섭고 충격적인 일이다. 기술의 비인간화에 대한 시어도어 카진스키의 이해하기 힘든 '저항운동'은 그가 영아기 때 겪은 충격적인 병원 경험을 알면 납득이 된다. 이 주도면밀하고 반사회적인 살인범은 기업 범죄자들을 표적으로 삼는 이데올로기에 몰두했으며, 자신의 판잣집에 많은 글을 남겼다. 하지만 편지 폭탄 피해자들은 비인간화라는 커다란 기계의 작은 톱니바퀴에 불과하다. 폭탄테러는 쓸모없고 무작위적인 가해행위이며, 무력한 분노의 표현일 뿐이었다. 로빈 카 모르스(Robin Karr-Morse), 메러디스 윌리(Meredith W. Wiley)가 쓴『간호에서의 유령: 폭력의 기원을 찾아서(Ghosts from the nursery: Tracing the roots of violence)』라는 책 전체에서 어린 시절의 중복된 트라우마와 반사회적 행동 간의 연관성에 대해 좀 더 알 수 있다.

불행히도 이 이야기는 유일한 사건이 아니다. 많은 부모가 입원과 수술 후 자녀의 관계 단절, 고립, 절망과 괴상한 행동을 본다. 이와 같은 '일상적' 의료 과정으로 인한 트라우마 반응이 장기적 행동 변화와 관계있다는 증거들이 있다. 그런데 이것이 가능한가? 대답은 '그렇다.'이다.

그렇다고 이 가설이 의료 절차로 트라우마를 반복 경험하면 아이가 미치게 되거나 연쇄살인범이 된다는 것을 암시하는가? 그렇지 않다. 트라우마를 경험한 아이 대부분이 미쳐서 범죄를 저지르지 않는다. 대신에 이런 사건들은 이후에 불안, 집중력 저하, 통증과 고통을 보이는 '내적 행동' 과정으로 내면화된다. 과거의 사건은 이후에 과잉 행동이나 공격 행동과 같은 '외적 행동'으로 나타날 수 있다. 미국 잡지인『리더스 다이제스트』에서 발췌한 '모든 것이 다

괜찮은 것은 아니다.'라는 제목의 로비의 '간단한' 무릎 수술에 대해 아버지가 적은 좀 더 일상적인 이야기를 살펴보자.

> 의사가 나에게 모든 것이 괜찮다고 말했다. 무릎은 좋아졌지만, 악몽을 꾸며 약에 취해 일어난 아이에게 모든 것이 다 괜찮지는 않았다. 아무에게도 상처를 주지 않던 착한 소년이 마취로 몽롱한 상태에서 깨어나 야생 동물의 눈으로 응시하며 간호사를 때리면서 "내가 살아 있나요?"라고 소리치더니 자신의 팔을 붙잡아 달라고 요구하는 이 아이는 내 눈을 똑바로 쳐다보면서도 내가 누구인지도 몰랐다.

비극적이게도 이런 이야기는 흔하며, 피할 수 있었던 심리적 흉터를 남긴다. 1944년에 데이비드 레비(David Levy) 박사는 병원에 있는 아이들이 '전쟁신경증' 군인들처럼 '악몽'을 경험한다는 광범위한 증거를 제시했다. 우리의 의료 시설은 60년이 지난 이제야 이 중요한 정보를 인식하고 인정하기 시작했다. 매년 수백만 명의 어린이에게 피해를 주는 불필요한 의료 트라우마의 흐름을 되돌리기 위해 우리는 무엇을 할 수 있는가?

다행히도 부모는 의료적 돌봄 체계가 바뀌길 기다릴 필요가 없다. 만약 무릎 수술로 좌절감에 빠진 소년의 아버지가 다음에 배울 것을 미리 알았다면, 압도적인 병원 경험으로 아이가 느꼈을 공포를 막을 수 있었을 것이다. 무신경하게 취급되는 치료 과정의 여파로 정신적 충격을 받은 아이는 악몽을 꾸거나, 지나치게 활동적이되거나, 두려워하거나, 엄마에게 달라붙거나, 위축되거나, 오줌싸

개가 되거나, 충동적이고 공격적이 되거나, (친구를) 난폭하게 괴롭힐 수 있다. 또 다른 경우에는 만성적 두통, 복통이나 우울증을 겪을 수 있다. 아이들의 정서적 안전에 대한 관심을 최소화하거나 아예 고려하지 않는다면 우리가 지불해야 할 대가는 엄청나다.

수술이나 다른 의료 과정에서 부모가 해야 할 일

모든 아이는 치료를 받는 동안 부모가 옆에 있어 주기를 원한다. 2000년 6월 『U.S 뉴스와 월드리포트』의 표지 기사에 따르면, 전문가들도 부모가 아이와 함께 있는 것에 동의한다고 하였다. 하지만 부모 참여의 장점에 대해 전문가들 사이에서 염려하는 점이 있다. 부모가 팀의 파트너가 되는 것을 의료진이 원치 않는 타당한 이유들이 있다. 감정적이고 요구가 많은 부모는 아이를 힘들게 하는 것에 대해서는 말하지 않고, 오히려 아이의 안전과 효율을 방해하기 때문이다.

앞서 인용된 잡지 기사에서 밴쿠버에 있는 브리티시 콜롬비아 아동병원에서 요추천자를 받으려는 아이와 끈기 있게 함께하며 고통에 대해 연구하는 심리학자인 레오라 쿠트너(Leora Kuttner)는 아이가 고통에 대한 두려움을 떨쳐 버리기 힘들다고 했다. 끔찍한 치료가 안 되려면 아이가 긴장을 푸는 것이 얼마나 중요한지를 알기에 그녀는 두려움을 줄이려는 시도를 계속했다. 매번의 시도가 실패한 후 그녀는 주위를 둘러보고서야 등 뒤에서 일어나고 있는 이차적인 문제를 발견하게 되었다. 쿠트너는 "내 등 뒤에서 엄마는 흐느끼면서 치료를 방해하며 '사랑하는 내 아이에게 지금 뭘 하는 거예요?'라는 메시지를 보낸다. 엄마의 두려움은 오히려 치료에 방해가 되고, 우리가 아이에게 줄 수 있는 도움조차 약화시킨다."고 보고하였다.

부모가 눈에 띄게 불안해하지만 않는다면, 부모의 참여는 도움이 된다! 치료 과정 동안 때로 주의를 분산시키기도 하지만, 부모는 아이를 안심시키고 위로해야 한다. 부모가 울음을 터뜨릴 것 같은 기분이면, 아이에게 두려움과 눈물을 심어 줄 수 있다. 우리가 살펴본 것처럼, 다친 직후와 치료가 시작되기 전에 아이가 우는 것은 두려움과 쇼크를 방출할 수 있도록 해 주지만, 치료 중에 우는 것은 도움이 되지 않는다!

부모가 진료실에 함께한다는 생각은 의료진에게는 낯설고 전형적인 의대 수련에 상반되는 상황이며, 얼핏 보기에는 역효과로 보일 수 있다. 자녀와 얼마나 오래 함께할 것인가는 부모가 도움이 되는 존재로 침착하게 있을 수만 있다면, 의료진은 부모에게 오랫동안 머무르게 할 것이다. 따라서 치료를 방해하지 않도록 훈련받는 것이 중요하다! 아이의 정서적 안녕을 위해 의료 과정에서 부모가 한 팀으로 일하는 것을 허용하는 진료소나 병원을 선택한다면, 그 이익은 막대하다. 덧붙여 회복 시간의 단축과 환자의 만족도를 통계로 나타내면, 의료 시설의 명성은 높아질 것이다. 입원 기간 단축과 신속한 회복은 의료 비용과 보험 회사 비용을 절감한다. 이는 관련된 기관 모두에게 이익이 되는 상황이다.

수술이나 다른 의료적 개입으로 아이들이 정신적 충격을 받기 쉽기 때문에 다음의 아이디어가 채택되면 파괴적인 상황을 개선할 수 있다는 희망으로 부모를 위한 구체적인 권고사항이 요약되어 있다. 아이들은 특히 다음의 세 가지 의료 과정이 가장 두렵다. ① 검사대 위에 묶이는 것(이미 놀란 상태에서는 더욱), ② 무슨 일이 있을지 예상치 못한 상태에서 마취되는 것, ③ 마스크를 한 무시무시한 낯선 사람들이 있는 회복실에서 혼자 깨어나는 것이다. 세심한 기초 작업으로 아이가 보다 편안하도록 도울 수 있다. 이러한 '준비' 단계는 아이가 공황 상태가 되는 위험을 크게 낮출 수 있다.

다음에 정리된 활동은 부모가 먼저 대처할 수 있도록 지지해 준다. 그것은 의료적 트라우마 예방과 '맞아떨어진다.' 일단 아이에게 무엇이 가장 최선의 도움인지를 알게 되면 담당 의사나 간호사에게 부모가 아는 바를 말해 줄 수 있다. 권고사항은 부모나 의사가 의료 절차나 수술 전, 수술 중, 수술 후에 미리 준비할 수 있게 해 준다.

수술 전

1. 아이들의 요구에 민감한 의사와 병원을 선택하라. 의사와 의료 시설이 모두 똑같지는 않다! 시간을 갖고 '여러 병원'을 다녀 보라. 아이가 신경질 내고 저항할 때에도 아이에게 친절하고, 재미있고, 아이의 기분을 전환시킬 수 있고, 솔직하게 '아이를 대하는' 의사를 찾아보라! 부모는 소아과 의사의 말과 행동이 아이의 걱정을 덜어 줄지, 아니면 더할지 알 수 있다.

아이를 돕는 사회복지사가 있는 병원을 찾으라. 무슨 일이 일어날지 예상하고 아이와 함께 이야기 만들기와 역할 놀이 프로그램이 준비된 병원도 있다. 이런 프로그램을 통해 어린 아이들은 역할 놀이방에서 외과의나 마취의를 만나게 된다. 이러한 세부적 프로그램들에 대해 의사들은 잘 알지 못하므로 직접 조사해서 환자의 말을 경청하는 환자 중심적 접근을 채택하는 환자 친화적인 의료팀을 찾으라. 기억하라. 소비자는 당신이다!

　2. 아이에게 무슨 일이 일어날지 대비하라. 불필요한 세부사항은 생략하고 아이에게 진실을 말해 주라. 무슨 일이 일어날지 알면 아이들은 좀 더 잘 해낸다. 치료 과정에서 놀라는 것을 아이들은 좋아하지 않는다. 만약 부모가 아이에게 안 아플 것이라고 말했는데, 실제로 아프면 아이의 신뢰를 저버린 것이다. 부모에게 의지할 수 없을 때 아이의 두려움은 최악의 상태가 된다. 수술을 받아야 하는 어린이와 십 대들은 개별적이고 단계적으로 자신에게 맞춰 주는 의료진이 있는 병원에서 눈에 띄게 덜 무서워하는 것을 볼 수 있다.

　3. 외과의와 마취의가 수술복과 마스크를 입기 전에 **평상복**을 입고 아이와 만날 수 있도록 의료진들과 부모는 시간을 잡으라. 아이들에게 의사를 우주에서 온 괴물이 아니라 자신을 도와줄 사람이라고 알게 하는 것은 매우 중요하다! 어린 아이들이 의사 가운을 입어 볼 수도 있다. 만약 그게 가능하지 않다면, 일회용 수술 마스크를 아이가 써 보거나 인형이나 동물 인형에게 써 보게 할 수도 있다.

　4. 만약 병원에 아이들을 위해 준비된 프로그램이 없다면, 아니 있다고 해도 아이들은 가운을 입고 '병원 놀이'를 할 수 있다. 아이들이 인형이나 동물 인형에게 의사 가운을 입히고 '수술 놀이'를 함으로 모든 의료 과정을 미리 집에서 해 볼 수 있다. 여기에는 들것

에 타기, 주사 맞기와 마취 준비 등이 포함된다. 리허설로 옷을 입어 보라. 대부분의 장난감 가게에는 장난감 청진기와 '주사'가 든 아동용 '병원 장난감'과 의사 피규어가 있다.

5. 마취 상태로 들어갔다가 나오는 것을 연습하며 **정서적으로나 물리적으로** 마취에 대해 아이를 준비시킨다. 우선, 아이와 비슷한 경험의 이야기를 만듦으로써 아이를 정서적으로 준비시킬 수 있다. 예를 들어, 다음과 같은 이야기이다.

잠꾸러기 곰이 환자복을 입자 간호사 곰인 낸시는 잠꾸러기 곰의 얼굴에 마스크를 씌우고는 수술을 위해 **아주 빨리** 잠들 수 있도록 정맥에 '마취 주사'를 놓거나 혼합 물약, 알약을 준다. 그래서 그 곰은 아무것도 느끼지 못한다. 곰이 일어났을 때, 너무 낯선 기분이 든다. 평소 아침에 눈을 떴을 때와는 완전히 다른 느낌이다. 영원히 깨어나지 않을 것만 같은 느낌이 든다. 아주 아주 천천히 곰은 몽롱한 상태에서 벗어난다. 그 후 곰은 아빠나 엄마, 간호사 곰 낸시를 찾더니 그제야 먹을 것이 있는지 살펴본다! 아이가 어떻게 마취되는지 명확히 알려면 부모는 마취의에게 그 과정을 확인해야 한다. 아이가 깨어났을 때 부모가 회복실에 있을 수 있는지 합의사항을 확인해야 한다. 만약 부모가 회복실에 있을 수 없다면, 아이가 마취에서 깰 때 회복실에 누가 있는지 알아야 한다.

좀 더 나이 든 아이에게는 해리포터와 같은 소설의 인기 있는 캐릭터를 이용할 수 있다. 슬라이더에게 받은 엄청난 타격에서 빨리 회복하기 위해서는 해리를 잠들게 할 수 있는 '마법 비율주사'를 맞아야 한다. 아니면 잠자는 공주와 같은 이야기 속 주인공을 이용할 수 있다. 무엇을 이용하든 아이와 관계있으면서도 상상 속에서 즐거움을 주는 캐릭터라야 한다.

둘째, 아이가 신체적으로 느낄 수 있는 것을 대비하도록 돕는다. 주사는 1, 2초간 따끔하다고 설명하라. 미리 마취크림을 사용할지를 물어볼 수 있다. 만약 사용한다면, 아이에게 통증을 줄이기 위해 마취크림을 쓰는데 어디에 어떻게 쓰는지 보여 줄 수 있다. 특히 아이에게 물약이나 알약을 먹고 나면 몸이 붕 뜨거나 빙빙 도는 것처럼 느껴진다고 미리 알려 주는 것이 중요하다. 아이에게 천천히 숨을 들이쉬고 내쉬면서 5부터 거꾸로 세도록 해서 몸이 가라앉고 깊이 이완되는 느낌을 경험하도록 도울 수 있다. 풍선처럼 폐가 공기로 꽉 차는 것을 상상하며 배가 불룩해지도록 코로 천천히 숨을 들이마시라고 말하라. 입으로 숨을 한 모금씩 내쉬게 하라. 아이가 편안해지면, 구름 위에 붕 떠 있거나 깃털처럼 가벼워졌다고 상상해 보라고 한다. 또는 아이에게 요술 카펫을 타고 천천히 하늘을 날고 있는 것을 상상해 보라고 한다. 만약 아이가 물을 좋아한다면, 수영장의 매트리스 튜브 위에 있거나 바다 위 뗏목 위에 있다고 상상해 보라고 한다.

아이에게 마취 상태의 신체 감각을 미리 준비시키기 위해 어지럼에 익숙하게 하는 것은 또 다른 중요한 준비다. 이것은 아이를 두어 번 천천히 부드럽게 회전시키는 것으로 가능하다. 피냐타[2] 놀이나 '당나귀 게임에서 꼬리잡기'와 비슷하다. 그런 뒤 유발되는 다른 감각들을 알아차리면서 휴식을 취하게 하라. 만약 회전의자가 있다면, 아이가 어지러운 느낌을 참아낼 수 있는지 천천히 의자를 돌

---

2) 아이들이 파티 때 눈을 가리고 막대기로 쳐서 넘어뜨리는, 장난감과 사탕이 가득 든 통

려 보면 알 수 있다. 만약 아이가 어지러움으로 힘들어하면 진정될 시간을 주라. 다음엔 아이에게 새로운 감각에 대한 내성이 생기도록 더 천천히 반만 돌리도록 한다.

백화점에서 재미난 회전 장난감을 살 수 있다. Spin Around와 Sit N Spin은 회전 장난감으로, 꼭대기 의자에 아이가 앉아 혼자서 돌 수 있는 장난감이다. 이러한 장난감은 아이가 익숙해질 때까지 자신의 페이스대로 속도와 횟수를 통제할 수 있다는 장점이 있다. 부모는 아이가 그 장난감을 과하게 사용하거나 즐거운 놀이로만 쓰지 않도록 조심해야 한다. 여기서의 생각은 아이가 병원에서 겪게 될 경험에 감각이 익숙해져서 예상하지 못한 일로 갑자기 놀라지 않도록 돕는 것이다.

6. 국소마취가 확실히 더 유용하다! 의식을 잃게 되는 전신마취와 달리 절개를 따라 국소마취를 할 때 수술 상처의 회복이 훨씬 빠르며, 합병증이 적다는 것이 여러 연구에서 밝혀졌다. 안타깝게도 비교적 쉬운 국소마취는 흔하지 않고, 국소마취의 이점이 없는 전신마취는 간단한 수술에서도 더 흔하게 시행되고 있다. 만약 특정한 치료 과정 때문에 전신마취를 해야 한다고 해도, 아이에게 국소마취는 여전히 중요하다. 의사와 부모들은 의료시설이 이러한 방침을 채택하도록 지지할 수 있다. 반드시 수술 전에 시행되는 마취 유형과 방법을 논의하라. 물론 아이가 겁에 질리지 않게 할 수만 있다면 국소마취제를 사용하는 것이 최선이다.

우리 교육 프로그램의 졸업생 중 한 명이 캘리포니아-샌프란시스코 메디컬 센터에서 소규모 예비 연구를 수행했다. 소아과 류머티스 외래환자는 치료 과정에 대한 두려움 때문에 마취로 종종 '의식을 잃기도 하는' 극도로 괴로운 시술을 받아야 한다. 지금 설명한 것과 같은 방법을 사용하여 연구자는 많은 사례에서 전신마취를 하지 않고, 야단법석떨지 않고도 치료를 받는 아이들의 능력이 놀랄 만큼 향상되는 것을 보았다(UCSFMC의 연구와 관련된 보다 자세한 것은 제8장을 보라).

수술 당일

1. 부모와 의료진은 수술 전후에 얼마나 오랫동안 부모가 아이 곁에 머물 수 있는지를 확인할 필요가 있다. 수술 전, 약을 복용할 때에도 침착한 부모가 옆에 있으면 아이들은 더 잘 해낸다. 자녀가 마취로 '의식이 희미해질' 때까지 부모가 옆에 있을 수 있다면, 그것이 가장 좋다.

2. 아이를 검사대 위에 묶어서도 안 되고, 공포 상태에서 마취해서도 안 된다. 이것은 아이의 정신과 신경계에 깊이 각인된다. 아이가 진정될 때까지 달래 줘야 한다. 부모가 아이를 안고 있어도 되는지 의사에게 물어보라. 만약 아이를 묶어야 한다면, 이에 대해 아이에게 설명하고 그것이 진행될 수 있을 만큼 아이를 달래고 지지해 줘야 한다. 트라우마에 대한 처방법(recipe)에서는 움직일 수 없는 상태에 두려움이 동반되면 아이는 끔찍한 쇼크 상태에 놓인다는 것이다!

3. 의료진과 부모는 수술 후 회복실에서 아이가 깰 때 부모가 옆에 있는 것이 이상적임을 안다. '회복실'에서 절대로 아이 혼자 깨어나지 않도록 해야 한다. 아이를 달래 줄 친밀한 어른이 없으면, 많

은 아이는 방향감각을 잃고 극심한 공포 상태에서 깨어 난다. 정신 상태의 변화가 너무 커서 아이들은 자신이 죽었거나 뭔가 끔찍한 일이 있었다고 생각할 수 있다. 아이가 깨어날 때 옆에서 가이드해 줄 사람을 부모와 의료진이 함께 결정하는 것이 중요하다. 어떤 사람이 있을 것인지 미리 자녀에게 알려 줘야 한다. 부모가 있을 수 없다면, 아이가 깨어날 때 아이를 달래 줄 간호사나 이전에 만났던 사람이 옆에 있도록 강하게 요구하라. 수술 후 회복실에서 혼자 깨어나는 것은 어른에게도 무서운 일이다.

회복실에서 아이 옆에 있을 사람이 누구든지 여기가 어딘지와 수술이 끝났음을 아이가 알 수 있도록 부드럽게 아이를 재정향(reorientation) 해 주는 시간이 필요하다. 만약 아이가 멍하다든지 기괴한 느낌, 비틀린 느낌이 든다고 말하면, 그러한 느낌은 수술 후에 정상적인 것이며 오래 가지 않는다고 안심시켜 주어야 한다. 아이의 팔뚝을 부드럽지만 단단히 잡으며 신체 접촉하는 것은 신체적 경계에 대한 감각을 다시 일깨워 줘서 도움이 된다.

수술 후

1. 휴식은 회복 속도를 높인다. 아이의 모든 에너지는 신체적 치유로 향한다. 이러한 에너지 보존은 중요하지만 아이가 이것을 이해하기 어려울 수 있다. 만약 아이가 놀고 싶어 하면, 휴식을 하도록 격려하면서 함께할 수 있는 조용한 놀이가 필요하다.

2. 아이에게 통증이 있으면, 통증에 대해 묘사하게 하고 몸의 어느 부분이 통증이 적거나 없는지를 찾도록 한다. 아이 옆에 있으면

서 아픈 부분과 아프지 않은 부분을 알아차리도록 격려한다. 이것
이 통증을 경감시킬 수 있다. 또한 부모는 아이에게 콧노래를 부르
게 하거나, 손뼉을 치거나, 아픈 부분을 지나가며 몸을 두드림으로
써 아이의 주의를 돌리게 할 수 있다. 통증이 들어간 여러 색깔의
풍선을 하늘 위로 떠올려 보내는 것을 상상해 보는 것도 유용하다.

응급 상황이 발생했을 때

1. 위기 상황이 지나고 아이와 함께 구급차를 타고 갈 때, 시간을
갖고 자신의 반응을 관찰하고 평가하라. 아이를 도울 방법이 있음
을 기억하라. 시간을 갖고 떨리는 것을 가라앉히고, 호흡이 돌아올
때까지 기다리라. 상대적으로 침착해지는 것이 부모의 첫 번째 과
제이다.

2. 모든 것이 괜찮아질 것이라고 아이를 안심시키고, 아이에게
의사는 어떻게 하면 낫는지와 출혈을 멈추고, 부러진 팔을 고치고,
고통을 멈추는지를 알고 있다고 말해 줘라.

3. 치료 과정 전에 아이의 주의를 딴 곳으로 돌리는 것도 도움이
된다. 아이가 좋아하는 이야기를 바꾸어서 들려 주거나, 좋아하는
장난감을 갖고 온다거나, 건강해지면 아이가 좋아하는 장소인 공
원에 놀러 가는 계획을 세우는 등의 이야기를 나누는 것이다. 만약
아이가 고통스러워 하면 손뼉을 치게 하거나, 노래를 부르거나, 몸
을 두드림으로써 고통을 줄일 수 있다. 아니면 몸에서 덜 아픈 곳이
나 괜찮은 곳이 어디인지 이야기해 보게 하고, 그 부분에 집중하도

록 지도하라. 울어도 괜찮다는 것을 아이가 알게 하라.

4. 아이가 이해할 만큼 나이가 들었다면 병원이나 진료실에서 무슨 일이 일어날 것인지 이야기해 줘라. 예를 들면 다음과 같다. "피가 멈추도록 의사가 상처를 꿰맬 거야." "간호사가 안 아프도록 약이나 주사를 줄 거야. 그러면 기분이 좋아질 거야."

응급실에 대한 조언

병원의 어떤 곳보다 응급실에 대한 무시무시한 이야기가 많다. 응급실은 그 특성상 정신이 없다. 사람들은 병원 절차 자체는 잘 진행되고 있지만 응급실 이미지는 너무 무섭고 잊을 수 없다고 말한다. 몇몇 병원에서는 대기실과 치료실에서 크게 다친 어른들을 보는 것이 아이들에게 해롭다고 인식했다. 응급 상황이 생기기 전에 가족이 지역병원을 방문해 보길 권고한다. 도시에는 지역병원이 여러 군데 있다. 아이들에 대한 돌봄과 심리적 배려가 병원에 따라 다양한 것을 보고 놀랄 것이다. 이 책에 대한 연구를 하느라 도시에 20분 이내에 위치한 지역병원 세 군데를 방문하였다. 한 곳은 너무나 혼란스러웠는데, 가정폭력과 총기 사고로 인한 상처 때문에 많은 어른이 치료를 받고 있었다. 다른 한 곳은 평범했는데, 쾌적한 대기실과 대기 환자들의 줄이 긴 전형적인 병원이었다. 세 번째 병원은 참신하게도 아이들의 몸을 치유하는 것만큼이나 마음을 돌보는 것에 관심을 쏟고 있었다.

어른들로부터 아이를 보호하기 위해 대기실과 치료실이 분리되어 있었다. 어린이 대기실에는 색색의 어린이용 벽화, 대형 어항이 있고, 성인 환자는 없었다. 성인 치료실 병동과 달리, 어린이 치료실은 부상을 입은 다른 어린이들뿐만 아니라 무서운 치료 장면이나 소리에 노출되지 않도록 개별 방이 마련되어 있었다. 이것은 의료진이 경제적 이유보다는 불필요한 고통으로부터 아이들을 보호하는 것이 중요하다고 인식했기 때문이다. 지역에서 무엇이 가능한지를 안다면, 20분이 생사를 가르지 않는 한 아이를 어느 병원으로 데려가겠는가? 아이가 구급차로 이송되는 상황이 아니라면, 다른 병원으로 가는 운전 시간보다 병원 대기실에서의 시간이 더 길 것이다.

선택적 수술

불필요한 수술은 다른 책의 주제가 될 수 있다. 편도선 절제술이나 '시력 교정 수술'과 같이 한때는 '일상적인 것'으로 여겨졌던 많은 수술에 의문이 제기되고 있다. 수술이 정말로 필요한 것인지 평가하기 위해서 두 번, 세 번 의견을 구하라. 심도있게 다루지 않더라도, 건강상의 이점 때문에 일상적으로 행해지는 두 가지 의료절차가 있다. 그것은 포경수술과 제왕절개 수술이다. 부모는 수술을 옹호하는 쪽과 반대하는 쪽, 양쪽 편의 전문가들과 이야기 나누며 글도 최대한 많이 읽어 보고, 수술로 인한 장단점을 따져 보라[만약 부모가 한 명이나 더 많은 자녀를 낳을 계획이라면, 부모는 『한 아이의 눈에 비친 트라우마: 치유의 기적을 일깨우기(Trauma through a child's eyes: Awakening the ordinary miracle of healing)』라는 책에서 제왕절개 수술, 포경수술, 건강한 출산 전 관리와 출산 연습, 유아 발달에 대해 읽을 수 있다].

아이의 통증 완화에 관심을 기울이기

앞에서 말한 바와 같이, 의사들과 의료진들이 똑같지 않다는 점을 기억하라. 많은 소아과 의사는 생명을 살리는 것과 치료 과정의 정확성에 집중한다. 그래서 자신이 치료하고 있는 작은 생명의 취약성을 간과하기 쉽다. 아이가 겪는 공포와 통증에 대해 민감한 보살핌이 결여된 채 '빨리' 회복하기만 하면 된다는 태도가 만연해선 안 된다. 이러한 태도는 보편적이지만 잘못된 두 가지 생각에서 비롯된다. 한 가지는 영유아는 고통을 느끼지 못하거나 느끼더라도 기억하지 못한다는 것이다. 또 다른 잘못된 생각은 영유아는 고통을 느끼더라도 장기적으로 영향을 받지 않는다는 것이다! 이 의견에 반대하는 사람들을 위해 제프라는 소년이 경험한 수술의 장기적 영향을 살펴보자.

제프의 이야기

제프는 청소년기에 소형 트럭과 자동차에 치여 죽은 동물들을 모았다. 제프는 죽은 동물들을 집으로 가져와서 배를 갈라 창자를 없앴다. 제프는 4세 때 탈장 수술로 병원에 입원한 경험이 있다. 마취 마스크를 얼굴에 씌우려고 할 때, 겁에 질린 제프가 너무 심하게 저항해서 의사들은 제프를 수술대에 묶어야 했다. 수술 후에 제프는 '머리가 이상해진 것처럼' 보였다. 제프는 가족과 친구들을 멀리하며 어색해하고 우울해지기 시작했다. 앞의 테디 이야기를 기억하는가? 병원에서의 트라우마가 '연쇄 우편물 폭탄 테러범'으로 알려진 시어도어 카진스키의 성격 형성에 결정적인 요인이었던 것처럼, 무시무시한 탈장 수술은 희생자들을 고문하고, 강간하고, 잡아먹은 연쇄살인범 제프리 다머[3]의 성격 형성에 큰 영향을 미쳤을 것이다.

이 두 소년의 부모는 아들의 행동을 이해하는 데 많은 시간을 보냈다. 부모는 입원과 수술 후에 아들이 혼란스러워 하고, 고립되고, 절망하며, 기이한 행동을 하는 것을 목격했다. 증거들은 이러한 기괴한 행동 변화가 '일반적인' 치료 과정에 대한 트라우마 반응과 관련될 가능성이 있음을 나타낸다.

다행히도 점점 더 많은 의사와 간호사, 의료 센터가 연령 스펙트럼의 양쪽 끝인 아주 어린 환자와 나이 많은 환자들을 위한 통증 완화의 중요성을 받아들이고 있다. 노인들을 위한 통증 완화 치료는 몇몇 사람에 의해 이루어지고 있다. 아이를 의도적으로 학대하는 소아과 의사는 거의 없었지만, 아이의 통증에 대한 의사들의 태도 변화는 겨우 10여 년 전쯤에야 '나타나기' 시작했다! 의사들은 신경계가 미성숙하기 때문에 신생아들은 통증을 느끼지 못한다고 믿었다. 또한 보편적으로 어린 아이들은 통증을 기억하지 못한다고 생각했다. 그 결과, 18개월 된 아기들은 마취 없이 외과 수술을 받는 치료 과정을 겪었으며, 이러한 관행은 1980년대 중반까지 계속되

---

3) 제프리 라이오넬 다머(Jeffrey Lionel Dahmer, 1960~1994)는 미국의 연쇄 살인범이다. '밀워키의 식인마'라는 별명이 있다. 1978년부터 1991년에 걸쳐 주로 밀워키주와 위스콘신주에서 십 대를 포함한 17명을 살해하고 그 후에 시간, 사체를 절단하고 인육을 먹기도 하였다. 이 잔학행위는 1990년대 미국을 뒤흔들었다.

었다. 또한 의사들은 마취제가 호흡기 질환과 중독을 일으킬까 봐 아이들에게 마취제 사용을 주저했다. 고통스러운 치료에 대한 트라우마 때문에 약물 중독이 생길 가능성이 더 높다는 것을 의사들은 이해하지 못했다.

민감한 부모들과 전문가들이 추측해 왔던 것이 발전하는 현대과학의 발견으로 신뢰를 얻고 있다. 2000년에 발표된 『U.S. 뉴스 & 월드리포트』에서 다음과 같이 명시하였다.

> 아기들의 신경계는 통증을 느낄 수 있을 만큼 성숙되었지만, 통증을 줄여 줄 신경전달물질을 생산하는 능력은 미성숙하여 성숙과 미성숙의 두 영역에서 최악의 상황을 경험하게 된다. 그리고 아기들이 실제 통증을 겪었던 경험은 기억하지 못한다고 해도, 통증은 생물학적인 수준에서 영구적으로 기록되는 것 같다. 예를 들어, 1998년 소아 청소년 의학 기록(Archives of Pediatrics & Adolescent Medicine)의 연구에 따르면, 진통제 없이 고통스러운 골수 흡인 치료를 받았던 아이들은 이후 시술을 받을 때 진통제를 복용하여도 다른 아이들보다 더 큰 통증을 느꼈다. 보스턴 어린이 병원에서 통증 치료 서비스를 총괄하는 소아 마취과 의사인 찰스 베르드(Charles Berde)는 이렇게 말했다. "일찍 통증을 다루지 않으면 나중에는 통증이 극심해진다."

즉, 생애 초기의 '고통 경험'은 신경계에 깊은 트라우마적 각인을 남기며, 이후 치료 중에 다시 활성화된다. 트라우마의 생물학적 특성에 대한 이 책의 첫 부분을 읽고 나면, 아이들은 싸우거나 도망칠

수 없기 때문에 너무나 쉽게 정서적으로 압도당할 수 있음을 잘 알
게 될 것이다. 치료 과정과 수술 과정은 그 속성상 모든 연령대의
사람들에게 있어서 트라우마를 일으킬 가능성이 높다. 왜냐하면
우리가 처음 겪는 통증으로 고통받고 있을 때, 병실이나 수술실에
서 처음 보는 낯선 사람이 강제로 우리의 몸을 제지하는 경험은 우
리에게 매우 큰 무력감을 초래하기 때문이다. 우리가 다치거나 상
처를 입을 때에도 꼼짝하지 못하고 가만히 있어야 하는 경험은 바
로 움직일 수 없다는 공포의 전형이 된다! 그때 트라우마에 대한 처
방이 필요하다! 불필요한 정신적 충격을 최소화하기 위해 부모가
할 수 있는 간단한 단계를 검토해 보자.

아이의 통증을 덜어 주는 부모의 간단한 조치들

• 수술 절개선을 따라 국소마취를 요구하라. 어떤 병원은 삽입하는 위치를
  국소마취하기 위해 마취 스프레이를 사용하기도 한다. 아이의 고통을 덜
  어 주기 위해 어떻게 할 것인지 의사에게 물어보고, 국부적인 마취를 요구
  하라.
• 의사와 간호사 역할을 위해 아픈 '강아지' '아기' '곰'을 낫게 하는 놀이용
  소품으로 동물 인형과 사람 인형을 이용토록 하라. 통증으로부터 아이의
  주의를 돌릴 수 있는 좋은 방법이다. 이것은 아이들에게는 일어날 일에 대
  해 역할 놀이를 해 볼 수 있는 기회가 되고, 어른들에게는 아이를 충분히
  안심시키면서 아이가 걱정하는 정도를 평가할 수 있는 기회가 된다.
• 나이 든 아이에게는 이완법을 가르칠 수 있다. 서점의 교사용 물품 매장의
  건강 코너에 있는 오디오 카세트에는 머리부터 발끝까지 긴장을 줄여 주

는 가이드가 담겨 있다. '그래그와 스티브와 함께하는 고요한 순간(명상의 시간)'과 같은 영상을 활용한다. 다른 경우에 한쪽 면에는 음악에 역치하의 메시지를 녹음하고, 다른 한쪽 면에는 웰빙 메시지를 녹음한 테이프나 CD 를 수술 중에 활용한다. 아이들에게 호흡과 함께 전신의 근육을 체계적으로 긴장하고 이완하도록 돕는 사람들도 있다.

- 마법의 카펫을 타거나 통증 주머니 버리기처럼 마음속에 떠올리는 상상 게임 여행에 아이를 참여시키라. 이것의 효과는 놀랄 만하다. 아이가 유쾌한 이미지에 집중할 수 있도록 계속해서 심상에 세부사항을 추가하라.
- 거품을 불거나 '쿠시' 볼 쥐어짜기 같은 놀이는 아이의 주의를 전환시켜 통증을 완화할 수 있다.
- 바이오피드백은 일부 의료 센터에서 제공된다. 피부가 따뜻해지거나 차가워질 때, 색깔이 바뀌는 온도에 민감한 '스티커'를 구입하여 이완이 깊어질 때 간단히 강화를 주면 다른 장비가 필요하지 않다.

십 대들을 격려하기

십 대들을 위한 멋진 발견은 스타브라이트 재단이 제작한 비디오 시리즈로, 병원 경험에서 무엇을 기대할 것인지와 병원 경험을 잘할 수 있도록 준비하게 한다. 이 회사는 화상 입은 십 대나 낭포성 섬유증, 장기 이식이 필요한 경우나 암에 걸린 아이들이 장기간 동안의 입원 치료 후에 일상으로 복귀하는 고통스러운 과정, 즉 사회적·학문적 삶의 시도와 시련으로 재진입하는 과정에 대한 비디오를 제작했다. 이 솔직하고, 멋지고, 고양되고, 힘을 주는 시리즈는 '태도 비디오'라고 불리며, www.starbright.org에서 찾을 수 있다. 〈나는 누구, 약자인가?(What am I, chopped liver?)〉(Starbright, 1998)에서 무례한 병원 생활에 노출되어 자신의 권리를 내세우며 의사와의 의사소통을 배운 십 대들이 표현한 것은 자신이 '너무 무력하다.'는 것이다. 다음은 십 대들의 권리에 도움이 되는 개요로 다음의 권리들을 포함한다.

- 의사에게 직접 이야기를 들을 권리
- 개인적으로 의사와 이야기할 권리(물론, 이것은 '부모 없이'라는 뜻이다)
- '듣기 좋게 포장하지 않고' 진실을 이야기할 권리
- 듣고 싶은 것과 듣고 싶지 않은 것을 결정할 권리
- (치료) 대상이 아니라 사람으로 대접받을 권리
- 자신의 마음을 이야기할 권리
- 의료적 · 사회적 · 신체적 영역 모두에서 어떤 질문이든 물어볼 권리
- 환자가 옳다고 생각하지 않는 일을 하고 있는지 의사에게 물어볼 권리
- 어떻게 될 것인지 치료 과정에 대한 정보를 들을 권리
- 약의 부작용에 대해 묻고 대답을 들을 권리(예를 들어, 약으로 환자의 외모나 운동 능력이 변할 경우)
- 만약 너무 수줍다면, 의사에게 편지를 쓰거나 부모님이 대신 질문할 권리
- 고통스러우면 다른 사람에게 말할 권리
- 두려움, 희망 등의 다양한 감정을 나눌 권리(감정을 안으로 억누르지 말 것)
- 한 명의 사람으로 의사를 이해할 수 있도록 의사의 필요와 성격을 이야기 나눌 권리
- 의사를 바꿀 권리

한 가지 공통된 불평은 의사가 종종 십 대를 물건이나 '사례'로만 취급하고, 부모들에게만 말하면서 십 대가 방에 없는 것처럼 정작 환자에게는 의사가 자신을 소개하지 않는다는 것이다. 영상의 한 소녀는 부모를 지나쳐 와서 자신에게 먼저 악수를 하고는 "좋아, 내가 너를 치료할 의사야."라고 말해 준 두 번째 의사에게서 얼마나 큰 신뢰를 느꼈는지를 말했다.

〈플라스틱 달걀 같이 부서지기 쉬운 병원 생활(Plastic eggs or something? cracking hospital lise)〉(Starbright, 1998)에서 십 대들은 눈부신 불빛, 병원 복장, 음식과 같이 그다지 흥미롭지 않은 냉정한 현실에서 다른 십 대들이 느낀 바를 보고 듣게 된다. 한 십 대는 병원 생활을 전쟁터와 감옥의 교차점 같다고 묘사했다. 긴 병원 복도를 지나며 십 대는 무슨 일이 일어날지를 예상하고, 이 피할 수 없는 잔인한 펀치의 충격을 어떻게 줄여야 할지를 준비한다. 청소년들에게 가장 도움이 되는 조언은 무엇인가? 좋아하는 음악을 많이 담은 CD 플레이어(iPad)와 헤드폰을 꼭 가지고 오라. 오래 있을 거면 시트, 베개, 옷을 가져오라. 의사에게 할 질문을 적기 위해 메모장을 가지고 있으라. 그리고 "너 자신을 다른 사람이 시키는 것만 따르는 사람(receiver)이라고 생각하지 마라. 이것은 네 삶이고, 네 삶 전체의 일부분일 뿐이야."

학교 내 따돌림과 학교 총기 사고에 대한 조언

우리가 아침 신문이나 뉴스에서 다른 학교의 끔찍한 총기 사고를 들은 지 겨우 몇 달이 지난 것 같다. 당황스럽고, 두렵고, 화가 나면서 우리 아이의 학교에도 이런 일이 일어나지나 않을까 염려한다. 한편으로 괴롭힘 피해자가 미쳐서 자신과 함께 다른 무고한 생명을 앗아갈까 걱정하기도 한다. 다행히도 아이의 학교에서 총기 사고가 일어날 통계적 확률은 희박하지만, 전 세계 어느 학교에서나 거의 매일 일어나는 일은 아이들이 괴롭힘을 당하고 있다는 것이다.

사실 괴롭힘이 흔하다고 해서 우리가 그것을 일상적인 것이라고 가정하게 되면 잘못된 판단을 하게 된다. 어린이들 사이에서, 특히 남자아이들에게서 어느 정도의 공격성은 일반적이지만, 괴롭힘은 그렇지 않다. 비록 옆에서 일어나는 괴롭힘을 바꾸기는 쉽지 않겠지만, 아이에게 트라우마가 되는 것을 막을 뿐만 아니라 '괴롭힘을 예방'할 수 있다. 우리가 말하는 '괴롭힘 방지'란 아이가 가해자나 피해자 또는 둘 다 되는 것을 막는 것을 말한다.

우리는 왜 학교에서 총기 난사 사건이 일어나는지 잘 모르지만, 몇 가지 사실은 알고 있다. 폭력 가해자와 총기 난사자의 프로필이 매우 다양하지만, **공통적인 것은** 그들이 불안, 우울 및 또래들의 사회적 활동에서 소외되어 고통받았다는 것이다. 또래 아이들에게 따돌림과 놀림, 괴롭힘을 당했던 사람들이 많았다. 또한 해결되지 않은 트라우마 증상이 불안, 우울, 위축이라는 것도 안다.

알려진 바로는 집에서 무력감을 느끼는 아이들이 남동생이나 여동생, 이웃 아이들에게 분노를 풀거나 학교 운동장에서 분노를 풀 출구를 찾는다는 것이다. 도미노처럼, 상사가 직원에게 분노를 표출하면 스트레스를 받은 가장인 직원은 나이 든 자녀에게 이런 불만을 풀고, 나이 든 자녀는 동생에게 불만을 풀고, 그 동생은 집의 애완동물에게 불만을 푸는 것처럼 '괴롭히는 부모'는 자녀를 괴롭힘 가해자로 만들게 된다. 학교 폭력 가해자들은 종종 학대나 신체적 체벌의 희생자였다. 체벌이 없었더라도, 아이의 늘어가는 발달적 욕구를 제압하는 권위주의적 '규칙'은 다른 사람을 괴롭히고 싶은 욕구를 불러일으킬 수 있다. 놀이를 할 때, 특히 다른 사람들에게 고통을 주지 않고 안전하게 놀이하는 것이 가능할 때 아이는 선택하고 결정하고 의지를 행사할 수 있는 어느 정도의 자유를 가질 수 있어야 한다.

발달의 연령과 단계에 관한 다음 장에서 2세에서 4세 사이의 아이들은 자연스럽게 자신의 힘이 중요하게 작용하는 시기임을 배울 것이다. 4세 전후로 주도적으로 계획을 세우고, 건설하고, 창조하고, 그들의 신체적 능력을 느끼기 시작한다. 부모들이 아이의 새로운 능력과 기술에 박수를 보내고 능력을 '보여 줄 시간'을 많이 주면, 아이는 확고한 자심감을 갖게 되고 이것은 자신의 공간을 침범하는 괴롭힘을 막는 데 도움이 된다. 폭력 가해자들은 경계선이 분명한 자아가 강한 아이들에게는 접근하지 않는다. 대신 폭력 가해자들은 움직이지 않고 무방비 상태인 아이를 감지하는 특별한 레이더를 가지고 있는 것 같다. 이것은 아이의 지적 능력과는 상관없는 현실이다. 아이의 신체 언어에서 나오는 비언어적 신호는 아이가 수치심이 가득하거나 취약하다는 것을 분명히 드러낸다. 이 책을 통해 건강한 경계선을 갖게 되면 자신을 학대할지도 모르는 사람들을 빨리 발견하고, 트라우마를 예방함으로써 자연스럽게 아이를 '괴롭힘에서 예방'할 수 있음을 알게 된다.

괴롭힘의 희생자들은 보통 불안하고 우울해하는 아이들임을 기억하는 것이 중요하다. 그들은 침묵 속에서 고통을 겪는다. 적은 수이지만, 이 소수의 아이들은 결국 살인적인 분노를 폭발하고, 자신의 목숨과 함께 다른 무고한 사람들의 목숨을 빼앗는 예상치 못한 일을 할 수 있다. 아이가 자신의 고통을 억압하는 것이 익숙할수록 폭발할 가능성은 더 높아진다. 만약 아이를 도우려는 당신의 노력이 실패하고 아이가 수치심, 우울, 불안이나 사회적 소외감으로 계속해서 고통을 받고 있다면, 전문가를 찾아 아이에게 도움을 주는 것이 중요하다.

괴롭히는 애들이 조금 더 잘 지낸다. 그들은 겉으로는 자신감이 넘쳐 보이지만, 신체적 힘과 협박하는 솜씨 밑바닥에는 취약하고 부서지기 쉬운 자아를 갖고 있다. 이 아이들에게는 비폭력적인 방법으로 자신의 힘을 표현하고 다른 사람들에 대한 공감을 발전시킬 건강한 출구를 찾도록 어른들의 도움이 필요하다.

'집단을 대상으로 한 위기 완화'라는 제목의 특별한 부분은 이 책의 마지막 장에서 찾을 수 있다. 학교 총기 사건이나 다른 재난이 발생했을 때 이웃이 협력하도록 도우며, 어른들과 아이들이 그러한 비극을 겪으면서 공동으로 대처할 수 있도록 고안되었다.

제 5 장

연령과 단계

-건강한 발달을 조성하며 자신감 구축하기-

아이가 겪은 끔찍한 경험은 사고로 인한 두려움이 가라 앉은 후에도 발달 전반에 지속적인 영향을 미칠 수 있다. 끔찍한 사고가 없어도 '발달 과업'이 방해받을 수 있다. 아이들에게는 발달의 각 단계에 필요한 것이 무엇인지를 이해하고 지지해 줄 어른이 필요하다. 성숙은 정서적·신체적 안녕(wellbeing)과 관련이 깊다.

수동적이던 아기가 금방 뛰어다니며 매사에 열중하는 유아로 성장하는 것처럼 자녀가 다음 발달 단계로 넘어갈 때 어렸을 때 적절한 지지를 받지 못한 부모는 불안할 수 있다. 부모는 2세에서 4세 자녀와의 힘겨루기 상황에서 어찌할 바를 모를 수 있다. 또는 5세 아이가 보여 주는 '바람둥이' 같은 행동에 당황할 수 있다. 그리고 십대 자녀로 인해 부모는 어린 시절 해결되지 못했던 갈등과 문제들에 다시 직면할 수 있다.

한계를 정해 주면서도 자녀의 발달적 요구를 만족시킬 수 있는 지식과 정서적 성숙을 모두 갖춘 부모라면 고통스런 발달 결핍을 가진 아이로 자녀를 양육하지 않을 것이다. 정서적 성숙이란 자신의 어릴 적 상처를 인식하면서 그 상처를 치유하는 데 마음이 열려 있음을 의미한다. 당신의 부모가 학대나 양육 기술이 부족해서 어린 시절의 핵심 욕구를 충족해 주지 못했다면, 자녀가 성장하면서 발달상 미해결된 당신의 모든 문제를 건드릴 것이다. 당신의 감정이 올라오는 것을 느낄 때, 이것이 개인의 성장을 촉진하는 자극이 될 수도 있지만, 신경쇠약이나 혹은 가족 간 불화를 유발하는 걸림돌이 될 수도 있다. 전적으로 당신의 선택에 달려 있다. 다행히도 성장을 촉진하는 선택을 한다면, 당신과 아이 모두에게 이익이 될 것이다.

아기에게 반응하기: 안전과 신뢰감 제공

우리가 겁먹고 압도된 아이에게 어떻게 반응해야 하는가는 아이의 나이, 더 정확하게 말하면 아이의 발달 단계에 달려 있다. 아기는 가장 섬세하고 연약한 생명체이다.

어린 아기들은 모든 것을 부모에게 의존한다. 지속적인 돌봄이 없으면 아기의 성장과 생존은 위태로워진다. 예를 들어, 지금 춥다고 해도 아기들은 자신에게 필요한 것을 할 수 없다. 부모가 아기를 안아 주고 담요나 옷으로 따뜻하게 해 주지 않으면, 아기는 죽을 수도 있다. 이것이 바로 아기가 큰 소리로 우는 이유이다. 아기들은 양육자와 소통해야만 하며, 아기의 요구에 제때에 반응하지 못하면 죽을 수도 있다. 이것이 우리가 아기를 잘 달래지 못했을 때 초조해지고 절망을 느끼는 이유일 것이다. 하지만 대부분의 부모는 (잠깐의 초조함 후에) 자신의 본능과 충동에 따라 아기에게 필요한 것을 직감적으로 알 수 있다. 아기의 괴로움이 즉각적인 반응이 필요한 경우, 우리는 직감적으로 한밤중에 일어나 요구를 들어준다. 이 본능적인 민감성은 아기의 트라우마를 최소화하도록 보장하면서 동시에 이 작은 존재가 회복력과 안전감의 토대 위에 굳건히 서도록 돕는다. 안전과 신뢰감이라는 중요한 감각을 심어 주는 양육은 아기가 발달의 다음 단계를 준비할 수 있게 해 준다.

걸음마기 아기의 요구: "나 혼자 할 거야."

9개월쯤 되면 아기는 자신의 기본적인 필요를 혼자서 해결하기 시작한다. 예를 들어, 갓난아기는 등이나 배에 뭐가 있어도 뒤집을 수 없다. 그래서 갓난아기는 부모에게 안아 달라고 큰 소리로 운다. 하지만 9개월이 되면 어느 정도 혼자서 움직일 수 있다. 뒤집을 수 있을 뿐만 아니라, 기어다닐 수 있고 심지어 독립 보행을 준비하며 가구를 잡고 이동할 수도 있다. 스스로 움직일 수 있게 되면서 아기는 부모가 꽉 안는 것에 저항하기 시작한다. 이 시기에 아기는 안길 때 몸이 뻣뻣해지면서 엄마의 가슴을 손으로 미는데, 마치 이렇게 말하는 것 같다. "어, 엄마, 나를 그렇게 꽉 안지 말아요. 조금만 거리를 두세요!"

이때부터 두 살까지 전체적인 발달 계보는 몸과 마음의 분리개별화와 자율성으로 이어진다. 이런 이유로 두 살 아이가 넘어지면 아이는 여전히 부모의 지지와 편안함이 필요하지만, 6개월 아기가 하듯이 엄마에게 가까이 가지 않는다. 두 살 아이는 '자신만의 공간'이 좀 더 필요하다. 이것은 부모가 걸음마기 아기에게 **필요한 만큼만** 도움을 줘서 균형감과 평형 감각(equalibrium), 자부심(dignity)을 회복할 수 있는 자신의 능력을 느끼게 하면서도 어른으로부터 안전감도 느끼게 한다는 의미이다. 충분히 숨쉴 수 있는 자신만의 공간이 제공되지 않으면, 이 단계의 아이는 질식감을 느끼며 '끔찍한 두 살'이 될 수 있다. 반면에 만약 부모가 사고에 대해 산만하고 무관심하다면, 독립이 충분히 발달하지 않은 이 단계의 아이는 혼란스럽고 압도되며 심지어 버림받았다고 느낄 수 있다.

스트레스와 트라우마를 겪는 자녀를 도울 때, 당신이 다른 발달 단계의 아이들에게 필요한 것이 무엇인지를 아는 것이 중요하다. 그것은 꽉 움켜쥐듯이 아이를 안아 충격의 발산을 방해하지 않으면서도 아이에게 필요한 신체적 지지는 충분하도록 안는 것이다. 과한 친절로 꽉 움켜 안는 것은 충격으로 생겨난 에너지가 자유롭게 발산되지 못하게 하며, 스트레스 주기 동안 움직이는 것에 대한 자신감과 자율성을 억압한다.

3~4세 아이와 힘겨루기

아이가 서너 살쯤 되면 신체적 능력은 새로운 수준으로 향상된다. 게다가 새로운 경험을 즐겁게 묘사하는 아이의 능력은 이야기하기와 그림 그리기로 꽃 피기 시작한다. 이때가 발달에서 '가장 힘이 넘치는 단계'이다. 이 나이의 아이들은 모든 것에 몰두한다. 그들은 끌고, 당기고, 밀어 넣는다. 그들은 끊임없이 삶의 축배를 든다. 두 살짜리보다 훨씬 호기심이 많으면서 더 민첩해진 아이들은 단지 무슨 일이 일어나는지 보려고 개 꼬리를 잡거나 이모 다리를 잡아당길 것이다. 그들에게 있어 삶은 굉장한 것이고, 부모와의 '힘겨루기'는 계속된다. 놀랄 것도 없이 아이가 자연의 분명한 힘, 특히 중력과 가속도에 정면으로 맞서는 때가 이때이다. 바로 달리고 뛰어내리면서 중력과 가속도를 끊임없이 경험하며 다치는 시기이다. 그들은 꽥꽥거리고 집안을 뛰어다니며 장난감에 걸려 넘어지고, 탁자에 머리를 부딪힌다. 특히 이 나이의 아이들은 문 앞에서 움직이던 것을 멈추어야 하거나, 더 심한 경우 유리창 앞에서 멈추어야 할 때, 움직이던 몸은 계속 움직이려 한다는 물리적 법칙을 요란한 깨달음(문에 부딪혀 다치거나 유리창을 깨는)으로 알게 된다!

대개 이 단계에 있는 아이들은 '의지가 너무 강하다.' 아이들이 장애물에 맞서고 극복함으로써 힘에 대해 배우기 때문이다. 이 단계의 과업은 주도성, 힘과 유능감을 발달시키는 것이다. 하지만 이 나이 때의 아이들도 눈물을 흘리며, 다리에 힘이 빠지는 것 같은 좌절도 경험한다. 정서적으로 압도될 때, 아이들은 정체성으로 여겼던 주도성, 힘 그리고 유능감을 일시적으로 상실하게 된다. 만약 부모가 겁을 먹거나, 아이의 실패를 수치스러워 한다면, 그것이 더 끔찍한 일이다.

부모가 과잉 보호하게 되면 아이는 처음엔 부상 그 자체로, 그다음에는 무력감과 수치심으로 이중의 부상을 입게 된다. 그렇다고 아이를 '혼자서 괴로워하도록 방치'하면 평정심을 회복하지 못하게 된다. 과잉보호나 방치가 아닌 양쪽의 균형을 잡는 것이 부모에겐 쉽지 않은 일이다. 요령은 아이를 위해 침착하고 굳건히 옆에 있어 주는 것이다. 이것은 "불쌍한 우리 아기, 어떻게 된 거니?" 하며 품에 안고 싶은 유혹을 참으며 아이 옆에 있는 것을 의미한다.

아이들은 자신의 의지를 표현하는 데 한계가 없어서, 여동생의 눈을 찌르거나 선풍기나 전기 콘센트에 손가락을 넣는 위험한 행동을 한다. 아이는 세발자전거를 타고 의기양양하게 도로를 가로질러 친구 집까지 경주하기를 즐긴다. 위험에 대한 감각은 뒤떨어지는 반면 활기는 고양되어 있다. 이 단계의 아이에게는 행동에 대해 명확한 제한을 하는 부모가 꼭 필요하다. 이 과정에서 아이는 수치심을 갖게 된다. 대략 2세쯤부터 부모는 아이에게 무엇이 안전하고, 무엇이 위험한지를 가르칠 때 수치심을 이용한다. 또한 이 수치심을 통해 아이는 사회적으로 수용되는 것과 그렇지 않은 것을 배우게 된다.

당신이 아이를 꾸짖을 때, 아이의 뇌와 생리적 활동에 엄청난 일이 일어난다. 아이는 끔찍한 기분을 느끼면서 비난받은 행동을 반복하고 싶지 않다. 이때 아이가 제한에 대한 부모의 메시지를 즉시 받는 것이 중요하다. 여기에 생존이 달려 있다. 동시에 부모는 자녀가 수치심에 사로잡히게 하고 싶지도 않다. 아이가 반복해서 혼나게 되면, 이 끔찍한 수치심은 습관화된다. 아이의 활력과 즐거움을 앗아가는 두 가지 중 하나는 두려움이고, 다른 하나는 수치심이다. 부모가 아이의 잘못된 행동만을 훈육하되 아이 자체가 문제라고 훈계하지 않는 것이 요령이다. 다음과 같은 말로 훈계한다. "안 돼! 세발자전거를 타고 도로로 들어가면 안 돼. 다시는 그러면 안 돼. 아빠와 엄마는 사랑하는 네가 부서지고 다치는 것을 원치 않아." '수치스러운' 경험으로부터 자녀가 회복할 수 있도록 부모는 어조와 신체 언어에서 보살핌을 느낄 수 있게 해 줘야 한다. 보살핌은 아이와 유대감을 갖도록 해서 아이의 행동을 수정하는 데 도움이 된다.

자녀를 혼낼 때 부모의 눈에서 사랑스러운 아이의 모습은 사라지고, 자녀는 부모의 얼굴에서 화나고 '지쳐' 혐오감이 드러나는 것을 보게 된다. 필요한 기술을 적용할 수 있으려면, 당신은 아이를 꾸짖기 전에 먼저 심호흡을 하고 자신의 몸에 대한 감각을 느껴야 한다. 당신이 현재의 자신 안에 머물며 수치심을 교정적으로 활용하면 아이의 힘에 대한 감각은 증가시키고, 의지와 활기는 억누르지 않게 된다. 부모와 자녀 관계에 손상을 주지 않으면서 수치심을 건강하게 사용하는 것은 나중에 복수만을 쫓는 어른으로 자라지 않도록 예방하는 강력한 무기가 된다.

이 어린 나이의 또 다른 '발달 과업'은 성 정체감이다. 아이가 과하게 그리고 만성적으로 수치심을 느끼게 되면 그러한 경향은 수치심의 확장으로 이어질 수 있다. 이는 자신이 소년이나 소녀라는 것에 대해 불편한 감정을 가지게 하고, 이후에 남자와 여자로 자신을 받아들이는 것에 어려움을 줄 수 있다. 건강하지 않은 지독한 수치심은 성 정체감의 혼란은 물론 깊은 슬픔과 정서적 문제의 원인이 된다.

바람둥이 같은 4~6세의 소년/소녀

자신의 성 역할(gender)에 대한 자각과 성 정체감 외에도 4~6세 사이의 아이들은 자신의 이성 부모에게서 특별한 유대감과 매력을 느낀다. 이것은 정상적인 단계이다. 사실 이 현상은 너무 보편적이어서 그리스인들은 해결되지 않는 이 딜레마의 불행한 결말을 오이디푸스와 엘렉트라에 대한 연극으로 묘사했다. 대중문화에서는 어린 시절의 환상에서 벗어나지 못한 절망적인 로맨스를 '오이디푸스 콤플렉스'를 갖고 있다고 말한다. 물론 재혼 가정, 혼혈 가정, 동성 가정에서는 이러한 단계가 다르게 나타날 수 있다.

다섯 살 된 딸은 아빠와 사랑에 빠지고, 어린 아들은 엄마와 사랑에 빠진다. 다시 말하지만, 이것은 정상적이고 건강한 발달 단계이다. 이 나이의 아이들은 이성 부모와 '시시덕거릴 것'이다. 이것은 성인의 성적 의미에서 시시덕거림이 아니라 이 단계에 필요한 연습이다. 다시 말해, 나중에 청소년 또래와의 시시덕거릴 레퍼토리를 안전한 집에서 먼저 시험해 보는 것이다. 지금은 어린 소녀들이 "사랑해요, 아빠! 난 크면 아빠와 결혼해서 아기를 낳을 거야."라고 말할 때이다.

건강한 발달을 위해 이 섬세하고 연약한 나이에 필요한 것은 아빠가 부드럽게 "나도 널 사랑해. 하지만 아빠는 엄마랑 결혼했단다. 네가 자라면 널 위한 특별한 사람과 결혼할 수 있어. 네가 원하면 그 사람의 아기를 낳을 수 있어. 하지만 네가 나의 딸이라서, 내가 언제나 너의 아빠일 수 있어서 너무 기뻐."라고 말해 주는 것이다.

하지만 이 순진한 '연습' 행동을 오해해서 부모가 아이의 발달을 형편없이 다루는 경우가 많다. 부모가 아이에게 생겨난 성적 관심에 도움이 되기보다 오해 반응으로 둘만의 '특별한' 관계를 부추기고, 애인을 연상하는 식의 어조와 행동, 말을 하는 것이다. 예를 들어, "나만의 작은 공주님! 나는 언제나 너의 왕자님이야. 우리 둘이 이 비밀을 지키자"와 같은 장난스러운 유혹은 결과적으로 어색하고 부적절한 반응이다. 이 '구애' 행동은 아이를 압도하는 것은 물론 부모에게도 두렵게 느껴질 수 있다. 이런 두려움은 정서적 성숙에 필요한 적절한 스킨십과 애정을 억압할 수 있다.

세대 간의 명료한 경계는 건강한 성 발달에 필수적이다. 환상보다는 현실을 받아들이도록 하는 부모의 온화한 지도로 아이는 오이디푸스 갈등에서 쟁취보다는 단념을 선택하게 된다. 아이는 이

런 로맨틱한 환상을 포기하고 싶지 않을지도 모르지만, 반드시 해
야만 한다! 유치원생으로 이런 실망감을 받아들이는 것이 이후에
만날 수 없는 애인이나 나쁜 애인을 찾는 로맨틱한 바보로 자라는
것보다는 낫다.

청소년기의 발달: 나는 누구인가?

십 대로 성장한다는 것은 십 대와 부모 모두에게 매우 힘든 전환
점이 될 수 있다. 더 큰 집단에 소속되고 적응해야 하는 사회적 요
구 외에도 초기 단계들 중 두 가지가 다시 재고되는데, 그것은 9개
월에서 2세 반까지의 자율성과 초등학교 시절에 휴면 상태에 놓여
있던 성 욕구(sexuality)의 씨앗이 열매 맺는 시기이다. 성욕이 왕성
한 청소년이 부모에게서 이탈하는 것은 가족에게 엄청난 불안감과
좌절감을 느끼게 한다. 게다가 이러한 발달 단계를 초기에 잘못 다
루면 십 대 시절이 훨씬 더 요란할 수 있다.

자율성의 무대에서 '끔찍한 두 살'이 복수심을 갖고 돌아온 것과
같다. 미성숙하긴 했지만 어린 시절에 자기(self)에 대한 감각을 갖
지 못한 십 대는 부모에게 거리 두기와 특별한 내가 되려는 시도로
극단적인 태도, 위험한 선택과 행동을 하게 된다. 초기 트라우마
나 발달적 요구 때문에 좌절한 또 다른 청소년들은 지나치게 억압
하거나 폐쇄적이 되어 세상으로 나갈 수 없고, 두려워서, 부모에게
매달렸다가 거부하기를 반복한다. 상실감과 혼란이 큰 청소년들은
약물 남용과 성적 문란에 빠지기 쉽다. 어느 때보다도 부모의 지도

가 필요한 시기이다.

그렇다면 십 대를 걱정하는 부모는 무엇을 할 수 있을까? 첫 번째 단계는 유아기에 처음 나타난 독립성, 호기심, 발견의 요구를 인식하고 지지하는 것이다. 아이의 자율성과 숙달감을 발달시키기에 너무 늦은 때는 없다. 유아기 아동은 취약해서 강요는 힘들지만 제한은 할 수 있다. 책임감이 발달하는 청소년기에는 선택과 자유가 주어지고 확장될 필요가 있다. 십 대들이 성숙함에 따라 융통성 있는 규칙으로 재협상되어야 한다. '법을 무시하지 않으면서도' 부모와 자녀가 모두 만족하는 규칙을 정하는 것이다. 물론 부모가 아이의 말을 들을 정서적 여유가 많을수록 아이는 부모의 신뢰를 얻고 싶어 한다. 부모의 역할은 격려, 안전감, 선택과 가이드 라인을 제공하는 것이다.

성폭력 때문이든, 이혼, 군 복무, 부모의 사망 또는 유기 때문에 이성 부모와 단절되었거나 4~6세 때 부모와의 서먹함 때문이든 성 정체감 및 성 역할 인식과 같은 성 영역에서 최적의 발달을 이루지 못한 청소년들에게도 발달적 격차를 보완할 기회가 있다. 십 대에게 부모는 또래나 친구가 아닌 어른이 되어 주어야 한다. 어린 시절에 성적인 발달을 못했거나 성적 충격을 받았던 어른들은 성적인 경계가 약하다. 이런 경우라면 부모와 십 대 간의 관계에 균열이 생기기 쉽다. 한부모와 의붓 가족에서 경계가 무너지지 않도록 세심한 주의를 기울여야 한다. 자녀가 엄마나 아빠의 정서적 안녕(well-being)을 돌보는 부담을 가진 아이로 남아서는 안 된다.

십 대 자녀는 4~6세까지의 성적 감각 때문이 아니라 터질 듯한 성 호르몬 때문에 초기 발달 단계에 재진입하게 된다. 부모-자녀

관계의 딜레마는 엄마나 아빠가 몇 년 전 사랑에 빠졌던 배우자를
닮은, 어쩌면 더 잘생기고 어여쁜 딸과 아들을 볼 때 더욱 두드러진
다! 만약 부모가 자신들의 성생활에 만족스럽지 못하거나 서로에
대해 성적으로 끌리지 않는다면, 십 대 자녀에 대해 느껴지는 매력
은 '근친상간'의 공포를 야기할 수 있다. 특히 부녀관계의 경우, 아
버지는 자녀에 대한 자신의 감정이 실제로 행동으로 표출될까 두
려움을 가지게 된다. 이 두려움에서 벗어나기 위해 아버지는 의식
적이든, 무의식적이든 딸에게서 갑자기 멀어지고 차가워지면서 따
스한 신체 접촉을 더 이상 하지 않게 된다. 이 전형적인 시나리오에
서 딸은 새롭고 연약한 성 의식과 섬세한 자아 인식 때문에 아버지
가 자신을 거부하고 버렸다고 느낀다. 애석하게도 십 대 소녀는 아
버지의 애정이 가장 필요한 때에 그것을 '잃어버리게' 된다.

　그렇다면 이런 어색하지만 흔한 성적 감정은 어떻게 처리될 수
있을까? 만약 우리가 애정을 철회하거나 '상상도 못한' 감정을 억누
르기를 원하지 않는다면, 선택은 무엇인가? 만약 이 강력한 에너지
를 억제한다면, 화산이 분출될 때의 압력처럼 이 강한 에너지는 가
족 역동 안에서 은밀한 긴장으로 작동한다. 이 밑바닥에 흐르는 역
기능적인 감정은 중독과 식이장애 같은 건강 문제를 일으킬 수 있
다. 이러한 갈등을 성적인 방식으로 드러내면 불감증, 발기부전,
성적 문란으로 이어질 수 있다. 해결책은 감정을 부정하는 대신에
그러한 감정이 존재하며, 정상적이라고 인정하는 것이다.

　부정과 억압에 몰두하기보다는 당신은 솔직함에 연민을 더함으
로 이러한 힘을 조절할 수 있다. 우선 성적 감각이 생겨날 때, 그것
이 무엇인지를 알아차리고 보편적인 인간 경험의 일부로서 부끄럽

게 여기지 않으며 판단하지 않고, 받아들이려고 노력한다. 다음은 이러한 감각이 순수한 에너지의 물결로 흐르도록 한다. 이 활력적인 에너지를 창조적 프로젝트에 사용할 수도 있고, 배우자나 연인과의 에로틱한 관계를 향상시키고 재설정할 때 사용할 수도 있다. 결국 이런 의식적인 노력을 통해서 갈등은 놀라울 정도로 짧은 시간 내에 극복될 것이다. 이 책의 앞부분에서 배웠던 신체 감각 경험을 이용하여 감각들이 생명력 있는 에너지로 자유롭게 몸 전체에 움직이도록 한다. 만약 당신이 여전히 성적 문제로 어려움을 겪고 있다면, 전문가의 도움을 받아 건강한 제한을 모델링하고 자신의 경계를 강화함으로써 건강한 성관계를 다음 세대에 전할 수 있다.

성에 대해 자녀에게 솔직하게 말하고, 사춘기 이전에 명확한 경계를 세우도록 돕는 것이 매우 중요하다. 이것이 자녀가 집단 압력, 데이트 강간과 폭행에 취약하지 않게 돕는다. 문제의 조기 발견과 함께 성폭력의 위험을 줄이기 때문에 너무나 중요한 이 주제는 제6장에서 더 깊이 다룰 것이다.

제6장

성폭력

-조기 발견과 위험 요소 감소시키기-

당신이 성적 트라우마로 인한 깊은 상처를 직접 경험하지 않는 한 그것이 얼마나 복잡하고 혼란스러우며, 여러 측면으로 장기적인 영향을 미치게 된다는 것을 상상조차 하기 어려울 것이다. 특히 아동이 신뢰하고 사랑하는 대상에 의해 폭행을 당했을 때에는 더욱 그러하다. 한 아동의 동심(순수성)이 빼앗긴 경우, 그것은 그 아동의 자존감, 성격 발달, 사회화 및 성취에도 영향을 미친다. 어린 나이에 겪은 폭력은 추후 청소년기 및 성인기의 친밀감 형성에 혼란을 일으킬 수 있다. 또한 이러한 아동들은 신체적 증상, 경직, 불편함 또는 지나친 체중 증감/감소, 의식적 또는 무의식적으로 다른 사람들을 '차단'함으로써 안전을 찾으려는 경향이 있다. 그런 아동들은 고통이 몸에 고스란히 저장되기 때문에 환상의 세계에서 살아가려는 경향이 있고, 주의 집중의 어려움, 멍하니 있는 행동, 몽상 및 분열과 같은 문제도 보인다. 이러한 것들은 아동들이 겪은 끔찍한 경험으로부터 자신을 분리하려는 나름의 대처 기제이다. 이것이 폭력을 당한 아동들이 살아남는 방법이다. 하지만 그들의 숨겨진 상처를 찾아내고 치료하지 않는다면, 그들이 잘 살아가기는 어려울 것이다.

이 장에서는 알아차림과 예방에 중점을 둘 것이다. 또한 아이가 만약 당신이라면 자신을 보호해 줄 수 있다고 믿고, 당신이 알아야 할 모든 것을 당신에게 말하도록 당신이 아이에게 다가가는 방법을 알려 주고자 한다. 당신에게 성적 트라우마가 무엇인지를 인식하도록 알려 주고, 아이들의 건강한 경계 발달을 위한 방법을 설명하며,

아동들이 두려워하지 않도록 보호해 주고, 현재 가족 내에서 건강한 성적 관심을 가지기 위한 분위기를 만들도록 지지하는 안내서이다. 접촉이나 성에 관한 주제에 대해 귀 기울이는 부모를 둔 아이들은 희생될 확률이 훨씬 적다. 또한 아이들에게는 몸의 알아차림을 길러 주고 그들을 믿고 방어해 줄 수 있는 부모가 필요하다.

성적 트라우마 증상

아동을 대상으로 한 성희롱과 성폭력은 비밀과 수치심으로 가득 차 있다. 또한 폭력의 10%미만만이 낯선 사람에 의해 행해진다. 아이들은 대개 자신이 알고 신뢰하는 사람에게 성폭력을 당하기 때문에 그 증상은 배신의 정도에 따라 복잡해진다. 아이들은 종종 비밀로 하도록 강요당하거나 말을 하면 해코지를 당할 것이라고 위협을 받기도 한다.

두려움에 사로잡힌 아이들은 보통 우리에게 말하지 않는다. 그들의 가해자가 부모, 코치, 교사 또는 성직자와 같은 권위자인 경우, 아이들은 스스로를 비난하기도 한다. 그들은 당연히 성폭력범들이 느껴야 하는 수치심을 자신들이 느낀다. 종종 그들은 처벌, 보복 또는 다른 사람들의 거부를 두려워하기 때문에 아픔을 숨기게 된다. 애석하게도 이러한 경우가 너무 자주 발생한다. 아이들은 말로 하지 않더라도 그들이 성폭력을 당했다는 사인을 우리에게 보여 준다. 다음 목록의 증상이 나타나면 의문을 가져야 한다.

1. 연령에 맞지 않는 성적인 행동(예를 들어, 공공장소에서의 자위행위, 성교하는 흉내 내기, 성인에게 유혹하는 듯한 또는 관능적인 몸짓, 성인의 성기에 키스 또는 접촉)
2. 특정인과 혼자 있게 되는 상황이나 좋아하던 장소에 혼자 있는 것에 대한 갑작스러운 거부, 주저하거나 두려워함
3. 다른 아이들로부터 고립 또는 친구 사귀기가 어려움(예를 들어, 성폭행을 당한 아이들은 놀이터에서 혼자 있으려는 경향이 있으며, 교사, 보조자 또는 상담사와 같은 안전한 성인에게 매달린다)
4. 생식기 그리고/또는 항문 부위의 통증, 화상, 가려움 또는 타박상
5. 성병을 나타낼 수 있는 비정상적인 분비물
6. 아동의 간접적인 폭로(예를 들어, "나는 더 이상 제단 복사(服事: 사제의 미사 집전을 돕는 소년)가 되고 싶지 않아요." "질의 아빠는 곰이 그려져 있는 팬티를 입었어요." "사람이 성기를 누군가의 입에 넣는 것은 무슨 뜻이에요?")
7. 야뇨증, 손가락을 빠는 것과 같은 어릴 적 행동으로 되돌아가는 것, 수면과 식사의 어려움 같은 일반적인 증상, 집중력 상실, 몽상, 환상의 세계에서 살기 및 해리의 다른 변형과 같은 증상이 흔히 발생
8. 만성 과민 반응, 급격한 기분 변화, 과도한 수줍음 및 부끄러움과 같은 성격 변화와 죄책감 또는 무언가 숨겨야 하는 것을 드러내는 과도한 자세

주의: 신체적 또는 성적 학대는 대부분 전문 트라우마 치료자의 추가 지원을 필요로 한다. 특정 아동에게 치료자가 필요한지 아닌지에 상관없이 당신이 부모로서 트라우마를 예방하고 치료할 수 있는 많은 방법이 있다.

아이들은 자신이 말하는 것이 안전하다고 느껴지지 않는다면, 어떤 질문을 받더라도 자신이 성폭력을 당했다고 말하지 않는다. 따라서 부모는 자녀의 신뢰를 얻기 위한 기반을 마련해야 하며, 아이들이 다음의 내용을 명확하게 이해하도록 해야 한다.

1. 아이들은 자신의 몸에 대한 권리를 자신이 가지고 있고 누가 자신의 몸을 보거나 만지도록 허락할 수 있는 권리도 자신이 가지고 있다는 것
2. 아이들이 관련 이야기를 하면 비난받거나, 처벌되거나, 배척당하는 것이 아니라 아이의 말을 믿는다는 것
3. 아이들의 감정은 받아들여지고(간과되지 않고) 추가 피해로부터 보호받는다는 것
4. 또한 아이들은 이러한 일이 결코 자신의 잘못이 아님을 알아야 한다는 것

성적 피해의 위험 감소시키기

성적 트라우마는 공공연한 성폭력에서부터 억제되지 않는 성인의 성적 에너지가 세심한 주의를 요하는 아이들의 경계를 침범함으로써 아이들을 두렵고 혼란스럽게 만드는 드러나지 않는 욕망에 이르기까지 다양하게 나타난다. 부모가 해결되지 않은 성폭력 문제를 가지고 있거나, 건강한 성생활에 대한 본보기가 결핍되어 있는 경우, 아이들에게 접촉, 애정, 경계 및 관능성 관련 이슈에 따른 부모의 두려움이나 경직된 느낌이 아이에게 전달되지 않으면서 아이들을 보호하기 어려울 수 있다. 부모는 안전한 상황과 사람, 혹은

잠재적 위험 상황과 사람에 대한 차이를 자신의 내면에서 느껴 보는 경험을 하지 못했기 때문에 그에 대한 논의나 보호를 제공하지 못할 수도 있다.

아무리 든든한 부모의 지지를 받더라도 어떤 아이도 성추행의 위험에서 벗어날 수 없다. 실제로 1950년대의 보고서에 따르면, 전 세계 4명 중 1명은 성폭행을 당했다고 추정했다. 이들 중 다수는 13세 미만의 아동이다. 여성의 경우, 위험도는 훨씬 높다. 슈퍼마켓에서 쇼핑을 할 때 이 통계를 상상해 보라. 당신이나 당신의 자녀가 학대를 받았다면, 당신은 분명히 혼자가 아니라는 것을 알 수 있을 것이다! 당신의 자녀가 성적인 외상을 앓고 있다면, 치료자의 도움을 받아야 한다. 어떻게든 성적으로 상처 입은 아이를 대상으로 일한 경험이 풍부한 전문가를 찾는 것이 가장 좋다.

어떤 아이들이 더 취약한가

부모, 지역 사회 및 학교 프로그램의 대다수가 아이들에게 '위험한 낯선 사람들'을 피하도록 경고한다. 그러나 애석하게도 낯선 사람은 거의 문제가 되지 않는다. 여자아이들만이 취약하고, 대부분의 성폭력은 사춘기 또는 이후에 일어난다는 근거 없는 이야기들은 지금도 계속되고 있다. 통계는 다양하지만 성폭력 신고를 한 미취학 아동과 학령기 아동의 수는 놀라울 정도이다.

성폭력의 약 10%가 5세 미만의 아동에게 발생하며, 8~12세 사이의 아동이 십 대보다 폭력을 당한 비율이 더 높고, 모든 아동의 30~46%가 18세가 되기 전에 어떤 방식으로든 성적으로 폭력을 당한다. 성적 트라우마는 문화, 사회 경제적 지위 또는 종교에 관계없이 만연해 있다. '완벽한' 가정에서도 드문 일이 아니다. 다시 말해서, 모든 아동이 취약하며, 성범죄자들은 이미 당신이 알고 지내는 '좋은' 사람들인 경우가 대부분이다! 자녀와 성폭력에 관해 이야기 나누는 것을 자녀의 나이가 좀 더 들 때까지, 또는 당신이 그 주제에 대해 불편함을 느끼기 때문에 미루고 있다면, 이 책을 통해 성폭력 관련 대화를 늦기 전에 시작할 수 있는 자신감을 가지도록 용기를 내어 주기를 바란다.

비밀 유지와 수치심의 딜레마

아이들의 성폭력은 비밀에 쌓여 있다. 성폭력 및 부적절한 '경계 침범(boundary crossings)'의 85~90%가 피해자가 알고 신뢰하는 사람에 의해 발생하므로 증상이 배신과 복잡하게 얽혀서 나타난다. 폭력을 비밀로 하라는 위협을 받지 않더라도, 아이들은 종종 당혹감, 수치심 및 죄책감으로 인해 말하지 못한다. 아이들의 순진함으로 인해 그들은 자신이 '나쁘다.'고 잘못된 가정을 하게 된다. 아이들은 성폭력범이 가져야 하는 수치심을 자신이 느낀다. 또한 아이들은 처벌과 보복을 두려워한다. 그들은 흔히 가족(또는 사회적 모임)의 일부인 사람에 대한 '배신'을 괴로워하고, 가해자에게 일어날 일에 대해 걱정한다. 이 두려움은 가해자가 아이들이 의존하거나 사랑하는 가족 구성원이라면 특히 강력해진다.

가해자가 가족 구성원이 아니더라도 잘 아는 사람인 경우가 일반적이다. '친구'의 가족뿐만 아니라 이웃, 나이가 조금 더 많은 아이, 베이비시터, 부모의 남자친구, 가족 또는 의붓 가정의 다른 구성원 등이 가해자인 경우가 많다. 또는 종교 지도자, 교사 혹은 체육 코치와 같은 명성과 사회적 지위를 가지고 있거나 멘토로 봉사하는 사람일 수도 있다. 예를 들어, 2004년 2월에 보고된 BBC 뉴스에 따르면 4,000명 이상의 성직자에 의해 성적 학대를 받은 미국 청소년 관련 기록이 11,000건이 있다고 보도되었다. 그 이후로 더 많은 사례가 발견되었다. 가해자가 일반적으로 알려진 사람일 뿐만 아니라 존경받는 사람일 때에도 아이들에게는 잘못이 없다는 것을 당신이 가르쳐 주지 않는다면 아이들이 어떻게 알 수 있겠는가? 부모는 성적인 만족을 위해 완력(power)을 휘두르는 사람이나 성인에게 복종하기보다 자신의 직감을 믿고 행동하도록 가르침으로써 자녀의 안전을 조성할 수 있다.

성폭력이란 무엇인가

성폭력이 전형적으로 '치한'이 사탕으로 아이를 자신의 차로 유인하는 것이 아니라면 도대체 무엇인가? 간단히 말해, 누군가가 자신에 대한 신뢰, 나이 또는 지위를 이용하여 한 아이에게 성적이고 굴욕적인 문제에 대한 무력감을 느끼도록 하는 것이다. 다시 말해서, 아이들이 강요당하든 아니든 간에 어떤 사람의 요구에 대해 자신을 보호하거나 다른 누군가에게 알리기보다는 수동적으로 따라야 했다면 그것은 성폭력이나 폭행을 의미한다. 성폭력은 십 대 베이비시터가 보여 준 음란물에서부터 아동의 음부에 대한 무감각한 의료행위, 부모나 다른 성인과의 성관계를 강요당하는 것까지 다양하다. 사실 부모나 의붓 부모에 의해 성폭행을 당하는 경우는 드물지만, 음란물에 노출되거나, 옷을 벗으라는 요청을 받는 것, 노출된 성기를 보거나 만지게 되는 것은 물론 의료 과정에서 함부로 다루어지는 것은 흔히 일어나는 일이다.

아이의 취약성을 감소시키기 위한 단계

1단계: 건강한 경계 모델
아무도 나를 불편하게 하는 방식으로 나에게 손을 대거나 만지거나 쳐다볼 수 없다.

2단계: 아이가 좋은 감각의 알아차림을 발달시키도록 돕기
그런 일이 생기면 무언가 잘못되었으며 도망가서 도움을 청해야 한다고 아이에게 알려 주어야 한다. 직감적으로 두려움을 느끼거나 빠른 심장 박동으로 경험할 수 있는 '어-오(Uh-oh)'의 느낌을 믿도록 가르친다.

3단계: 아이에게 유인되는 것을 피하는 방법 가르치기
아이에게 '감각 탐지기'를 조기 경고 신호로 사용하는 방법을 가르쳐 준다.

4단계: 아이에게 '아니요.'라고 말하는 연습시키기

5단계: 아이에게 무슨 말을 하고 어떻게 행동해야 하는지 가르쳐 주기
아이가 항상 당신에게 말해야 당신이 아이를 안전하게 지키고 그의 감정과 관련해 도울 수 있다는 것을 아이에게 알려 준다.

앞의 단계들을 좀 더 자세히 살펴보겠다.

1단계: 건강한 경계 모델

제임스 마셜(James Marshall) 작가가 쓴 좋은 친구 사이인 두 하마에 대한 유쾌한 그림책이 있다. 한 친구의 이름은 조지이고, 다른 친구의 이름은 마르타이다. 그들은 서로의 집을 방문하고 함께 놀며 저녁도 같이 먹는다. 어느 날 마르타는 욕조에 몸을 담그고 있을 때 창문을 통해 자신을 바라보고 있는 조지를 보고 충격을 받았다! 조지는 마르타의 분노에 놀랐고, 기분이 나빴다. 조지는 마르타가 더 이상 그를 좋아하지 않는다고 생각했다. 마르타는 조지를 아주 좋아한다고 조지를 안심시켰다. "우리가 좋은 친구라고 해서 화장실에 있을 때 사생활이 필요 없다는 뜻은 아니야!"라고 마르타가 설명하자 조지는 이해했다.

이 짧은 조지와 마르타 이야기는 경계를 형성하고, 명확하게 의사소통하며, 다른 사람의 경계를 존중해야 한다는 것을 이야기한다. 부모는 자신들의 좋은 경계를 본보기로 보여 주고, 아이의 사생활 보호의 필요성을 인식해야 한다(특히 5세에서 7세 사이). 아이가 자신을 안전하게 지키기 위해 요구하지 못하거나 무방비 상태에 있을 때, 부모는 아이를 도와주어야 한다. 이것은 유아기부터 시작된다. 다음의 예시는 아이를 어떻게 보호해야 하는지 이해하는 데 도움이 될 것이다.

어린 아기 아서는 제인 이모가 안으려고 할 때마다 야단법석을 떨며 등을 구부렸다. 아서의 엄마는 여동생의 기분을 상하게 하고

싶지 않아서 "자, 아서, 괜찮아. 이 사람은 제인 이모야. 널 해치지
않아!"라고 말했다.

이것이 아서에게 주는 메시지는 무엇일까? 아서는 이미 자신의
감정은 중요하지 않으며, 성인의 필요/욕구가 보호가 필요한 가족
의 필요/욕구보다 우선시 된다고 배우고 있다. 아기들은 목소리와
몸으로 자신의 감정을 보여 준다. 아기들은 부모의 목소리와 표정
에 절묘하게 적응한다. 뇌 회로는 접촉과 관련된 감정과 경계를 존
중하는 실제 상호작용에 의해 형성된다. 어떤 이유로든 아서는 제
인 이모의 품에서 안전하거나 편안하다고 느끼지 않았던 것이다.
아서의 '거부 권리'가 존중받았다면, 그는 자신의 감정이 변화를 만
들고 스스로 선택권을 가지고 있으며 그가 원하지 않는 다른 어른
의 접촉으로부터 자신을 보호해 줄 수 있는 어른(이 경우에는 그의
어머니)이 있다는 것을 알았을 것이다.

"다음 기회로 미루자. 제인, 아마도 아서가 아직 너에게 안길 준
비가 되어 있지 않나 봐."와 같이 제인에게 재치 있게 말하게 되면
이제 발달하고 있는 아기의 자존감에 긍정적인 인상을 남겼을 것이
다. 아서 어머니의 적절한 보호가 계속된다면, 아서의 뇌는 자기 보
호 반응을 촉진시키는 경로를 형성할 가능성이 더 높다. 이러한 것
들은 나중에 경계 침범이나 폭력으로부터 그를 보호할 수 있게 한
다. 의식적인 알아차림은 아니더라도 양육 기간에 형성된 신체 경
계는 사춘기와 그 이후에도 무의식적으로 아서에게 도움이 된다.

트라우마는 우리 경계에 대한 침범이다. 하지만 성적 트라우마
는 신성불가침 영역의 상처이다. 가장 깊고, 가장 섬세하고, 사적
인 부분에 대한 침범이다. 그러므로 아이들은 개인적인 공간, 사생

활에 대한 그들의 권리를 존중함으로써 보호되어야 하고, 자신의 몸을 책임져야 한다. 다양한 상황이 다양한 연령대와 단계에서 전개되므로 아이들은 자신의 삶에서 어른들을 기분 좋게 해 주기 위해 '질척한 키스', 무릎에 앉기 및 다른 형태의 원치 않는 관심을 당하거나 받을 필요가 없다는 것을 알아야 한다.

아이가 경계에 대한 존중과 보호를 필요로 하는 다른 분야

아이들은 본능적으로 부모를 모방한다. 어른들은 이 좋은 속성을 화장실 가는 훈련에서 활용할 수 있다. 이로써 아동과 부모의 많은 다툼과 불쾌감을 애당초 방지할 수 있다. 그 아이만의 발달이정표(timetable)를 존중해 줌으로써 아이는 엄마의 행동을 즐겁게 본보기로 삼고 스스로 배변 '훈련'을 할 것이다. 배변 훈련을 하는 아이는 자신의 페이스대로 '아빠처럼' 자랑스럽게 해 낼 것이다. 발달이정표에 따라야 옳다고 생각하는 '전문가'의 말을 듣기보다는 아이가 이끄는 대로 따라가면서 중요한 발달 단계에서 발생하는 불필요한 트라우마를 예방해야 한다.

학습 채널에서 다둥이의 출산을 다루는 가족 다큐멘터리를 보여 준 적이 있다. 거기에 나오는 엄마는 큰 아이 세 명의 요구뿐만 아니라 여러 명의 어린 자녀의 배변 훈련을 위해 애쓰고 있었다. 그녀는 종종 부끄러움과 당혹감을 느끼게 하는 배변 가리는 힘든 일을 신나는 '통과 의례'로 바꿨다. 첫째, 그녀는 이 어린 아이들에게 각각에 맞는 배변 훈련을 시키며 자기만의 공간에 대한 감각을 강화시켰다. 그런 다음, 그녀는 언제 누가 배변을 했는지 기록한 아이들의 '배변 책(Poop Book)'을 온 가족의 도움을 받아 만들었다. 이것은 가족 내에서 흥분과 지지를 만들어 냈다. 큰 아이들은 동생들이 화장실에 가야하는 신호찾기를 배워 엄마에게 알려 줄 뿐만 아니라, 응원하고, 도우며, 때로는 어린 동생들을 화장실로 데려가기도 했다. 일단 한 명이 해내고 나면, 나머지는 모두 따라하고 싶어 했다.

우리는 당신에게 배변 훈련을 빨리 실행하면 안 된다는 것이 아니라, 배변을 가릴 준비가 되어 있지 않은 아이를 강요함으로써 자신의 신체 기능을 통제할 권리를 존중하지 않으면, 다른 사람에 의해 지배당하는 일생의 패턴을 형성하게 될 수도 있다는 것을 말하고자 한다. 강요하기보다는 격려함으로써 아이가 건강한 자기 조절 습관과 자신의 신체에 대한 자연스러운 호기심을 발달시킬 수 있다. 어떤 경우에는 섭식 장애, 소화 질환, 변비 및 부작용과 같은 관련 어려움을 예방할 수 있으며, 행복하며 즐겁고 자발적인 아이로 만들 수 있다.

2단계: 아이가 좋은 감각의 알아차림을 발달시키도록 돕기

당신의 가족이 감각에 대한 알아차림을 연습하고 있다면, 이미 2단계의 출발을 잘한 것이다. 책의 앞부분에서 당신은 이미 몸의 변화를 경험하기 위해 몸의 감각을 찾아 이름을 붙이고, 오랫동안 충분히 주의를 기울이는 방법을 배웠다. 성학대로부터 아이를 보호하는 것은 다양한 접촉에 대해 이야기하고, 촉각을 자극할 수 있는 여러 가지 감각을 확인하며, 접촉이 불편하고 안전하지 않고 무서우며 고통스럽다고 느껴질 때, 또는 자신이 '더럽다'고 느껴지거나 비밀스럽고 불편한 느낌이 들 때 자신의 직감을 믿도록 가르쳐야 한다. 물론 이 모든 감각은 신체 감각을 의미한다.

학교에서 사용되는 '미네아폴리스 미네소타의 아동 성폭력 방지 프로젝트(Child Sexual Abuse Prevention Project, Minneapolis, Minnesota)'는 '좋은 접촉'에서 '혼란스러운 접촉' '나쁜 접촉'에 이르기까지 접촉을 알기 쉽게 설명하고 있다. 좋은 접촉은 무언가를 받은 듯한 느낌으로 묘사된다. 아이들에게 어떤 종류의 접촉이 좋은지 물어보면, 일반적으로 포옹, 동물 쓰다듬기, 게임하기, 부드러운 담요로 둘러싸기, 껴안기, 엄마와 아빠가 등을 문질러 주는 것 등을 말한다. 나쁜 접촉의 예로는 때리기, 밀기, 머리카락 잡아당기기, 엉덩이 때림, 공격적인 간지럼 및 생식기 또는 가슴을 만지는 것, 간단히 말해서 원하지 않는 모든 접촉을 포함한다.

'좋음' 또는 '나쁨'을 명확하게 느끼는 접촉 외에도 아이를 혼란스럽게 할 수 있는 접촉이 있다. 뭔가 편안하게 느껴지지 않는 접촉도 있다. 그런 접촉이 아이를 놀라게 하거나 압도하더라도, 자신이 사랑하거나 존경하는 어른이 하는 접촉이기 때문에 아이는 참게 된다. 또는 그것은 특별한 관심과 '은밀한 시간'을 주는 것 같아 즐겁게 느껴지지만 그 비밀에 대한 두려움 때문에 혼란스러워진다. 때로는 접촉 자체가 즐거운 동시에 역겹게 느껴지는 혼란을 겪을 수도 있다.

아이가 느낀 느낌, 직감 및 혼란스러운 감정을 위험에 대한 경고로 받아들이도록 아이들에게 가르치면 성학대를 예방할 수 있다. 위험한 상황에 빠지기 전에 아이는 자신이 보고, 듣고, 요구받은 것이 가슴이 철렁 내려앉는 기분이 든다거나, 빠른 심장 박동 및 손

바닥을 통해 뭔가 매우 잘못되었다는 두려움을 느낄 수 있다. 이것은 신뢰하는 사람으로부터 도움을 받아야 한다는 신호이다. 때때로 아이들의 직감은 모호한 '어-오(Uh-oh)'가 조기 경보 신호가 된다. 또는 이유를 모르는 채 부끄러움, 당혹감 또는 죄책감을 느낄 수 있다. 그들은 문자 그대로 배가 아픈 것 같은 극심한 혐오감을 경험할 수도 있다. 때로 그들은 무감각하고, 무력감을 느끼며, 아무것도 할 수 없게 되거나 두려움 때문에 무언가가 잘못되었다는 것을 알게 된다. 아이가 일종의 아무것도 할 수 없다는 느낌이 들면 어떻게 말하고 행동할지 생각하고 실행하기가 어려울 수 있기 때문에 사전에 어떻게 행동하고, 어떻게 말할 것인가를 연습하는 것이 특히 중요하다.

아무튼 당신은 다음과 같이 아이를 교육시킬 수 있다. 1) 자신의 신체 내 감각을 인식하고 신뢰한다. 2) 불쾌하거나 불편하고 혼란스러운 감정을 느끼면 즉각 도움을 요청한다(당신이나 아이가 안전하다고 느끼는 근처의 누군가에게). 3) 그 사람이 누군지 또는 그 사람이 아이에게 어떤 말을 했는지 혹은 '비밀'이 드러나면 위협을 당할 수 있는지와 관계없이 당신은 아이를 믿고 보호할 것이라는 점을 확신시킨다.

3단계: 아이에게 유인되는 것을 피하는 방법 가르치기

'감각 탐지기'를 조기 경보 신호로 믿는 방법을 훈련 받는 것 외에도, 아이들은 어떤 함정을 피해야 하는지 배울 필요가 있다. 아이들이 주변에 문제가 있는 형들과 어른들이 있다는 것과 그들이 자신을 이용할 수 있다는 것을 미리 안다면, 아이에게 누군가 접근했을 때 아이가 스스로를 비난할 가능성은 적어진다. 또한 아이들이 '미끼를 물' 가능성도 적어진다.

카렌 아담스(Caren Adams)와 제니퍼 페이(Jennifer Fay)는 『더 이상 비밀은 없다(No more secrets)』라는 저서에서 다음과 같이 제안했다.

- 우스꽝스럽게 느껴진다.
- 다른 아이들과 그/그녀를 분리하는 것처럼 보인다.
- 가족의 규칙에 어긋난다.
- 비밀을 요구한다.
- 부적절한 '특별한' 호의처럼 보인다.

아이들이 앞에서 언급한 내용과 같은 요구를 받는다면 요구를 거절하고 보고해야 하며, 그 사람이 권위 있는 인물이든, 이런저런 설득을 하든 상관없이 부모가 자신을 도와줄 것이라고 생각해야 한다.

자녀의 나이에 따라 직접적인 정보를 제공하는 것이 중요하다. 성추행은 다음과 같이 정의할 수 있다. 누군가 아이를 만지거나, 아이를 훑어보는 것, 또는 아이에게 괴상하고 혼란스럽거나 불편한 느낌을 주는 방식으로 아이를 만지거나 쳐다보도록 요청하는 것이다. 불명확하게 말하기보다는 신체 부위와 일어날 수 있는 상황을 지정하여 말하는 것이 도움이 된다. 예를 들어, 당신은 십 대 자녀에게 "누군가 너의 가슴에 살짝 닿고 나서 실수인 척할 수 있어"라고 말할 수 있다. 학령기 자녀에게는 "오빠나 형, 교사 또는 어른이 화장실에서 너의 성기(질, 항문)를 만지려고 할 수도 있어."라고 말할 수 있다. 자녀의 나이, 이해도 및 상황과 관련된 다양한 사례를 제시해야 한다. 미취학 자녀에게는 "누군가 너를 너무 가까이에서 안거나, 문지르거나, 너의 바지에 손을 넣으려고 할 수 있어."라고 설명할 수 있다. 다시 말하지만, 당신이 아이의 경계를 존중할수록 아이는 부적절한 접촉을 알리고 말하는 것을 잘하게 된다. 이 장의 뒷부분에서는 가족을 위한 경계 강화 연습을 하고, 이 장에서 배운 몇 가지 원리를 보강할 것이다.

아이들은 '누군가'가 누구인지 알 필요가 있다

물론 아이에게 낯선 사람으로부터 탈것, 사탕, 선물 등을 받는 것에 대해 경고해야 한다. 또한 아이들에게 잠재적으로 위험한 '누군가'가 가까운 이웃, 친척, 베이비시터, 교사, 코치, 스카우트 지도자, 레크리에이션 책임자, 형제자매 또는 종교 지도자일 수도 있다고 말해야 한다. 사람들은 친절할 수도 있지만 비열한 짓을 하기도 한다는 것을 알아야 한다. 아이들은 다른 아이들(거의 대부분 폭력을 당했던)이 성폭력자가 될 수 있음을 알아야 한다.

이 장의 연구를 검토할 때, 가장 놀랄 만한 통계 중 하나는 아동의 상당 부분이 오빠나 형, 십 대 베이비시터에 의해 성추행을 당했다는 것이다. "형제(자매) 간의 근친상간은 아버지와의 근친상간보다 5배나 흔하게 발생한다." 다른 통계는 다음과 같다. 성폭력을 당한 형제자매의 평균 연령은 8.2세이며, 가장 빈번하게 보고되는 학대 시작 연령은 5세이다. 그 나이는 아이들이 호기심을 가지고 자연스럽게 저절로 사랑을 하는 특별한 나이이다.『아동 · 청소년 정신의 학저널(Child Adolescent Psychiatry Journal)』(1996)과 형사 사법 통계 자료(Criminal Justice Source Statistics, 2000)에 따르면, 대부분 범죄자의 평균 연령은 14세이며, 모든 연령대 중에서 14세 청소년에서 성범죄자가 가장 많다고 한다. "아동 성추행범의 59%가 사춘기에 비정상적인 성적 호기심을 보이기 시작했다고 한다." 사춘기에 호르몬이 왕성해지고, 십 대들은 보통 새롭게 나타난 성적 충동과 욕구로 괴로워한다. 게다가 십 대 청소년들은 연약한 어린이에게 가해지는 장기적인 피해를 이해하지 못하므로 부모의 지도가 필요하다.

　누군가를 성폭력하려는 사람은 무력을 사용할 수도 있지만 속임수를 더 자주 사용한다는 것 또한 아이들이 알아야 한다. 좀 더 구체적인 예를 들자면 다음과 같다. 아이가 고양이를 아주 사랑하는 것을 아는 베이비시터 또는 큰 아이들은 "내 무릎에 앉아서 이 비디오를 보면 내 새끼 고양이 중 한 마리(또는 애완용 고양이)를 줄게."라고 말할 수 있다. 또는 교구의 신부가 "너는 복사가 될 수 있다. 하지만 네가 충분히 컸는지 봐야 하니 우선 옷을 벗고 이 옷을 입어 보아라."라고 제안할 수도 있다. 아이들은 그들이 아무에게도 말하지 못하게 할 수도 있다는 것을 알아야 한다. 비밀을 지키도록 위협을 받았다면, 아이를 위협한 사람에게 잘못이 있음을 아이에게 알려 주어야 한다. 아이가 당신에게 말을 해야 당신이 아이가 피해를 당하지 않도록 보호할 수 있다.

4단계: 아이에게 '싫어요'라고 말하는 연습시키기

아이가 부적절하다고 느끼거나, 마음이 상하고 불편하거나, 혼란스러운 접촉을 막을 수 있는 능력을 키우기 위해서는 그들의 삶의 다른 영역에서 거부할 권리를 행하고 경험해야 한다. 이렇게 하면 그런 능력은 자연스럽게 자신감의 일부분이 되고, 발달하는 아이들의 두뇌에 각인된다.

이 과정은 부모가 가능한 한 자녀가 좋아하는 것과 싫어하는 것을 존중해 주고, 연령에 맞는 선택을 할 수 있도록 할 때 일어난다. 예를 들어, 음식, 옷 및 놀이 활동의 선택을 들 수 있다. 부모는 아이에게 "이건 네 건강에 좋은(안 좋은) 거야."라고 말하기보다는 "나는 네 엄마(또는 아빠)이고 그렇게 하라고 말했다!"라고 하며 아이가 싫어하는 것을 입히거나 맛 없는 것을 먹게 하며 아이를 존중하지 않는다. "아버지가 제일 잘 알아."라고 하며 부모가 반복적으로 자녀의 감정, 취향, 의견 및 감각을 무시하는 경우, 권위에 대해서는 절대 의문을 품어서는 안 된다는 식으로 말하며 아이의 의식에 지울 수 없는 영향을 남기게 된다. 그것은 또한 아이에게 자신의 직감을 믿지 않도록 가르치는 것이다. 어른들은 "밖은 아주 따뜻한데 왜 이렇게 추워해?" 또는 "그 꽃을 파란색으로 칠하지 마. 그것들은 주황색이잖아!" 또는 "어른이 되었을 때 선택할 수 있어."라고 말하며 그런 영향을 주게 된다.

아이들이 이런 유형의 권위주의적인 환경에서 자라면, 스트레스를 받고 혼란스럽거나 겁을 먹었을 때 어른에게(특히 어른이 되려면 자신의 감정을 배제해야 한다고 가르친 사람에게) 갑자기 "싫어요(NO)."라고 말할 수 있는 기지를 발휘하기 어렵다. 이러한 아이들이 성폭력을 당하게 되면 스스로를 비난하고, 늘 수치심, 죄책감 및 고립감을 느끼기 쉽다. 자신의 선택이 가치 있다고 생각하고, 다른 사람이 불편하거나, 거칠고 불쾌하게 대할 때 부모가 자신을 보호해 줄 것이라는 것을 알고 자란 아이들은 그들이 위험한 상황에 처했다고 느낄 때, "아니요!"라고 말하며 자신의 권리를 주장할 가능성이 더 크다.

이런 경계를 설정하는 행동은 아기가 안전하다고 느껴지지 않는 누군가가 자신을 안았을 때 울며 거부하면 부모가 돌봐 주는 것에서부터 시작된다. 부모가 손위 형제자매나 반 친구들이 괴롭히거나, 못 참을 정도로 간지럽힌다거나, 때리고 물며 발길질하는 것을 막아 주는 것이 중요하다. 어떤 이유에서이든 아이들이 누군가 자신을 껴안거나 바짝 달라붙는 것을 원하지 않는다면, 그러한 행위를 강요당하거나 아이들의 의사가 무시되어서는 안 된다. 우리가 접촉을 막고 경계를 형성하려는 아이들의 권리를 무시하거나 조롱한다면, 미래에 어떻게 스스로를 보호할 수 있겠는가? 대신에 우리는 아이 각각의 비언어적인 "아니요."를 존중해야 하고, "아니요." "그만 하세요." 또는 "하지 마세요."라고 말하도록 많은 연습을 시켜야 한다. 아이들은 누가 안전하고, 누가 그렇지 않은가에 대해 본능적인 감각을 가지고 있다. 당신, 부모는 이 감각을 신뢰하고 자녀의 느낌을 변화시키려고 하기보다는 발달하도록 촉진시켜야 한다.

성폭력범은 대부분 가족의 친구이거나 또는 친척이기 때문에 그 폭력은 어린 시기에 지속적으로 일어나는 것이 일반적이다. 보통 성폭력은 실제 폭력이 발생하기 훨씬 전부터 음란한 생각과 함께 시작된다. 다음 이야기는 자녀에게 귀 기울이는 것이 얼마나 중요한지를 보여 준다.

제니와 셔먼 삼촌

제니가 8세가 되었을 때, 셔먼 삼촌에게 '이상한 느낌'을 갖기 시작했지만 이유를 알 수 없었다. 제니는 사촌들과 놀기를 좋아했지만, 그들이 돌아갔을 때 좀 더 편안함을 느꼈다. 12세가 되었을 무렵, 제니는 왜 자신이 그렇게 조심스러웠는지를 알게 되었다. 제니는 밤새 아주 혼란스러웠다. 다음 날 제니는 엄마에게 외삼촌이 아이들과 '레슬링 게임'을 할 때 자신을 고정시키고 의도적으로 삼촌의 몸을 자신의 몸에 비비고 최근에 발달하고 있는 자신의 가슴을 만졌다고 전했다.

제니의 엄마는 이 '적신호'를 묵살하고 제니를 지키기보다 외삼촌의 이미지를 보호했다! 엄마는 제니에게 셔먼 삼촌은 "결코 그런 짓을 하지 않았을 거야. 셔먼 삼촌은 좋은 사람이고, 우연히 만지게 되었을 거야."라고 말했다. 제니 엄마는 제니의 직감을 강화시킬 수 있는 기회를 놓쳤고, 셔먼 삼촌과 무슨 일이 있었는지 그리고 그것이 조카에게 어떤 영향을 주었는지에 대해 솔직하게 이야기함으로써 삼촌이 결코 다시는 제니 또는 다른 아이들을 그런 식으로 대하지 않도록 하여 미래의 폭력으로부터 제니를 보호할 수 있는 기회를 놓쳐 버렸다. 또한 제니 엄마는 삼촌이 제니와 단둘이 있지 못하도록 확실히 했어야 한다. 게다가 제니 엄마는 슬프게도 딸이 자신의 감정을 정리하고 다음에 비슷한 일이 다시 일어났을 때 어떻게 해야 할지 가르쳐 줄 수 있는 기회도 놓쳐 버렸다.

대신 제니는 혼자 감정을 다루어야 했다. 제니는 셔먼 삼촌과 있었던 일 때문에 이제 막 싹트기 시작한 성에 대한 관심을 불편하게 느꼈고, 자신의 몸을 부끄러워하게 되었다. 또한 정보를 제공받지 못한 제니는 대부분의 아이처럼, 뭔가 잘못되었다고 생각한다거나 이런 일은 결코 일어나지 말았어야 한다고 생각했다.

제니가 16세가 되었을 때, 제니 엄마는 서면 삼촌에게 자신이 자동차 수리를 하는 동안 학교에서 제니를 픽업해서 집에 데려다 달라고 부탁했다. 삼촌이 자신의 집이 아닌 산을 향해 운전하기 시작했을 때, 제니는 충격을 받았다. 삼촌은 자신이 제일 좋아하는 조카에게 햄버거를 먹으러 가는 것이라고 말했다.

햄버거를 먹은 후에 그들은 산 쪽으로 계속 올라갔다. 나무가 우거진 외진 곳에 도착했을 때, 삼촌은 제니에게 자신이 제니를 항상 아주 많이 '사랑한다.'고 말했고, 브래지어를 벗으면 정말 '좋은' 기분을 느끼게 해 주겠다며 브래지어를 벗으라고 요구했다. 삼촌이 브래지어 고리를 풀면서 성폭력을 계속하는 동안에 제니는 무엇을 해야 할지 몰라 삼촌의 트럭에 꼼짝도 하지 않고 앉아 있었다.

제니가 8세 때부터 삼촌을 왜 불신하게 되었는지를 기억해야 한다! 아마도 삼촌이 자신을 음란하게 쳐다보았기 때문에 '불편함'을 느꼈을 수도 있고, 자신을 향한 강한 성적인 에너지를 제니가 감지했기 때문에 기분이 나빴을 수도 있다. 제니 엄마가 가족도 상처 입히는 행동을 할 수 있다는 것을 가르쳐 주고, 딸의 직감적 감정을 진지하게 받아들이며, 제니의 불편함을 확인하고, 제니를 보호하기 위한 행동을 취했다면, 훗날 발생한 성폭력은 피할 수 있었을 것이다. 그랬다면 제니가 성인이 되어 사랑하는 남편이 제니의 가슴을 보며 감탄하거나 만지기를 원할 때마다 고통스러운 감정으로 힘들어하지는 않을 것이다.

5단계: 아이에게 무슨 말을 하고 행동해야 하는지 가르쳐 주기

당신은 아이에게 길 건너기, 119에 전화하기, 안전벨트 착용 및 수상 안전을 가르치는 것과 같이 자연스럽게 '좋은' 접촉과 '비밀'(혼란스럽거나 나쁜) 접촉의 차이를 가르쳐야 한다. 그러나 부모는 종종 아이가 그 둘의 차이가 무엇인지, 실제로 일어났을 때 어떻게 반응해야 하는지를 이해하고 있다고 추정한다! 아이들이 말을 시작한 이후에 아이들의 이해력을 테스트하는 한 가지 방법은 자신의 말로 자신이 생각하는 바를 말하도록 하는 것이다. 또 다른 방법은 가능한 시나리오를 가지고 아이들의 취약한 부분과 연령에 맞게 조정하며 역할 놀이를 하는 것이다. 아이들은 게임을 하면서 코칭받고 연습하는 과정을 통해 가장 잘 배운다.

『더 이상 비밀은 없다』의 저자는 즐겁게 연습할 수 있는 네 가지 게임을 제안했다. 그 내용은 다음과 같다.

아이의 경계를 만드는 연습 게임

게임 1. 만약에……

이것은 이해도를 확인하고 다양한 상황에 대한 계획을 연습하기에 좋은 게임이다. 온 가족이 질문을 하고 각자 다른 대답을 만들어 낸다. 아이들의 사고를 자극하는 예문은 다음과 같다.

- 너의 자전거 타이어에 구멍이 난 상황에서 누군가 집까지 자전거를 옮겨 준다고 한다면 너는 어떻게 하겠니?
- 불량해 보이는 사람이 너의 공을 가져가고 난 뒤 자신의 차고로 가지러 오라고 한다면 너는 어떻게 하겠니?
- 새로운 이웃이 너에게 비밀을 지킬 수 있는지 묻는다면 너는 어떻게 하겠니?

게임 2. 스토리텔링

이 게임은 아이들이 자신을 위한 행동을 성공적으로 하는 긍정적이고 구체적인 예를 제공하는 방법이다. 이야기는 다음과 같이 진행할 수 있다.

자신이 원하는 것은 무엇이든 사 주는 형을 둔 한 어린 아이가 있었다. 하지만 그 형은 어둠 속에 숨고, 튀어나오는 행동을 하며 아이를 무섭게 만들었다. 그 아이는 무서운 것을 좋아하지 않았지만, 어떻게 행동해야 할지 몰랐다. 어느 날, 그 아이는 아빠에게 아빠도 무서웠던 적이 있는지 물어봤다. 그의 아빠는 '가끔'이라고 답했다. 아이는 아빠가 어떻게 두려워하지 않을 수 있었는지 물어보았다. 아빠는 무엇이 아이를 두려워하게 만드는지 물어봤고, 아이는 그의 형에 대해 이야기했다. 아빠는 형에게 더 이상 그렇게 하지 말라고 말할 수 있도록 아이를 도와주었고, 형이 여전히 그 행동을 멈추지 않으면 아빠에게 오라고 말했다.

게임 3. 내 공간 지키기

내 공간 지키기(face-off) 게임은 아이들이 자신의 몸의 공간과 경계의 필요성을 이해하도록 도와준다. 두 명의 아이가 얼굴을 마주보고 서서 약 열다섯 발자국 뒤로 물러난 다음 둘 중 한 명이 불편함을 느낄 때까지 천천히 서로를 향해 걸어가도록 한다. 그런 다음 아이들이 불편함을 느끼는 신체 부위를 가리키거나 명명하도록 하고, 어떤 느낌이 들었는지 설명하도록 한다. 그런 다음 다른 사람이 자신 가까이로 다가올 권한이 없다는 것을 알려 주고, 아이들이 움직이거나, 소리를 내거나, 말을 하도록 독려한다. 아이들의 신체 언어가 실제로 알리고자 하는 의미를 보여 줄 때까지 연습시킨다.

아이들은 처음에는 실수도 하고 서로 부딪힐 수 있지만, 그들은 자신의 '공간'을 보호하기 위한 신호로 서로 너무 가깝다는 것을 말할 수 있다. 아이들이 같은 게임을 나란히 서서 등을 맞대고 시도하거나 서로 다른 각도에서 접근하도록 한다. 아이들이 서로 몸의 공간 경계를 탐색한 후에 아이가 원한다면 어른과 연습할 수도 있다. 해당 어른은 처음에는 낯선 사람인 것처럼 행동하고, 다음에는 친분이 있는 사람 그리고 부모나 이웃처럼 잘 알려진 사람으로 다른 역할을 수행할 수도 있다. 이 게임은 누군가가 자신의 공간을 침범했을 때, 아이들이 그것을 신속하게 식별할 수 있도록 도와준다. 이런 방법은 앞서 이야기했던 자신의 몸의 단서와 본능적인 신호를 미세한 차이도 구별 가능하게 하여 확신할 수 있게 한다.

게임 4. "싫어요!"

이 게임은 아이들이 필요할 때 "싫어요!(NO)"라고 말할 가능성을 높인다.

1. 아이들이 하고 싶지 않은 일을 하도록 조장하는 것처럼 느껴지는 규칙을 브레인스토밍한다.

예를 들면 다음과 같다.
- 사람들에게 친절해야 한다.
- 사람들의 감정을 상하게 하지 않는다.
- 무례하게 행동하지 마라. 누군가가 너에게 말을 걸면 대답해야 한다.
- 너는 다른 사람들을 돌볼 책임이 있다.
- 다른 사람의 요구사항을 너의 것보다 먼저 생각한다.
- 어른의 권한에 의문을 제기하지 않는다.
- 항상 베이비시터가 시키는 대로 해야 한다.

이와 같은 '규칙'(지정되고, 논의되고, 인정된)은 힘을 잃고 모든 사람이 언제 그 규칙을 따르는 것이 좋을지 그리고 언제 "아니요!"라고 말하는 것이 더 나을지에 대한 선택을 할 수 있다.

2. "싫어요!"라고 말하는 연습하기
두 명 또는 한 명의 아이와 한 명의 성인이 돌아가며 서로 호의를 구하는 것처럼 행동하며 시작한다. 상대가 동의해야 하는 내용에 간단하게 "싫어요!"라고 대답하는 것으로 시작한다. 아이는 숙련되어짐에 따라 다음과 같이 말하면서 난이도를 조절한다. "문제가 뭐야. 나를 좋아하잖아?"라고 하고 어떤 대답이 나오는지 확인한다. 아이가 성인에게 "아니요!"라고 말할 수 있는 기회를 주어야 한다.

당신은 아이가 어른의 요청에 얼마나 쉽게 응하는지를 보고 놀랄 것이다. 아이들은 자신이 다르게 행동하는 것이 다른 사람에게 불쾌감을 주거나, 불순종하거나, 무례한 것이라고 생각한다. 이 게임은 당신이 잠재적인 폭력 상황에서 아이들이 어떻게 행동하는가를 평가하고, 아이들이 자신감을 가지고 강하게 "아니요!"라고 말하는 연습을 도와준다.

당신의 아이가 더 크고 더 강한 사람이나 자신에 대한 권위를 가진 사람 주위에서 학습된 신체적 무력감에 대항하도록 도와야 한다. 앞의 게임 이외에 체계화된 운동, 무술, 피트니스 운동, 달리기 게임, 팔씨름 및 특정한 아이의 '모델 머깅(model mugging)' 수업과 같은 여러 활동이 무력감에 대한 해결책으로 신체의 유능감을 증진시킬 수 있다.

대부분의 아이는 왜 말하지 않는가: 아이가 말하는 것을 안전하게 느끼도록 만들기

『미스 아메리카 바이 데이(Miss America By Day)』에서 마릴린 반 더버(Marilyn Van Derbur)는 의문을 제기했다. "아이들은 말하는 것이 안전할까요?" 그녀는 그 반어적 질문에 대답했다. "너와 나만이 안전하게 만든다." 이것은 무슨 뜻일까? 그녀는 처음으로 성폭행을 겪는 평균 연령이 5~6세라는 연구를 인용했다. 18세 이전에 부모에게 말한 아이들은 다음과 같은 부모의 부정적인 반응을 경험했다(일부는 여러 반응을 경험했다).

- 아이에게 화를 냄(42%)
- 아이를 비난함(49%)
- 말한 내용을 무시함(50%)
- 히스테리를 부림(30%)

　믿기지 않을지도 모르지만 보통의 아이들은 결코 말하지 않는다! 학교 심리학자인 나는 수많은 아이들이 자신의 비밀을 털어놓은 첫 번째 사람이 '나'라고 말했다는 사실로 알 수 있다! 아이들은 일반적으로 책임과 처벌을 두려워한다. 내가 들은 공통적인 대답은 "엄마가 알면 나를 죽일 거예요!" "엄마/아빠는 나를 그냥 거짓말쟁이라고 부를 거예요." "엄마는 그 사람에게 화내고 싶지 않기 때문에 아무것도 하지 않을 거예요." "아빠는 전적으로 내 잘못이라고 말할 거예요."

　반가운 소식은 당신이 당신의 가정에 안전한 환경을 조성할 수 있다는 것이다. 그것은 당신의 아이들에게 좋은 결과를 가져다줄 것이다. 또 다른 연구는 이 점에 대해 다음과 같이 입증했다. "학대 직후, 즉각적으로 또는 매우 짧은 시간 내에 누군가에게 말을 하고 믿음과 지지를 받은 사람들은 장기적인 트라우마 증상이 상대적으로 적었다. (일반적으로 두려움이나 부끄러움 때문에) 말하지 않았거나 말을 하고 나서 부정적인 반응이나, 비난하고, 믿지 않거나, 조롱하는 반응을 받은 사람들은 심각한 정신적 외상을 입은 것으로 분류되었다." 반 더버는 처음으로 아이들을 옹호하기 시작했을 때, '아이들을 믿으십시오(BELIEVE THE CHILDREN).'라고 쓰인 스티커를 만들어서 수백 대의 자동차 범퍼에 부착했다.

당신의 자녀가 당신에게 말할 확률을 높여야 한다. 1) 일찍이 유치원에 다닐 시기에 부적절한 접촉에 대해 가르쳐야 한다. 2) 자신의 잘못이 아님을 아이에게 알려 준다. 3) 당신이나 다른 안전한 어른에게 언제, 어떻게 말해야 하는지 가르치고 역할극을 해 본다. 4) 당신은 아이를 믿고 보호해 줄 것이라는 것을 아이에게 미리 알려 준다. 5) 당신은 아이를 결코 거부하거나 처벌하지 않을 것임을 아이에게 알린다. 다시 말해, 아이가 쉽게 말할 수 있도록 해 주어야 한다!

데이트 강간 및 기타 십 대의 문제

사생활, 경계 및 성생활의 부분에서 건강한 역할 모델 없이 성장하고, 조기에 해결되지 않은 성적인 상처를 받은 십 대들은 데이트를 할 때 연습만 할 뿐이지 그 자리에서 자신의 안전을 인식조차 하기 어렵다. 부모, 조부모 또는 형제자매가 자신의 감정, 의견 및 권리를 무시하거나 최소화한 경우, 집에서 "아니요."라고 말한 적이 없는 (그 말이 존중받지 못한) 청소년은 데이트 할 때, 남자아이와 단둘이 있을 때, 어두운 밤 차 안에서, 심지어는 대낮에 고등학교 캠

퍼스에서 곤경에 처하게 된다!

불행히도 고등학교 및 대학에서 데이트 강간은 너무 자주 발생한다. 미국의 한 연구에 따르면, 대학생 4명 중 1명은 강간 또는 강간 시도의 희생자였다고 한다. 부모는 10세부터 12세까지의 십 대 청소년과 지속적인 대화를 해야 한다. 당신의 아들과 딸이 다양한 상황에서 받아들이고 받아들일 수 없는 행동에 대해 어떤 개념을 가지고 있는지를 알아내야 한다. 청소년의 호르몬 분비가 왕성할 때, 그들 스스로 명확한 판단을 내릴 수 있다고 생각하면 안 된다. 또한 청소년들은 갑자기 어른의 몸이 되었기 때문에 당신의 지도가 필요 없다고 생각해서도 안 된다. 십 대들은 보통 다른 어느 때보다 인생에서 이런 중요한 시점에 더 많은 지도를 필요로 한다.

다음 세대에 되물림: 유산을 바꾸기

우리가 성적 가치와 행동에 대한 많은 혼란이 있는 문화 속에서 살고 있다는 것은 전혀 문제에 도움이 되지 않는다. 성적 에너지와 생명력은 거의 동일하다는 사실이 종종 간과된다. 삶에 대한 열정을 가진 사람들은 주위에 영감을 주고, 행복감을 주는 창의적인 에너지를 꽃 피운다. 그것은 삶에 긍정적인 영향을 준다. 그들은 '풍부한' 사람으로 간주된다. 그들의 주변 사람들은 그들의 번뜩임과 창조적인 충만함을 흡수한다. 그들은 규범이 되기보다는 눈에 띄게 된다.

창조적인 삶의 힘은 무엇인가? 어디에서 유래되었나? 인도 문화에서 창조적인 삶의 힘은 '두 번째 차크라 에너지'라고 불리고, 우리의 생식 기관에서 발생한다고 한다. 그것은 음유시인들이 노래하게 만들고, 위대한 거장들이 작곡, 건축, 그림을 그리고, 연극을 제작하여 우리를 즐겁게 하고, 시간 여행을 지속하게 해 주는 문학 작품을 쓰도록 만드는 각성 에너지이다. 그것은 창조와 생식의 에너지이다. 사회와 종교 기관은 이 강력한 힘에 대해 많은 두려움이 존재해서 전통적으로 그 힘을 약화시키려고 했다.

유감스럽게도 사람들이 감정과 감각을 다스리는 것은 일반적이지만, 혼란스럽게 죄책감을 느끼는 강한 감정이 예고 없이 일어날 때 평범한 사람들은 무엇을 해야 할지 생각하는 것이 어렵다. 어떤 생각, 감정 및 감각이 적절하거나 부적절한 것인지를 판단하려는 시도는 부끄러운 일이다. 생각은 생각이고, 감각은 감각이다. 더 이상 말할 필요가 없다! 사람들이 부적절하게 행동했다고 느낄 필요가 없다.

도덕적 판단이 없어지면 개인은 자신의 진정한 삶의 에너지를 자유롭게 인정하고 경험할 수 있다. 그들을 부정하거나 억제하지 않으면 성에 대한 건강한 결정과 표현이 더 많이 일어날 것이다. 말할 수 없었던 것들은 말할 수 있게 되고, 가족은 건강한 행동을 형성하는 모델이 될 수 있다.

한 가지 더 말하자면, 우리는 많은 성공적인 가정이 같은 성별의 두 부모, 한부모, 의붓 가정 또는 혼합 가족과 같이 전통적인 가정이 아닐 수 있다는 현실을 인정하고자 한다. 우리가 여기에 제시한 가족 형태 중 일부가 당신의 상황과 관련이 있을 것이라고 확신한다.

모든 가족에게는 포옹, 잡기, 껴안기 및 마사지와 같은 양육적 접촉이 필요하다. 그러나 위로, 보살핌, 힘 또는 성적 만족감에 대한 자신의 욕구를 충족시키려는 어른이나 큰 아이가 자유롭지 않거나 자유롭다고 인식하지 못하는 선택 상황에서 스스로를 이해하고 보호할 능력이 없는 아이(또는 다른 누구)를 착취하는 것은 결코 받아들일 수 없다.

이 장의 내용이 결코 완전한 것은 아니다. 부모들이 자녀들에게 건강한 성행위, 정상적인 성적 발달 및 성폭력에 관해 이야기할 수 있게 도와주는 훌륭한 책들이 많이 있다. 이 책에 인용된 카렌 아담스와 제니퍼 페이의『더 이상 비밀은 없다』는 '오래된 것'일지 모르지만 그것은 보석처럼 '좋은 것'이다.

또한 마릴린 반 더버의『미스 아메리카 바이 데이』에서는 성학대의 장기적인 영향에 대해 세심하고 개별적으로 광범위하게 설명했다. 이것은 아이들의 성폭력 예방을 위한 매우 귀중한 안내서이다. 피터 레빈(Sounds True, 2003) 박사의『The CD Sexual Healing, Transforming the Sacred Wound』는 다양한 연습을 안내하는 오디오 학습 시리즈이다. 십 대와 성인을 위한 이 장과도 매우 잘 어울린다.

제7장

이별, 이혼 및 죽음

-아이가 애도 과정을 헤쳐 나가도록 돕기-

이 장은 자녀가 분리와 상실에 수반되는 애도(grief)[1]를 처리하도록 돕는 것을 중점적으로 다룬다. 때때로 부모가 일을 위해 자주 여행을 가거나 군인인 경우, 헤어짐은 일시적으로 일어날 수 있다. 때로는 헤어짐이 비극적인 사망 사고 또는 불치병과 같이 예기치 못하고, 갑작스러우며, 지속적일 수도 있다. 아마도 이혼에서 종종 발생하듯이, 분리에 대한 위협은 오랫동안 어두운 구름과 같이 기분 나쁘게 다가온다. 어찌 되었든 아이들은 정도의 차이는 있지만 스트레스와 깊은 슬픔으로 고통받을 수 있다. 헤어짐이 예기치 못하게 발생할 때, 충격과 애도는 서로 불가분하게 얽히게 된다. 다음의 정보는 아이들이 고통스러운 충격과 애도 두 가지를 잘 넘어가도록 안내할 수 있게 당신을 도와줄 것이다.

애도의 증상 대 트라우마 증상

트라우마가 발생할 때마다, 애도도 존재한다. 애도는 상실에 뒤따르는 감정이다. 트라우마란 화재나 홍수와 같은 자연 재난을 통해 발생했든, 성추행이나 유기와 같은 배신에서 왔든 그것은 큰 가치가 있는 무언가를 잃어버린 것이다. 집 및 개인 자산과 같은 물질

---

1) 중요한 대상과의 이별, 심리적 상실 등을 경험한 후에 일어나는 인지적, 정서적, 행동적 변화의 과정–역자주

적 손실 또는 순결의 상실 같은 무형의 무언가의 손실 여부에 관계
없이 '세상이 안전하다.'라는 느낌이 사라진 것이다. 트라우마 없이
애도를 느낄 수 있지만, 애도 없는 트라우마는 불가능하다.

애도와 트라우마의 증상은 다르다. 아이가 늙거나 병든 애완동
물의 죽음과 같은 깊은 슬픔을 경험할 때, 그것에 대해 이야기하는
것은 그다지 어렵지 않으며 일반적으로 도움이 되기도 한다. 하지
만 충돌사고를 목격한 아이는 말문이 막히게 된다. 아이의 눈앞에
서 강아지가 차에 치이게 되면, 애도는 트라우마로 인해 복잡해진
다. 강아지의 죽음은 예기치 못했고, 극적으로 일어났기 때문에 감
정과 심상이 한 번에 모두 소화될 수 없다. 그 공포를 다루어서 충
격이 아이의 몸과 마음에서 방출될 수 있도록 해야 한다.

아픈 애완동물을 임종까지 돌보는 일상은 현실적으로 여겨지지
만, 건강했던 강아지나 고양이의 비극적인 죽음은 매우 비현실적
으로 느껴진다. 애도는 정서적이고 현실적으로 느끼지만, 충격은
비현실적으로 보인다. 앞의 두 가지 경험 모두 애완동물을 상실한
고통스러운 경험임에도 불구하고, 이런 점에서 트라우마와 애도는
큰 차이가 난다.

2001년에 사회 연구자인 윌리엄 스틸(William Steele)과 멜빈 레
이더(Melvyn Raider)는 트라우마 반응이 애도 반응과 다르다는 중
요한 차이를 보여 주는 차트를 작성했다. 다음의 비교 결과는 우리
의 몸 기반 접근 방식에 더 적합한 것으로 보인다.

애도	트라우마
일반화된 반응은 슬픔이다.	일반화된 반응은 두려움이다.
애도 반응은 단독으로 나타난다.	트라우마에는 일반적으로 슬픔의 반응이 포함된다.
애도 반응은 대부분의 전문가와 일부 일반인에게 알려져 있다.	특히 아이들이 경험하는 트라우마 반응은 대중과 많은 전문가에게는 잘 알려지지 않았다.
애도 상태에 있을 때, 말을 하는 것이 안도감을 줄 수 있다.	트라우마를 겪고 있을 때, 말을 하는 것이 어렵거나 불가능할 수 있다.
애도 상태에 있을 때, 상실이 확인되면 고통을 느낀다.	트라우마에서 고통은 공포, 극도의 무력감, 안전감의 상실을 유발한다.
애도 상태에 있을 때, 분노는 일반적으로 비폭력적이다.	트라우마에서 분노는 종종 다른 사람이나 자신에게 폭력적이게 된다(약물 남용, 배우자 및 아동 학대).
애도 상태에 있을 때, 죄책감은 "내가 …했다면/안 했다면 좋았을걸"이라고 말한다.	트라우마에서 죄책감은 "내 잘못이었다. 나는 그것을 막을 수 있었다." 그리고/또는 "내가 대신 그 일을 겪어야 했다."라고 말한다.
애도 상태는 일반적으로 우리 자신의 이미지와 자신감을 공격하거나 '손상'시키지 않는다.	트라우마는 일반적으로 자신의 이미지와 자신감을 공격하고, 왜곡하고, '변형'시킨다.
비탄에 잠겨 있을 때, 고인에 관한 꿈을 꾸는 경향이 있다.	트라우마에서는 자신이 희생자로 나타나는 악몽을 꾼다.
애도는 일반적으로 트라우마를 포함하지 않는다.	트라우마는 애도 반응 이외에 플래시백, 회상, 깜짝 놀람, 과잉 경계, 멍해짐 등 특정한 반응을 수반한다.
애도는 정서적 발산을 통해 치유된다.	트라우마는 에너지 방출 또는 자기 조절을 통해 치유된다.
애도 반응은 시간이 지남에 따라 자연적으로 감소한다.	트라우마 증상은 시간이 지남에 따라 악화되어 PTSD 그리고/또는 건강 문제로 이어질 수 있다.

트라우마와 애도의 구분이 중요한 이유는 무엇인가

트라우마와 애도의 구분은 여러 가지 이유에 있어서 중요하다. 상실감에 빠진 아이들의 슬픔과 침울함은 쉽게 알아볼 수 있지만, 종종 이별로 인해 망연자실한 아이는 말없이 고통을 받는다.

부모는 아이가 보이는 행동 문제, 두통 또는 복통 등을 아이가 겪고 있는 스트레스와 연결 짓지 못할 수도 있다. 그렇기 때문에 아이는 '잘못된 행동'이라고 무시당하거나 벌을 받을 수 있고, 이해가 어려운 의학적 문제가 있다고 오진을 받을 수 있다. 영민한 부모가 이러한 차이를 충분히 잘 구별할 때, 아이들은 오해와 잘못된 치료로 인한 어려움을 겪을 가능성은 적어진다.

애도와 트라우마의 차이를 아는 것이 중요한 또 다른 이유는 아이가 처음 쇼크 반응을 보일 때 도움이 되는 방법과 애도를 겪는 아이를 안내하기 위한 방법이 서로 다르기 때문이다. 아이가 트라우마적인 상태에서 벗어나도록 도움을 받는다면, 애도 과정의 여러 감정은 자연스러운 과정을 통해 더 자유로워질 것이다. 반면, 도움을 받지 못하고 충격 상태가 계속된다면 아이는 무력감을 경험하게 되고, 이로 인해 만성적인 스트레스에 대한 취약성이 증가되어 갑작스러운 기분 변화 및 추후에 성격 장애를 겪을 수도 있다.

트라우마가 해결되면 아이들은 애도와 생활 두 가지 모두를 잘할 수 있다. 그렇지 않다면, 아이들은 지금의 현실에 있기보다는 예전에는 어땠는데('끔찍한 일'이 일어나기 전) 하는 환상에 쉽게 빠질 수 있다. 그 결과, 정서적 발달의 실패를 초래한다. 마치 그 시간에 멈춰 있는 것처럼 아이의 삶은 엉망이 될 것이다. 놀랍게 느껴지겠지만 우리는 이혼한 가정의 십 대들이 가족 초상화를 그릴 때 자신의 친부모에 대해서 '그 후로도 여전히 함께 잘 살고 있는' 모습으로 그리는 반면, 그들의 양부모나 의붓 형제자매들은 그리지 않음을 분명히 목격했다(비록 10년이 지났음에도!).

불행히도 앞에서 언급한 상실에 대한 수용의 거부와 부인의 예는 매우 일반적이다. 이혼, 죽음 또는 이별에 대한 아이의 애도 과정은 트라우마적 반응으로 방해를 받는다. 상실의 고통을 피할 수는 없지만, 그것은 느껴지고 표현되고 '극복되면서' 아이에게 인생이라는 더 큰 그림의 일부(실망스럽지만 뿌듯하기도 한)가 될 것이다. 아이들이 애도 상태로 인한 충격에서 벗어나도록 하고, 이혼과 죽음의 거친 물살 사이에서 길을 찾도록 돕는 것이 이 장의 주된 취지이다.

이혼에 대한 두 가지 관점: 장밋빛 또는 암흑

난 너와 아이들을 위해 한 거야.

사랑은 기쁨이라고 가르쳐 주고 싶어.

엄마와 아빠가 보여 주려고 했던 것은 거짓된 사랑이 아니었어.

널 위해서 그리고 날 위해서 그랬던 거야.

그리고 난 아직도 믿고 있어.

네가 포기하거나 타협할 수 없는 유일한 한 가지,

네가 사랑할 때 진정 필요한 거야.

— 케니 로긴스(Kenny Loggins) —

(그의 앨범 Leap of faith에서 가져온 〈The real thing〉)

미국의 유명한 컨트리 가수 태미 와이넷(Tammy Wynette)은 이혼을 '하찮고 꺼려지는 말(a dirty little word)'이라고 부르면서 이혼에 대한 노래를 불렀다. 반면에 가수인 케니 로긴스(Kenny Loggins)는 딸 아만다에게 엄마를 떠나는 자신을 용서하기를 바라는 마음을 담은 'The Real Thing'이라는 노래를 썼다. 그는 딸 아만다가 '진정한 것(the real thing)'을 마주하기 너무 두려워서 힘든 결혼 생활의 역동을 사랑으로 혼동하는 실수를 범하지 않기를 바란다고 노래한다.

우리 모두는 가족이 헤어지는 과정에서 시작되는 괴로운 여정을 피할 수 없다는 것을 알고 있다. 전문가들은 결혼에서 행복과 성공, 보편적인 직업과 생활 측면에서 성인 자녀에게 미치는 이혼의 장기적 영향에 대해 상반되는 연구를 발표했다. 현재 두 가지 극단적인 견해가 존재한다. 1) 이혼은 아이들에게 영원한 상처를 남기고, 그것이 성인기의 인간관계로 이어질 것이기 때문에 부모는 '자녀를 위해서' 함께 있어야 한다. 그리고 2) 케니 로긴스가 노래한 것처럼 불행한 결혼 생활은 관계의 좋지 않은 본보기가 되고, 거짓된 관계가 아이들에게 안 좋은 영향을 미치기 때문에 부모는 자녀를 위해 함께 있으면 안 된다. 더욱 애석하게도 아이들이 결혼을 할 때 마치 최면에 걸린 듯이 '친숙한' 느낌, 소리 및 외모에 매력을 느끼면서 그런 부모의 관계 패턴을 반복한다.

메리 듀엔왈드(Mary Duenwald)는 2002년 3월 26일, 『뉴욕 타임즈(New York Times)』의 〈이혼 아이의 두 가지 자화상: 장밋빛과 암흑〉이라는 제목의 기사에서 양측의 재미있는 이론을 통해 이혼 가정 아동의 예후에 관한 두 가지 측면의 연구 결과를 조사했다. 주디스 월러스타인(Judith Wallerstein) 박사의 연구에 따르면, 이혼한

가정의 아이들은 일반적으로 친밀한 관계를 형성하기가 힘들다고
했다. 그들은 회복하지 못하는 것이 아니라 분명 도움을 필요로 한
다. 좀 더 낙관적인 측면에서 마비스 헤더링턴(Mavis Hetherington)
박사의 연구에 따르면, 그녀의 공동 저서『더 좋든 나쁘든: 이혼 재
검토(For better or worse: Divorce reconsidered)』에서 비록 이혼은
아이들에게 항상 충격적인 경험이고 깊은 슬픔과 고통을 남기지
만, 3년쯤 지나면 대부분 상당히 잘 적응하고 있음을 보고했다. 또
한 이혼 가정의 자녀 중 20~25%가 심리적 · 학업적 어려움을 겪
지만, 부모가 결혼을 유지한 가족의 자녀 중 10% 정도가 똑같은 어
려움을 겪고 있음에 유의해야 한다. 물론 가정 폭력과 아동 학대가
있을 경우에는 이혼이 언제나 최선의 선택이다.

훨씬 더 중요한 점은 헤더링턴 박사는 아이들이 잘 지낼 것이라
는 최선의 예측 인자로 행동에 대한 높은 기준을 가지고 관여해 주
고, 유능하며, 돌봐 주는 어른의 존재라는 것을 발견했다. 반면에 아이
들이 부모 사이의 다툼에 휘말리게 되면, 나중에 성공적으로 지낼
수 있는 예후는 최악이었다. 이러한 집단의 여자아이들은 종종 우
울하고 불안해했고 남자아이들은 더 공격적이었고 반사회적인 행
동을 보였다. 부모 중 한 사람이 다른 배우자를 비난하거나 비하하
면서 이혼 후에도 갈등 상황이 지속될 때, 극심한 고통을 유발한다.

서로 다른 견해와 상관없이 양측 모두는 분명히 동의한다. 이혼
은 아프다! 그것이 적대적이든, 상호적이든 자녀 관계, 생활 방식,
재정 상황 및 가족의 생활은 영원히 바뀌게 된다. 아이들은 의존 및
발달적 욕구 때문에 가장 취약해진다. 그렇기 때문에 부모는 스스
로 끔찍한 고통(그들은 그들 자신을 위해 도움을 받을 필요가 있다)을

다루는 데 급급하더라도 아이들의 정서적 욕구에 우선적으로 주의를 기울여야 한다. 아이들은 "꼭 이혼을 해야 해요?"라는 질문을 함으로써 '아이들의 이혼'으로서 가족의 헤어짐을 경험하게 된다. 어른들도 고통을 겪지만, 아이들은 분명히 더 큰 고통을 겪는다.

이혼에서 살아남기: 자녀를 온전히 지키기 위한 안내

다행스럽게도 우리는 부모가 두 가지 극단적인 결과 중 하나를 선택해야 한다고 생각하지는 않는다. 조사연구에서 '흑백' 결론 사이에는 당신의 통제 범위 내에 많은 '회색' 영역의 요소를 포함하고 있다고 보았다. 일부 연구에서 새로운 가족 구조에 적응하도록 돕기 위한 애도 상담을 받은 아이들은 있었지만, 보고된 연구 중 어떤 연구도 아이들이 충격을 떨쳐 내도록 돕는 내용은 없었다. 전형적인 애도 상담은 아이들이 슬픔과 분노를 해결할 수 있도록 말하고, 듣고, 도와주는 것이다.

연구에서 언급한 상담 지원 중 어느 것도 몸과 연결 지어 상담하는 내용은 없었지만, 이혼을 겪는 고통이 어떤 느낌인가 이해를 돕기에 충분했다. 프리랜서 작가 비키 랜스키(Vicki Lansky)는 〈이혼: 내가 배운 10가지〉라는 기사에 다음과 같은 자신의 경험을 썼다.

이혼을 겪는 것은 신체의 경험이다. 이 경험은 나를 놀라게 했다. 내 몸은 죽음과 맞서는 소용돌이를 경험한 것 같았다. 나는 속도감, 롤러코스터 및 난기류의 비행기를 탈 때 간이 떨어지는 느낌을 싫어한다. 하지만 나는 그 모든 감정을 한꺼번에, 동시에 느꼈다고 기억한다. 이혼한 후 의자에 앉아서 쉴 때조차 그랬다. 다행히 이런 경험은 일반적으로 3~9개월에 걸쳐 지나간다.

앞의 글이 그녀의 개인적인 이야기를 공유하는 것이라면, 아이의 부모가 무엇을 하든 자신에게 어떤 일이 일어나든 아무런 통제력이 없는 아이들은 어떤 신체 경험을 겪을지 상상이라도 할 수 있을까? 그러나 부모가 이혼을 하고 이혼 후에도 의식적인 공동양육(co-parents)이 되도록 관심을 가지고, 아이들이 충격과 슬픔으로 인해 겪는 생리적 · 정서적 반응을 돕는다면, 이혼으로 인한 파괴적인 영향은 크게 줄일 수 있다고 믿는다. 가족의 고통에도 불구하고, 부모가 자녀의 욕구를 인정하고 존중하며 자녀에게 안전과 보호를 지속적으로 제공한다면 결국에는 모두가 좋아질 것이다.

충격 완충하기: 당신은 자녀에게 무엇을 어떻게 이야기하는가

당신이 아이들 앞에서 싸웠든, 사려 깊게 당신의 문제를 감추었든, 아니면 '그 일을 덮어 버렸든' 당신의 결혼 생활이 조용히 끝난다고 하더라도, 이혼은 아이들의 뒤통수를 치는 셈이다. 비록 그들의 반응을 피할 수는 없지만, 반응에 대해 준비함으로써 분명히 충격의 일부를 완충시킬 수는 있다. 부모가 자신의 충격과 슬픔을 먼저 극복하고 아이들에게 짐을 지우지 않는 것이 얼마나 중요한가는 아무리 강조해도 지나치지 않는다. 이것은 그 자체로 완충제 역할을 제공한다.

　부모가 이혼에 관한 자신들의 결정을 받아들일 시간을 가지고, 아이들에게는 어떻게 이야기할 것이며, 세부 사항은 어떻게 해결할 것인가에 대해 더 많은 시간을 할애하여 계획을 세운다면 아이들도 가능한 한 수월하게 생각을 전환하게 된다. 한 부모가 이사를 나가는 것이 자녀와 영원히 결별하는 것이 아니라 여전히 축구 연습에 데려가는 적극적인 부모로 남을 것이고, 아이가 밤에 잠들었을 때 이불을 덮어 줄 것이라는 등을 자녀가 알도록 해 주는 것이 중요하다. 아이가 하나가 아닌 두 개의 집을 가질 것이라고도 강조해야 한다. 자녀가 조금씩 이혼이라는 것에 익숙해질 수 있도록 충분한 시간을 갖는 것이 가장 좋다. 예를 들어, "네 아빠는 바람을 피우고 있어. 그래서 나는 아빠를 내쫓는 거야!"라고 말하기보다 "네 아빠와 나는 더 이상 서로 사랑하지 않아. 그러나 우리는 너를 아주 많이 사랑한단다. 우리는 서로 이혼하게 되었지만, 우리 둘 다 여전히 너와 함께할 거야."

　아이들이 통제감을 완전히 잃어버린 상황에서 극심한 무력감을 느끼는 경우, 새로운 방을 어떻게 정리하고 싶은지, 어느 부모가 학교에 데리러 오는 것이 좋은가와 같은 협의 가능한 결정에 대해 자녀의 의견을 묻는 것이 아이들에게 힘을 실어 주는 방법이 될 수 있다. 당신이 생각하지도 못했던 아이의 소소한 조정과 창의적인 생각들이 극도로 어려운 시기에 아이들의 삶의 질을 향상시키는 방향으로 나아가게 할 수 있다. 그러나 아이가 어떤 결정(누구의 집에서 아이가 추수감사절을 보낼 것인가)을 할 때, 한쪽 부모가 느낄 수 있는 외로움, 분노 및 억울함과 같은 감정에 부담을 느낄 수 있다.

자녀의 행동을 잘 기억하고 있어야 한다. 아이들이 결정에 압도당하는 것처럼 보이면, 그들이 어떻게 느끼는지에 대해 표현하도록 도와줘야 한다.

이혼에 대한 자신의 반응을 처리할 시간도 가지지 않고, 악의는 없겠지만 아빠가 이사간다는 계획을 세우지도 않은 채 아들에게 통보하는 부모의 사례를 살펴보고자 한다. 이야기가 끝나면 부모가 충격에 휩싸인 자녀를 도와주기보다 어떤 말과 행동을 했는지 알게 될 것이다.

상심한 야곱 이야기

야곱 부모의 결혼 생활이 한동안 위기에 처했다. 그들은 둘 다 직장 생활로 인해 매우 바빴다. 그들은 거의 시간을 함께 보내지 않았고, 다투지도 않았다. 그들은 둘 다 아들을 소중히 생각했다. 부부가 함께 활동할 때마다 세 명을 중심으로 돌아갔다. 그들의 직장 생활이 정상에 이르렀을 때, 그들의 결혼은 조용히 끝나가고 있었다. 그들은 각자의 성공과 애정에 만족해 있었기 때문에 친구들이 선망했던 15년간의 결혼 생활이 갑자기 끝날 것이라고는 아무도 예상하지 못했다!

야곱의 아빠는 바람을 피웠다. 엄마는 즉시 눈치를 챘다. 엄마는 아빠와 충돌했다. 분노와 슬픔이 가정을 가득 메웠다. 야곱은 이유를 몰랐다. 그의 엄마는 야곱을 '보호'했고, 아빠에 대한 안 좋은 말은 하고 싶지 않아 했다. 그녀는 상담을 하러 갔는데, 감정 폭발을 참을 수 없었다. 외도는 빨리 끝났고, 남편이 비록 입에 발린 말이지만 결혼 생활을 위해 노력하겠다고 했기에 야곱의 엄마는 남편을 용서했다. 남편은 적어도 한 달에 한 번 특별한 '부부의 시간'을 가지겠다고 약속했다.

야곱은 13세가 되었고, 스카우트에 참여하고, 친구들과 함께 잠을 자기도 하고, 놀기도 해서 이 합의가 그들의 결혼 생활을 재건하는 한 방법으로 보였다. 이것은 야곱의 엄마에게 희망을 불러일으켰다. 그러나 부부는 별거의 시작을 예견할 만한 주말을 보냈고, 야곱의 부모는 둘 다 그들의 결혼 생활을 끝내기 위해 상담 시간을 가졌다.

야곱의 엄마는 포기해야 한다는 사실을 마지못해 받아들였다. 야곱의 엄마는 아들의 정해진 일상을 유지하고 그의 삶을 가능한 한 방해하지 않는 것이 얼마나 중요한지 알고 있었다. 부모는 야곱이 살던 집에 있으면서 다니던 학교에 그대로 다니고, 계속해서 친구들과 함께할 수 있도록 하는 것이 최선이라는 것에 동의했다. 야곱의 아빠는 물리적 양육권을 원하지 않았기 때문에 그는 짐을 싸서 떠나야 했다. 상담을 끝내고 돌아오는 차 안에서 원만한 합의가 이루어졌고, 야곱의 부모는 또 다른 문제들에 관해 더 이상 논의하지 않다! 그들은 이 합의가 이혼으로부터 자신의 아들을 보호하기에 충분하다고 착각을 했던 것이다.

그들은 잠재적인 문제에 대해 논의하거나 야곱에게 어떻게 이야기할 것인가에 대한 계획을 세우지 않고 어색한 침묵 속에 집으로 갔다. 야곱이 잠자리에 들 준비가 되었을 때, 그들은 서로 마주보고 '끝내기'로 결정했다. 그들은 야곱의 방으로 들어가서 에둘러 말하지 않고 야곱에게 그들은 이혼하기로 했고, 아빠는 2주 안에 이사를 나갈 것이라고 말했다.

야곱은 충격을 받았다. 그는 울지 않았다. 갑작스런 소식에 압도되어 얼어붙은 채 침대에 누워 있었다. 부모도 충격에 휩싸여 그를 안았다. 어린 야곱은 마치 유령을 본 듯 눈을 뜬 채 침대에 조용히 누워 있었다. 그의 피부는 창백했다. 야곱의 엄마는 야곱을 위로하려고 했고, 그가 어떤 감정을 가지고 있더라도 괜찮다고 알려 주었다. 그러나 야곱은 자신의 감정을 느끼지 못했다. 그는 생리학적 충격 반응에 의해 감각이 없어지고, 마비 상태에 빠졌다. 그의 부모는 그가 겪고 있는 일을 이해하지 못했고, 깨닫지 못한 채 무력감을 느꼈다.

야곱은 아빠가 이사를 나갈 것이라고 들은 지 5~10분만에 가슴에 날카로운 통증이 있다고 말했다. 야곱은 "심장이 마비되었어." 라고 하며, 부모에게 구급차를 불러 달라고 요청했다. 야곱은 심장 마비는 이혼 소식과 관련이 없다고 주장했다. 야곱은 '엄마, 아빠는 이해 못해. 나는 몸이 아픈 거야 ……. 이건 다른 거야.'라고 되뇌었다. 불행히도 야곱의 부모는 충격이 무엇인지 또는 어떻게 다루어야 하는지 이해하지 못하고 있었다. 야곱이 부모의 충격적인 소식에 압도당하지 않고 부모의 품에 안겨서 울 수 있었다면, 그는 애도 과정을 시작하기에 충분했을 것이다.

논의: 야곱을 위한 더 행복한 시나리오

야곱의 충격에 대한 초기 반응과 부인(denial)은 깊은 슬픔을 가려 버렸다. 아이는 자신이 부모에 의해 이해받지 못한다고 느꼈다.

실제로 그는 이해받지 못했다! 아이는 두 번 상담을 받으러 갔지만 또다시 이해받지 못한다고 느꼈고(역시 실제로 이해받지 못했다), 결국 상담을 거부했다. 야곱이 필요로 했던 것은 꼼짝 못 할 것 같은 몸의 감각을 방출하도록 부모가 도와주는 것이었다(당신이 제2장과 제4장에서 배웠던 것처럼). 그가 가슴을 찌르는 듯한 통증을 일으켰던 긴장감을 방출하도록 친절하게 안내받았다면, 야곱이 부모님의 품에 안겨서 단단히 억눌렀던 눈물을 나중이 아니라 너무 늦기 전에 보다 빨리 흘릴 수 있었다면, 아마 무서운 충격으로 가슴에 얼어붙은 야곱의 감각이 부드럽게 변화될 수 있었을 것이다. 그랬다면 야곱의 정서적인 반응도 몸이 열리기 시작하면서 자연스럽게 일어났을 것이다.

이 장의 시작 부분에 있는 '애도 대 트라우마'의 '트라우마' 열에 나열된 첫 번째에서 다섯 번째 증상을 다시 언급하면, 야곱의 초기 증상은 모두 트라우마로 규정된다는 것을 알 수 있다(애도가 아닌!). 좀 더 자세히 살펴보자.

1. 그의 초기 반응은 슬픔보다는 공포였다.
2. 그의 슬픔은 트라우마의 충격으로 가려졌다.
3. 부모나 전문가 모두 그의 트라우마 반응을 이해하지 못했다.
4. 야곱은 자신의 감정에 대해 말하지 않았다(이혼은 그가 말하고자 했던 주제가 아니었다).
5. 그의 고통은 슬픔보다는 공포와 무력감, 안전감의 상실에 대한 반응이었다.

다른 말로 하면 야곱의 세계는 몇 분 안에 엉망이 되었다. 다행히도 가족 내에 이혼이나 별거가 임박한 경우, 당신은 야곱의 부모가 저지른 실수를 피할 수 있다. 애도는 피할 수 없지만 트라우마는 예방할 수 있다! 야곱의 충격을 완화시키기 위해 쉽게 할 수 있었던 것이 두 가지 있다.

우선, 아이에게 가장 예측 가능한 트라우마 순간 중의 하나는 부모가 아이에게 이혼할 거라고 처음 말한 순간으로 바로 그때 아이는 가족의 붕괴를 경험한다. 야곱은 갑작스럽고 충격적인 발표로 인해 깜짝 놀랐다. 그는 그날 저녁에 부모가 이혼을 결정했을 뿐만 아니라 아빠가 2주 안에 이사를 나간다는 말을 들었다!

일부 부모는 이혼하는 동안 무감각해지는 반면, 어떤 부모들은 그들의 복잡한 감정을 숨긴다. 그러나 또 다른 사람들은 '그들의 감정을 노골적으로 드러낸다.' 이러한 상태들 중 어느 것도 아이가 대처하는 데 도움이 되지 않는다. 가족에게 가장 좋은 것은 부모가 아이들 앞에서 감정을 감추지만 계속해서 서로의 감정을 공유하면서 아이들이 충격과 슬픔을 소화하고 처리할 수 있도록 단단한 기반을 제공하는 것이다.

부모가 충격에 휩싸인 채 잠잘 시간에 이혼을 발표하는 대신 먼저 자신이 충격에서 벗어나고 감정을 처리하는 것이 현명했다. 며칠이든, 몇 주가 되든 회복의 시간을 가진 이후에 부모는 야곱에게 필요한 안정감과 연속성에 초점을 맞추어 브레인스토밍할 계획을 준비해야 했다. 예를 들어, 아빠가 나가 살 아파트를 찾더라도 야곱과 한두 달 동안 집에서 시간을 보내며 변화에 익숙해지도록 해야 했다. 아빠와 야곱의 친밀한 관계를 가장 잘 보존하는 방식으로 아빠가 얼마나 자주, 며칠간 방문할 것인가에 대한 세부 정보를 계획해야 했다. 나중에 야곱이 적어도 어떤 면에서는 강요되고 아무런 책임을 질 필요가 없는 상황에 대해 무력감을 느끼는 대신, 그가 중요한 존재라는 것을 알 수 있도록 그 합의에 대해 몇 가지 선택을 할 수 있도록 만들어야 했다.

부모는 자녀에게 나쁜 소식을 어떻게 전달할 것인가에 대해 세심하게 주의를 기울임으로써 가장 예민한 시기에 큰 충격을 받지 않도록 완충시켜야 한다. 아이들은 즉각 자신이 받을 수 있는 영향에 대해 **구체적으로** 알아야 한다. 그들은 걱정한다. '누가 나를 수영 수업이나 스카우트에 데려갈 거야?' '나는 계속 내 친구들을 볼 수 있을까?' '제시간에 학교에 다닐 수 있을까? 누가 나를 데리러 올까?' '누구와 같이 강아지 산책을 시키지?'

날마다 어떤 부모가 아이와 함께 있는지, 어떤 부모가 여러 가지 활동에 데려다 주는지를 알아볼 수 있도록 다양한 색으로 표시할 수 있는 달력을 준비하는 등 간단한 작업을 통해 아이는 더 안전함을 느끼고, 부모가 모두 자신을 지속적으로 돌볼 것임을 알게 될 것이다. 또한 자녀는 자신의 소망에 근거한 기대보다는 현실에 기초한 기대를 가지게 될 것이다.

둘째, 이혼 소식은 아무리 세심히 다루어진다고 하더라도 여전히 충격적인 반응이 촉발됨을 명심해야 한다. 그리고 당신은 무엇을 해야 하는지 이미 알고 있다! 앞서 학습한 감각, 이미지 및 감정을 탐색하는 것과 동일한 원리를 이용하여 얼어붙거나 꽉 조이는, 또는 두려운 감정 및 감각을 자녀가 잘 헤쳐 나가도록 자상하게 인도해야 한다. 제2장과 제4장에서 배운 단계를 사용하여 사고, 낙상(falls) 및 기타 갑작스러운 충격과 관련해서 자녀를 도와야 한다. 기본 원리는 본질적으로 동일하다. 충격이 신체에 미치는 영향은 원인에 관계없이 비슷하다.

앞에서 빠른 관찰을 통해 자녀의 충격 반응을 평가하는 방법을 배웠다. 야곱의 경우, 그의 창백한 피부, 동그랗게 뜬 눈, 얕은 호흡 및 심하게 수축된 가슴 근육(압도적인 슬픔으로부터 심장을 보호)은 트라우마의 결정적인 증거였다. 그 충격이 부드럽게 풀릴 때까지 따뜻하고 안전하며 안심시켜 주는 손길을 야곱이 아프다고 말했던 심장 부분에 부드럽게 올려놓는다. 부모가 자신의 감정을 우선적으로 다룸으로써 가능한 한 차분해지면, 자녀에게 안도감을 주는 이런 식의 손길을 사용하는 것으로 자녀를 도울 수 있다.

앞의 내용에서 설명한 민감한 대처는 다음의 '부모가 이혼할 때 아이가 가장 취약해지는 여덟 가지 순간'을 제시한 목록의 각 항목에 쉽게 적용될 수 있다. 당신이 자녀를 지도할 때, 이 목록은 이혼에 대해 트라우마 반응을 보이는 취약한 순간이 언제인가를 예측할 수 있도록 해 준다.

부모가 이혼할 때 아이가 가장 취약해지는 여덟 가지 순간

1. 엄마와 아빠가 이혼할 것이라고 처음으로 자녀에게 말할 때
2. 자녀에게 엄마나 아빠가 이사를 나가야 한다고(또는 떠나야 한다고) 말할 때
3. 양육권 조정이 결정될 때
4. 부부 재산 및 재정에 대한 합의를 위한 논의가 진행 중일 때

5. 자녀가 엄마의 집이든, 아빠의 집이든 분리하여 살기 시작할 때

6. 한쪽 부모 또는 양쪽 부모 모두가 각자의 데이트를 시작할 때

7. 한쪽 부모가 멀리 떨어진 곳으로 이사를 결정할 때

8. 부모가 재혼하기로 결정하고 의붓 가족이 만들어질 때

이혼과 아이들의 발달

부모가 별거하거나 이혼을 할 때 자녀 양육권 합의와 관련된 결정은 부모의 편의성에 근거하지 않고 아이들의 발달적 욕구와 기질적 욕구에 근거해야 한다는 것이 일차적으로 중요하다. 아이는 부모 모두와 긴밀하게 연락하는 것이 필요하다. 최근 연구에 따르면, 이러한 내용은 영아와 유아에게 더욱 필요하다고 한다. 영아와 유아는 건강한 애착을 형성하기 위해 안전하다고 느낄 필요가 있기 때문에 그들에게는 보호에 대한 문제가 가장 중요하다. 가능하면 비양육 부모가 매일 방문하는 것이 중요하다. 아이에게 다음주에 아빠가 돌아올 것이라는 것은 말로 설명할 수 없다.

일상의 일관성 및 조심스러운 변화의 시도 그리고 양측의 확대가족을 정기적으로 방문하는 것이 일반적으로 가장 좋다. 부모 중한 명이 가끔 방문하거나 아이를 버린 경우에 확대가족이 특히 중요하다. 아기는 감각으로 안전을 느낀다. 가족 모임에서 어른들이 가급적 자주 껴안아 주고, 흔들어 주고, 음식을 먹여 주고, 웃으며 양육할 때, 아이들은 자신이 가족의 양쪽 모두에게 사랑받는다는 것을 알게 된다.

아이들이 나이가 들어서 부모와 분리되기 시작할 때, 그들의 독

특한 정체성은 엄마와 아빠가 보여 주는 모습을 통해 형성된다. 아이와 한 부모와 연락이 끊어지면, 마치 자기 자신의 일부가 나쁘거나, 죽었거나, 둘 다인 것처럼 보인다. 한쪽 부모를 깎아내리지 않도록 조심해야 한다. 왜냐하면 자녀의 자존심도 깎아내리는 결과를 가져오기 때문이다. 부모 모두가 아이의 내면에 살아 있기 때문에 당신이 그렇게 하길 원하든, 원하지 않든 그렇게 해야 한다.

십 대들은 보통 좀 덜 방문해도 괜찮지만, 그들이 세상으로 나아가고, 점점 더 독립적으로 되기 위해 단호한 규칙을 세워 줄 수 있는 강한 부모상이 필요하다. 필요한 경우, 부모 옆에서 안정감을 느끼기를 원하는 유아와 마찬가지로 십 대들은 든든한 가정의 기반이 없어 이혼이 마치 그들을 또래 집단으로 내몰아 버린 것처럼 아주 혼란스러워 할 수 있다. 의붓 부모가 되는 것은 십 대들이 신체적으로 성숙함에 따라 특히 더 어색할 수 있다. 의붓 딸과 의붓 아빠는 애정 표현에 불편함을 느낄 수 있다. 연구 결과에 따르면, 10세에서 15세 사이의 어린이가 의붓 부모를 받아들일 가능성이 가장 적다고 한다.

모든 아이는 가족이 영구적으로 재구성되더라도 그들은 아이로 남아 있을 수 있다는 것을 알아야 한다. 특히 한부모 가정에서는 아이들이 너무 빨리 성숙하는 일이 자주 발생한다. 어른의 책임과 정서적 부담을 아이가 지게 되면, 자신의 고유한 정체성과 자기 감각의 발달이 저하된다. 다행히도 이러한 자아의 왜곡은 아이들 앞에서 불일치를 피하고(특히 아이들과 관련된 재정적 또는 양육 문제에 관한 경우), 성인 자신의 고통 및 이런 고통을 처리할 수 없는 무기력함 때문에 어린 시기의 아이의 욕구를 모호하게 내버려 두지 않는다면 예방될 수 있다. 이혼이 당신에게 참을 수 없을 정도로 고통스럽다면, 아이를 도울 수 있는 가장 좋은 방법은 자신이 전문적인 도움을 받는 것이다. 또한 지역 사회나 학교에 있는 '이혼 지원 단체'에 참여하는 것도 도움이 될 수 있다.

거의 모든 아이는 두 가지 환상을 가지고 있다. 하나는 그들의 부모가 언젠가는 재결합할 것이라는 환상과 다른 하나는 자신이 적어도 부분적으로 이혼에 책임이 있다고 생각하는 환상이다. 이것은 '마술적 사고'라고 불리는데, 특히 4세에서 11세 사이의 아이들에게 흔히 나타난다. 그들이 파탄과 관련이 있다고 생각하면, 그들이 파탄을 바로잡을 수도 있다고 믿는다. 이러한 마술적인 사고는 없어져야 한다. 부모가 떠나간 배우자와 재혼할 것이라는 거짓된 희망을 계속해서 나타내면, 아이들이 이혼을 받아들이고 나아가는 것이 거의 불가능해진다.

아이들을 두려워하고 떨게 만드는 또 다른 보편적인 믿음은 한 부모가 떠난 이후에 다른 부모도 떠날지도 모른다고 생각하는 것이다. 이것은 특히 학령기 아이들에게 해당되며, 그들은 자신의 행동이 엄마나 아빠가 떠난 것에 영향을 주었다고 확신한다. 이 연령대는 활발한 상상력을 가지고 있기 때문에 다양한 두려움에 더 취약하다. 가장 좋은 해결책은 비록 당신이 전 배우자를 경멸하더라도 아이들이 가능한 한 그 부모를 쉽게 만날 수 있도록 하는 것이다.

아이들은 종종 '누가 나를 돌볼 것인가?' 그리고 '내가 속해 있는 곳은 어디인가?'를 걱정한다. 엄마의 집과 아빠의 집에 각각 아이들의 장난감, 옷, 책, CD, 동물 인형 또는 기타 좋아하는 소유물들이 있는 편안하고 특별한 장소가 있다면, 자녀가 각 부모의 마음에 확고한 자리를 가지고 있음을 아는 데 실질적으로 도움이 될 수 있다. 아이가 양가 모두에 살고 있음을 아는 것이 중요하다. 한 곳에서만 사는 것도 아니고 이상한 나라의 낯선 사람처럼 다른 부모를 '방문'하는 것도 아니다. 실제로 아이가 다른 부모에 비해 한 부모와 더 적은 시간을 보내게 될 수도 있다. 그리고 무엇보다도 부모는 자녀와 이혼하는 것이 아니라고 자녀를 안심시켜야 한다. 성인은 성인과 이혼하는 것이다.

성숙한 성인 두 명이 서로 맞추기 어렵다는 것을 인정하고, 합의하여 결정을 내릴 때에도 이혼은 아이에게 좋지 않다. 부모가 더 이상 서로를 사랑하지 않는다는 것을 아는 것은 고통스럽고 말로 설명할 수 없다. 그것은 그들의 존재에 대한 질문을 남길 수도 있다. 또한 교사, 이웃 및 친구들에게 두 개의 집에서 살고, 두 가족이 있다고 설명하는 것이 당혹스럽고 혼란스러울 수 있다.

이 책에서는 이혼을 겪을 때, 연령대와 단계에 따라 아이의 다양한 욕구의 핵심에 대해 논의하는 것은 다루지 않는다. 이상의 내용은 당신이 배우자와 이혼할 계획이 있거나 이미 이혼한 경우에 알아야 할 가장 중요한 사항을 요약한 것이다. 성인이 아이에게 도움이 되는 결정을 내릴 수 있도록 해 주는 훌륭한 이혼 관련 도서가 많이 있다. 다음의 세 권을 적극 권장한다.『엄마 집 아빠 집(Mom's house dad's house)』『이혼을 통한 공동 양육(Co-parenting through divorce)』그리고『당신의 이혼을 통한 좋은 양육(Good parenting though your divorce)』[키즈 턴(kid's Turn) 워크숍 프로그램에 기반한]이 그것이다.

또한『공룡의 이혼(Dinosaur's divorce)』『이혼에 대한 소년과 소녀들의 책(The boys and girls book about divorce)』『부모는 영원하다 (Parents are forever)』그리고『너의 잘못이 아니야, 곰돌이 코코야 (It's not your fault, Koko bear)』등 쉽게 이용할 수 있는 훌륭한 어린 이 도서도 많이 있다.

아이의 애도를 돕기

이혼에 대한 트라우마를 최소화하는 방법을 다루었으므로 이제 는 자녀의 애도를 다루고자 한다. 아이들이 고통스러운 감정에 대 처하도록 돕기 위해 할 수 있는 일은 많이 있다. 아이들이 살면서 원하지 않는 변화와 분열을 겪으면 혼란스럽고 상충되는 여러 감 정을 경험할 수 있다. 예를 들어, 분노와 상처, 두려움을 느낄 수도 있고, 안도감을 느낄 수도 있다. 표현 또는 억압될 수 있는 다른 감 정에는 공허, 격노, 실망, 외로움, 슬픔 및 죄책감도 있다.

애도 과정을 통해 자녀를 지지하는 방법을 배우는 것은 일반적 으로 성장하고 살아가면서 불가피하게 겪게 되는 삶의 우여곡절을 아이들이 다루는 데 도움을 줄 수 있는 가장 중요한 방법 중 하나이 다. 아이들은 좌절과 고통으로부터 보호받지 못한 채 성숙한 성인 이 된다. 그러나 관대함, 동정심, 지지력을 갖춘 유능한 부모는 아 이들이 실망과 좌절에 직면할 수 있도록 돕는다.

애도는 사람이 죽을 때에만 발생하는 것이 아니다. 애도는 우리 가 소중히 생각하는 누군가 또는 무언가가 영원히 사라질 때 느껴 지는 상실감과 슬픔이다. 애도는 삶의 일부이다. 기쁨과 슬픔은 함께 간다. 우리는 하나만 가질 수 없다. 아이들에게 가장 큰 슬픔의 원인은 이혼이나 조부모, 부모 또는 다른 친척의 죽음, 이사하는 친구의 상실, 집이나 특별한 물건의 소실, 애완동물의 상실 등이 있다.

애도 과정은 직선이 아니다. 그럼에도 불구하고 엘리자베스 퀴블러−로스(Elizabeth Kübler-Ross)가 수십 년 전에 그녀의 고전인 『죽음과 죽어가는 것(On death and dying)』에서 묘사한 애도의 단계별 지혜는 여전히 좋은 지침이 되고 있다. 이 단계들은 아이들이 각 단계를 여러 차례 거쳐 가면서 지나가게 될 것이다. 아이가 더 이상 슬퍼하지 않는다고 당신이 생각할 때에도, 그 감정은 다시 떠오르게 된다. 이것은 특히 기념일, 휴일 그리고 아이의 상실을 상기시키는 다른 여러 상황에서 발생할 수 있다.

애도의 1단계는 부인이나 불신이다. 첫 단계에서 더 큰 충격 반응이 자주 일어난다. 만약 그렇다면, 당신은 아이가 움직이고 변화할 때까지 아이의 감각을 확인하고 느끼도록 도와줌으로써 이 얼어붙은 상태에서 벗어나도록 지지해야 한다. 이런 지지는 매우 중요한데, 이렇게 함으로써 아이는 죽음 자체가 없었다거나 혹은 부모가 다시 재결합할 것이라는 환상에 사로잡혀 있지 않게 된다.

그다음 두 단계에서는 감정을 직접적으로 다룬다. 2단계에서는 슬픔과 애도가 일어난다. 3단계에서는 분노와 원망을 느끼게 된다. 특히 2단계와 3단계는 잠시 동안 번갈아 가며 발생하는 경향이 있다. 또한 이 두 단계는 짜증, 좌절감, 공허함, 실망감, 걱정 등 미묘한 감정을 더 많이 포함하고 있다. 사랑하는 사람과 헤어지는 것만큼 힘든 일은 없다. 분노가 일어나는 것은 애도 과정의 정상적인 부분이다. 아이가 감정을 표현할 수 있게 되었다면, 그것은 아이가 첫 번째 단계의 움직이지 못하는 상태, 무력감 그리고 환상에서 벗어나고 있다는 좋은 징조이다. 당신이 해야 할 일은 아이의 상심과 분노를 안전하게 보듬어 줄 수 있는 담아 주기(container)를 하는 것이다.

애도의 4단계는 타협이다. 이 단계에서는 아이들이 강한 자기감(sense of self; 과거로 되돌아가려는 환상을 통해 상황을 바꾸려는 헛된 시도를 하는 대신, 지금 여기에서 고통을 다룰 수 있다는 자신감)을 유지하도록 돕는 것이 중요하다. 이 단계는 애타게 그리워하는 단계로, 다음과 같은 말을 듣게 된다. "만약 내가 그랬다면……." 또는 "만약 내가 하려고 했다면, 할 수 있었다면, 했다면 어쩌면 이런 '끔찍한' 일은 결코 일어나지 않았을지도 몰라." 또한 "만약 내가 더 열심히 기도하거나 하기 싫은 일이지만 한다면, 그를 다시 돌아오게 해 주세요."와 같은 타협을 하려고도 한다.

이 단계는 첫 번째 단계인 부인(denial)과 유사하다. 그러나 이 단계에서는 더 많은 생각과 책망 그리고 죄책감이 섞여 있는 부인이 나타난다. 또다시 이 단계에서는 아이가 수치심과 죄책감에 빠지지 않도록 하기 위해 아이의 생각에 수반되는 감각들에서 벗어나도록 도움을 받는 것이 중요하다. 누군가가 죽거나 떠나기 전에 아이 자신이 했어야 한다거나 혹은 하지 말았어야 한다고 말하는 행동들에 대해 아이가 회한을 충분히 표현하도록 격려해야 한다. 이 장의 뒷부분에서 당신은 아이가 사람, 애완동물, 전통적인 가족 구성원 또는 가장 좋아하는 소유물과 이별하는 서막으로 '정서적 완성'을 경험할 수 있도록 돕는 다양한 방법을 배우게 될 것이다.

애도의 마지막 단계는 최대한 열심히 삶을 살려는 의지를 가지고 일어난 현실을 수용하는 것이다. 가끔은 훨씬 더 큰 활력과 목적을 가지고. 이것은 '그냥 이겨 내야 해.'라고 한다거나 '이제 그만하고 다음으로 넘어가야지.' 또는 '감정을 감춰라.'라는 태도와는 근본적으로 다르다. 이것은 이전의 충격 반응과 애도 반응의 결합으로 묶여 있던 에너지가 자유로워지면서 이제 완전히 회복 과정이 완료되었음을 의미한다. 그러면 아이는 성숙의 여정에서 만나게 되는 여러 도전에 직면하여 성장을 위해 이 에너지를 사용할 수 있다.

애완동물의 죽음에 대처하기

　많은 아이에게 사랑하는 애완동물을 잃는 것은 사실 처음 겪는 깊은 애도 경험이다. 이것은 또한 무조건적인 사랑에 대해서 배울 수 있는 기회가 된다. 앞서 언급했듯이, 애도는 선형적이지 않다. 다양한 단계가 있지만 아이들은 자신만의 고유한 방식으로 애도 과정을 경험한다. 그들의 행동 중 일부는 어른들에게 비논리적으로 보일 수도 있다. 말을 하고 감정을 표현할 수 있을 만큼 나이가 든 대부분의 많은 아이는 단지 당신이 그들의 리드를 따르고, 그들이 보여 주는 단서에 따라 연민 어린 지지를 하며, 그들이 필요로 하는 공간과 시간을 주기 위해 최선을 다해 주는 것만 필요로 한다.

　다음은 애완동물을 잃은 어린 소녀의 애도 과정에 대한 이야기로, 부모가 딸 레이첼의 애도 과정에 대한 존경을 표현하기 위해 딸에게 쓴 편지의 축약본이다. 이것은 레이첼이 어떻게 슬픔과 충격의 단계를 대처했는지 그리고 그녀의 부모님이 이 과정에서 어떻게 그녀를 지지했는지 보여 준다.

레이첼을 위해

2003년 11월 15일, 너의 고양이 브라이어 로즈가 이웃집 개들에 의해 죽게 되었다. 네가 6세 때 이 경험을 처리한 방식은 꽤 놀라웠다. 나는 네가 나이가 들면 읽을 수 있도록 관련 내용을 적어 두었다.

네 아빠가 축구 경기를 마치고 집에 돌아왔을 때, 아빠는 무릎을 꿇더니 나쁜 소식이 있다고 말했다. "브라이어가 죽었어." 너는 그의 품에서 오랫동안 울었다. 라이언(레이첼의 오빠)과 나는 바로 네 옆에 있었다. 너는 갑자기 울음을 그치더니 롭(레이첼의 아빠)에게 브라이어를 데리고 있는지 물었다. 아빠는 브라이어를 안으로 데려오겠다고 말했다. 우리는 모두 현관 앞에 앉았다. 넌 브라이어를 무릎에 앉혔다. 브라이어는 여전히 따뜻했다. 너는 브라이어를 쓰다듬으면서 브라이어에 대해 많은 말을 했다. 브라이어가 얼마나 좋은 고양이였는지, 이렇게 죽기에는 너무 어리고, 네가 얼마나 브라이어를 사랑했는지. 너는 브라이어가 어떻게 죽었는지에 대한 질문도 했다. 브라이어의 혀는 늘어져 있었고, 눈은 감기지 않았다. 왜? 정말 자고 있는 것이 아닌 것이 확실해? 뚜렷한 상처는 없지만 브라이어의 코에 피가 약간 묻어 있었다. 브라이어에게 무슨 일이 일어났던 거야? 우리는 네 질문에 우리가 아는 선 안에서 최대한 잘 대답을 해 줬고, 가장 중요한 것은 우리 모두가 슬픔을 떨쳐 버리기 위해 너와 서로를 지지해 줬다는 것이다. 롭은 브라이어의 입에 있는 피를 닦아 내었다. 우리 모두는 눈물을 흘렸다. 그런데 갑자기 네가 브라이어를 다 안았다고 말하면서 아침에 브라이어를 묻어 줄 때까지 오빠 롭에게 브라이어를 다시 밖으로 데리고 나가도 된다고 말했다.

너는 저녁은 먹지 않았지만, 우리와 함께 앉아 있었다. 우리가 밥을 먹는 동안 너는 머리가 너무 뜨겁다며 물로 식히고 싶다고 말했다. 나는 목욕을 하라고 제안했는데…… "아니." …… "샤워." …… "아니."라고 하며 대신 너는 "부엌 싱크대에 시원한 물을 채워서 거기에 머리를 집어넣고 싶어."라고 대답했다. 넌 싱크대 쪽으로 의자를 당겨 와서 물을 채우고는 셔츠를 벗더니 머리를 적셨다. 너는 물속에서 머리를 넣고 잠시 숨을 참고 있겠다고 했고, 나는 그렇게 하라고 했다. 너는 그렇게 하면서 즐거워했다. 그리고 난 뒤 친구들에게 전화를 하고자 했다. 넌 친구들에게 전화를 했고, 두 가지 메시지를 남겼다. "안녕, 레이첼이야. 오늘 밤에 나의 고양이가 죽어서 마음이 아프다는 말을 하려고 전화했어."

그다음에 너는 웃기 위해 무언가를 해야 된다고 했다. 넌 이렇게 설명했다. "아빠가 브라이어가 죽었다고 했을 때, 난 그저 놀고 있었어. 그 모든 슬픔이 내 안으로 들어와 내 모든 웃음을 내 발에 밀어 넣어서 지금은 기분이 좋지 않아. 그래서 나를 웃게 만들 뭔가를 해야 해."

잠시 후, 너는 다 같이 뜨거운 욕조에 들어가자고 했다. 내가 욕조에 들어갔을 때, 너는 "엄마, 웃음이 내 발에서 나왔어!"라고 말했다. 어떻게 된 거냐고 물었더니 "라이언이 내 발을 간지럽혔어!"라고 했다. 슬픔이 지금은 어디에 있느냐고 물었더니 너는 "이제 남은 건 사랑뿐이야"라고 했다. 뜨거운 욕조에서 너는 번갈아 가며 안기거나 물속에서 물을 튀기고, 가라앉고, 떠다니며 놀고 싶어 했다.

잠자리에 들 때, 노래하고, 손 마사지를 하고, 끌어안는 우리의 일상적인 행동들이 브라이어를 떠오르게 했고, 너를 슬프게 만든 것 같았다. 너는 "엄마, 이제 더 이상 얘기 못하겠어."라고 말하고, 헤드폰을 끼더니 몇 분 안에 잠이 들었다.

아침에 너는 네가 꾼 꿈에 대해 말해 줬다. "두 브라이어가 나오는 꿈을 꿨어. 좋은 브라이어와 나쁜 브라이어였어. 나쁜 브라이어는 우리를 잡아먹으려고 했지만, 착한 브라이어가 우리를 도와주겠다고 했어. 난 브라이어의 발을 잡았고, 아빠와 라이언은 브라이어의 다른 발과 서로의 손을 잡았어. 브라이어는 날개를 펼쳐 우리가 날 수 있게 해 줬어. 그건 정말 브라이어였어. 브라이어가 내게 돌아와서 우리를 구해 줬어."

그날 오전 늦게 너는 브라이어 장례의 모든 과정에 참여했다. 너는 자리를 골라 흙을 파는 것을 도왔다. 롭이 브라이어의 시체를 가지고 나왔을 때, 너는 브라이어가 차갑고 뻣뻣하다는 것을 알아차리고 매우 놀랐다. 우리는 브라이어의 영혼과 생명이 더 이상 브라이어의 몸에 없다는 사실에 대해 이야기했다. 너는 할아버지 피트가 죽기 전에 너에게 준 몇 개의 크리스털을 가져왔다. 너는 그것들을 브라이어와 함께 베갯잇에 넣고 브라이어는 혼자 있지 않을 것이고, 할아버지 피트가 브라이어의 영혼에게 천국을 구경시켜 줄 것이라고 말했다.

구덩이가 다 파졌을 때, 너는 롭을 도와 브라이어를 내려놓고 첫 번째 흙을 뿌려 주었다. 우리는 모두 브라이어에 대한 이야기를 했다. 우리는 모두 울고 있었다. 너는 어린 아이들이 나오는 사진과 같이 무릎을 꿇고 기도했다(두 손을 포개고 고개를 숙이고 있는). 너는 무슨 말을 해야 할지 몰랐다. 너는 라이언을 도와 삽으로 흙을 퍼서 구덩이를 메웠다. 그리고 나서 너는 우리가 했던 〈집, 언덕 위의 집〉을 부르고 싶어 했다. 오후에 너는 브라이어의 무덤에 놓기 위해 십자가를 만들어 하트를 많이 넣은 후 '브라이어, 레이첼의 고양이, 정말 사랑해'라고 썼다.

그 이후로 너는 브라이어 때문에 많은 순간 눈물을 흘리고 슬퍼했다. 고양이를 보거나 브라이어가 떠오르면 슬픔을 다시 느꼈다. 그것은 또한 만난 적도 없는 모든 조상에 대한 슬픔을 촉발시켰다. 너는 죽음에 대해 이야기를 들었을 때, 예를 들면 예수가 십자가에서 죽었다거나 혹은 아이들이 독감으로 죽었다는 이야기를 들을 때 더 많이 죽음에 대해 이야기를 했다. 우리는 네가 하고자 하는 말을 들어 주고, 네가 원할 때마다 안아 주었다.

죽음을 받아들이는 것은 긴 과정이지만, 너는 그렇게나 엄청난 일을 하고 있었다. 브라이어와 이별한 첫날 우리는 네가 자신을 돕기 위해 무엇이 필요한지를 정확히 알고 있다는 것에 큰 감명을 받았다. 머리를 빠뜨리고 발을 간지럽히는 것과 같은 말도 안 되는 행동들, 우리는 단지 너의 그 과정을 지지했을 뿐이고, 너는 아주 정교한 방법으로 네 자신을 돌보았다. 우린 널 정말 사랑한단다, 레이첼!

1년 후

브라이어가 죽은 지 몇 달 후, 레이첼의 엄마는 레이첼이 여전히 브라이어를 그리워하고 있지만 슬픔을 잘 이겨 내고 있는 것 같다고 했다. 브라이어의 사망 1주기가 다가옴에 따라 나는 레이첼이 어떻게 지내고 있는지 알아보았다. 나는 그 기일에 대해 언급하지 않았지만, 그 7세의 아이는 나에게 여전히 브라이어를 그리워하고 있으며, 브라이어가 죽은 날짜와 가까워졌기 때문에 "더 힘들어지고 있다."고 말했다. 레이첼의 요청에 따라 미스티라는 이름의 새로운 고양이를 입양했다. 그러나 미스티는 브라이어와 같지 않았다.

물론 브라이어를 잃은 것을 대체한다고 해서 애도 과정을 마무리할 수는 없었다. 두 마리의 애완동물이나 두 명의 사람은 결코 같을 수가 없다. 아이들은 대개 그들의 상실을 수용하는 애도의 다섯 단계를 마무리할 때, 새로운 애완동물, 친구, 의붓 부모 등에 더 쉽게 적응한다. 그 이유는 아이가 깊은 유대감을 형성한 잃어버린 동물이나 사람을 조급하게 '교체'하는 것은 대개 고통을 줄이기 위한 헛수고에 지나지 않기 때문이다.

내가 보기에 영리한 레이첼은 슬픔을 해결하기 위해 많은 일을 한 것 같았다. 그녀는 심지어 우는 것과 노는 것을 번갈아 가며 고통과 기쁨 사이에서 '망설이기도' 했다. 하지만 그녀는 여전히 슬퍼하고 있다. 무엇이 이런 상황을 초래하는지 궁금해서 나는 그녀의 애도 과정으로부터 명백한 한 조각이 빠져 있다는 것을 기억해 냈다. 레이첼은 어떤 후회나 회한도 언급하지 않았다. 죽음보다 더 쉽게 죄책감을 동반하는 슬픔을 유발하는 사건은 없다. 죄책감과 후회는 아이의 정신적 · 신체적 에너지를 많이 잠식할 수 있다!

일반적인 미신에 대한 폭로

(계속되는 레이첼과 브라이어 로즈의 이야기)

사랑하는 사람을 잃은 상실감을 '대체'하는 것으로 빨리 슬픔을 해결하려는 방식은 일반적으로 많은 사람이 알고 있는 근거 없는 믿음이다. 우리 문화의 또 다른 공통적인 미신은 시간이 모든 상처를 치유해 줄 수 있다는 것이다. 이것은 그렇게 단순한 문제가 아니다. 물론 시간과 거리는 고통을 '무디게 해' 줄 수 있지만, 이것은 때때로 고통을 더 깊이 묻어 버리게 만든다. 이것은 어른들이 믿는 또 다른 미신이다. 고통을 묻어 두는 것은 다음과 같은 여러 가지 이유 때문에 슬픔을 극복하는 효율적인 방법이 아니다. 1) 고통은 예기치 않게 되돌아와서 당신을 괴롭힐 수 있다. 2) 묻어 둔 고통은 상실 또는 버려짐에 대한 두려움으로 인해 유대감과 친밀감 형성에 어려움을 야기할 수 있다. 3) 묻어 둔 감정을 계속 묻어 두기 위해서는 '아주 많은' 에너지가 필요하다. 즉, 고통을 묻어 버리는 것은 아무것도 해결할 수 없으며, 오히려 자신의 상처에 대한 아픔을 회피하게 만들 뿐이다.

모든 영적 수행과 종교 철학이 가르쳐 주듯이, 고통은 삶의 일부분이다. 아이들이 작은 것에서 감정적인 고통을 견디는 것을 배울 때 그리고 만약 그들이 그렇게 견디면 고통이 영원히 지속되지 않음을 깨달을 때 그들은 인생에서 가장 가치 있는 교훈 중 하나를 배운 것이다. 그들은 탄탄하고 건강한 정서와 육체를 가지고 성인기에 들어갈 수 있으며, 따라서 더 많은 기쁨을 느끼게 되고, 보다 회복탄력성이 좋은 사람이 될 수 있다.

시간은 레이첼의 슬픔을 치유하지 못했다. 그러나 기념일은 억압된 감정들을 빠르게 표면화시키기 때문에 '마무리되지 않은' 일을 완성할 수 있는 또 다른 기회를 제공한다. 레이첼이 '타협'(3단계)하지 않은 것을 알고, 브라이어가 죽기 전에 레이첼이 했거나 혹은 소홀히 했던 일에 대한 회한을 드러낼 수 있도록 나는 레이첼에게 "브라이어를 잘 돌봐 줬니?"라고 물었다. 레이첼은 브라이어를 쓰다듬어 주고, 함께 놀고, 먹이를 주고, 물을 주었다고 설명했다. 그다음에 내가 "혹시나 네가 브라이어에게 이렇게 해 주었다면 좋았겠다고 여겨지는 게 있니?"라고 물었다. 레이첼은 망설이지 않고 대답했다. "한 가지, 나는 브라이어가 좋은 가정에 있는 것처럼 느끼기를 바랐어요." 그러고 나서 레이첼은 브라이어가 안겨 있는 것을 원치 않을 때 자신이 브라이어를 너무 많이 안고 있었기 때문에 브라이어에게 좋은 가정에 있는 것 같은 느낌을 주었는지 확신할 수 없다고 계속해서 설명했다. 레이첼은 가슴 깊이 묻어 둔 것을 표현하였고, 레이첼의 엄마와 나는 레이첼의 이야기에 귀를 기울였는데 레이첼은 이렇게 속마음을 드러낸 것만으로도 크게 안도하는 것처럼 보였다. 레이첼이 브라이어를 위해 준비한 기념식이 끝난다면, 그녀는 이제 진정으로 슬픔의 마지막 단계인 수용에 도달할 수 있을 것이다.

충격과 슬픔의 해결을 위한 추가 정보

현대 미국 문화에서 슬픔에 대한 또 다른 미신(구시대적 사별 의식과 이른바 원시적인 단계의 문화 관행과는 다른)은 자신의 감정은 혼자 간직해야 한다는 것이다. 즉, 장례식이 끝난 후 슬픔이 아직 끝나지 않았다면 혼자 슬퍼해야 한다는 것이다. 사실 그 반대가 되어야 한다. 이 때문에 어른과 아이 모두가 그들의 슬픔을 해결하도록 돕기 위해 애도 집단이 중요하다.

가족이나 공동체의 애도는 슬퍼하는 사람의 고통이 장기화되는 것을 피하도록 일련의 과정을 진행할 수 있다. 가족이나 공동체가 함께하는 애도는 그 과정을 함께 경험함으로써 애도의 고통이 장기화되는 것을 막아 준다. 슬픔이 충격을 동반하면 더욱 복잡해진다. 레이첼의 경우, 그녀가 충격을 받았다는 두 가지 단서는, 첫째, 고양이의 갑작스런 죽음, 둘째, 그녀의 비정상적인 '머리 담구기' 행동으로 볼 수 있다. 이런 이유로 내가 레이첼을 인터뷰했을 때 나는 왜 그녀가 머리를 물에 담그고 싶어 했는지 그리고 이것이 어떻게 도움이 되었는지 궁금하다고 말했다. 레이첼은 다시 서슴없이 대답했다. "브라이어를 안고 있던 바지에 핏자국이 있었어요. 그것을 보고 나는 속이 뒤집혔고, 토를 하고 싶었어요. 머리가 뜨거웠어요. 머리를 담그는 것이 속이 덜 뒤집히고, 긴장하지 않게 만들었어요. 토할 필요도 없었어요."

트라우마 충격은 종종 메스꺼움을 유발한다. 피를 보는 것은 누구에게나, 특히 아이들에게는 끔찍할 수 있다. 레이첼의 피로 얼룩진 바지가 또 다른 충격 반응을 일으킨 것이 분명하다. 머리를 물에 담그는 것은 그녀의 속을 '진정시키는' 효과가 있는 것처럼 보였다. 과학적 관점에서 완벽하게 말이 된다. 너무 전문적이지 않더라도 피투성이가 된 무언가를 본 후에 미주신경이 머리에서 내장으로 바로 이동하면서 구역질을 유발하고, 혈압이 떨어지게 하여 현기증이 발생한다는 것을 알게 되면 도움이 될 것이다. 레이첼이 브라이어의 피를 봤다는 것을 기억하자. 그다음, 그녀는 토할 것 같았다. 그녀의 얼굴에 찬물을 끼얹은 자극이 이런 반응에 대처하는 데 도움이 되었다. 아이의 속이 가라앉기 시작할 때까지 손을 배 위에 얹어 주는 것도 불필요한 불편한 느낌을 예방할 수 있다. 온정적인 부모가 옆에 있는 상태에서 레이첼은 자기 진정을 위해 직감적으로 차가운 물을 사용했던 것이다.

아이들이 슬픔을 해결하도록 돕는 몇 가지 개입

충격으로 인한 감각들 그리고 슬픔의 정서로부터 벗어나는 것 외에도 사랑하는 사람에게 "안녕, 잘 가!"라고 말하기 전에 아이가 해야 할 몇 가지 과제가 있다. 레이첼이 미안해하고, 두려워했던 일들(브라이어가 분명히 좋아하지 않을 때에도 브라이어를 안아서 미안해했고, 이런 이유 때문에 브라이어가 '좋은 집'에 있다고 느끼지 않았을지도 모른다고 두려워했던)을 '가슴에서 끄집어내는 것'이 얼마나 필요한지 떠올려 보자. 당신이 했어야 한다거나 하지 말았어야 한다고 여기는 것들을 말하는 것이 사랑하는 대상(애완동물이든, 사람이든)으로부터 자신을 어느 정도는 자유롭게 한다.

실습: 애도 회복

○ 여기 다섯 단계로 구성된 실습은 아이 자신의 방식대로 애도 과정을 진행할 수 있도록 하는 전주곡이 될 것이다. 이 지침은 부모가 아이에게 읽어 주도록 되어 있다. 자녀가 감당할 수 있는 정도에 따라 한 번에 한 부분만 읽어 주거나 혹은 조금 더 적게 읽어 줄 것을 제안한다.

참고: 이 실습은 존 제임스(John W. James)와 러셀 프리드만(Russell Friedman)에 의해 설립된 캘리포니아주 셔먼 오크스에 있는 슬픔 회복 기관의 프로그

램(Grief Recovery Institute's Program)을 모델로 하였고, 『아이들이 애도할 때 (When children grieve)』라는 그들의 책에도 나와 있다(도서 참조).

A 단계

1. 사람이나 애완동물을 처음 만난 날부터 그들이 죽을 때까지의 연대표 만들기
2. 관계에서 가장 좋았던 행복한 기억 몇 가지를 연대순으로 기록하기
3. 사랑하는 사람이 살아 있을 때 진심으로 감사했거나 하고 싶었던 말들을 선 위에 덧붙이기
4. 선 아래에 사랑하는 사람을 속상하게 만들었던 몇 가지 후회되는 일들을 기록하기

B 단계

다음 제목 밑에 생각나는 기억들을 나열하기

- 사랑하는 사람에 대해 내가 그리워하는 것들
- 나를 아프게 했지만 지금은 용서하고 싶은 것들
- 용서받고 싶은 죄책감이 드는 것들
- 고맙게 생각했으나 단 한 번도 큰 소리로 혹은 충분히 말하지 못했던 것

C 단계

생각, 기억, 감정의 공유

작성한 리스트를 당신을 사랑하고 이해할 수 있는 사람과 함께 나누기
이 사람이나 집단에게 당신이 이런 일련의 연습을 마칠 때 표면화될 수 있는 감정을 들어 줌으로써 당신을 도와 달라고 요청하기

D 단계

작별 인사

준비가 되었다고 느낄 때, 사랑했던 대상에게 특별한 편지 쓰기. 말하고 싶은 것을 표현하기 위해 작성한 기억들을 활용하라. 주저하지 마라. 당신에게 도

움이 되었던 것과 당신을 아프게 했던 것을 편지에 적절히 작성하는 것이 중요하다. "고맙다."라고 말하고 싶은 경험과 감정에 대해 감사함을 표현하라. 자신의 단점과 그 대상의 단점에 대해 열린 자세를 취하라. 용서하고 싶다고 느끼는 것은 무엇이든지 용서하라. 정직하라. 당신이 원하지 않는 어떤 것을 억지로 용서하려고 하지 마라. 하지만 자신이 한 일을 용서하는 기회를 놓치지 마라. 무엇보다도 자신을 용서하라. 사랑했던 사람에게 부끄럽다고 여겼거나 혹은 당신이 하지 말았어야 한다고 여기는 일에 대해 용서해 달라고 부탁하라. 이제 깨끗이 털어놓았기 때문에 당신은 주저 없이 작별 인사를 할 수 있다.

이 편지는 쓰기가 매우 어려울 수 있다. 스스로 하기 어렵다면, 당신을 사랑하는 누군가에게 도움을 받아도 좋다. 그러나 다른 사람의 생각이 아니라 자신의 생각과 감정을 반드시 표현해야 한다. 만약 너무 어려서 그 많은 큰 의미의 단어들을 쓸 수 없다면, 나이가 더 많은 사람에게 대신 써 달라고 할 수 있다. 이 모든 것을 혼자 다할 수 있더라도, 터져 나올 수도 있는 강한 감정에 대비하여 친구나 친척이 곁에 있어 주기를 부탁해도 좋다. 포옹을 하고 싶을 수도 있고, 울면 안아 줄 누군가를 원하거나 기억과 감정을 함께 나눌 누군가를 원할 수도 있다. 편지의 마지막 줄에 사랑했던 대상에게 "안녕, 잘 가."라고 쓴다.

E 단계

편지 공유

마음의 준비가 되었을 때, 당신이 믿을 수 있는 사람 앞에서 사랑했던 대상에게 보내는 작별 편지를 당신 자신의 생각과 느낌으로 소리 내어 읽어 본다. 그리고 나서 당신은 어떤 의식을 치루고 싶다거나 편지를 묻거나 불태우고 싶을 수도 있다. 혹은 애도 과정을 마무리하기 위한 자신만의 매우 창조적인 아이디어를 가질 수도 있다.

미술 활동을 통해 정서적 지지 제공하기

아이들이 죽음, 이혼, 별거, 아니면 다른 종류의 상실에 대해 애도를 하더라도, 여러분은 아이들이 다양한 수준의 정서를 경험하게 될 것이라고 확신할 수 있다. 어린 아이들은 그들의 감정에 대해 이름을 붙이지 못할 수도 있다. 좀 더 나이 든 아이들과 청소년들은 그 감정들에 대해 말하고 싶지 않을 수도 있다. 대신에 그들에게 그들의 감정을 그리게 하는 것은 매우 유용할 수 있다. 슬픔에 빠진 아이들에게 특히 도움이 되는 한 가지 활동은 '생강빵 인형(gingerbread person, 제3장 '몸 본뜨기' 참고)' 연습이다. 윤곽 그림과 감정에 대한 색 지정이 끝나면, 아이는 몸의 다른 여러 부분에서 어떻게 느끼는가를 보여 주기 위해 윤곽선 안에 다양한 색깔로 채우면 된다. 예를 들어, 극도로 슬픈 경우 사람의 전체를 파란색으로 칠할 수도 있고, 또는 심장 부위를 파란색으로, 발과 손을 빨간색으로 그리고 배를 노란색으로 칠할 수도 있다(이것과 다른 그림 그리기 활동은 제3장의 '몸 본뜨기'에서 생강빵 인형의 예시 및 지시 참조).

이와 같은 그림은 두 가지 면에서 유용하다. 1) 감각운동적인(sensorimotor) 그림 그리기는 뇌의 직관적인 우뇌를 자극함으로써 예술적 표현을 통해 감정을 완화시키는 데 도움이 된다. 2) 그 과정은 성인인 당신에게 무엇이 아이를 괴롭히고 있으며, 어떤 감정이 더 표현되어야 하고 또 어떤 감정에 연민을 가지고 귀를 기울여야 하는지에 대해 귀중한 정보를 준다.

때때로 아이들은 불편한 감정을 먼저 그릴 것이다. 그들은 기분이 좋아지기 시작하면, 자신의 타고난 회복탄력성과 내적 자원을 암시하는 즐거운 감정을 그릴 수도 있다. 찰흙과 물감 등으로 이런 감정 작업을 할 수 있다. 점토 또는 반죽 놀이는 특히 분노를 표현하는 데 좋다. 왜냐하면 그것은 아이가 원하는 어떤 방식으로든 두드려지고, 굴려지고, 다시 만들어질 수 있기 때문이다.

감정은 애도의 자연스러운 현상

종종 아이들은 어른들만큼이나 그들의 감정에 대해 당황한다. 그들은 또한 부모님에게 부가적인 고통을 주고 싶지 않기 때문에 그들의 감정을 숨기려고 할 수도 있다. 이것은 특히 이혼의 경우나 형제, 배우자, 조부모가 죽었을 경우에 특히 그렇다. 흔히 있는 일이지만, 부모가 자신의 고통스러운 감정에 빠져 있을 수도 있다. 어른이 아이와 함께 우는 것은 괜찮다. 사실 아이에게 눈물과 두려움, 분노는 애도 과정의 정상적인 현상이라고 알려 주는 것이 중요하다. 당황하지 않고 자신의 건강한 감정을 보여 주는 것이 도움이 될 수 있다. 눈물을 흘림으로써 엄청난 고통과 스트레스를 풀 수 있다.

그러나 부모의 고통이나 불안, 우울, 분노 또는 흐느낌 등의 압도하는 감정으로 인해 아이가 부담을 느끼지 않는 것이 중요하다. 극단적인 감정은 안도감을 가져오지 않는다. 자신의 슬픔이 해결되지 않으면 친구나 상담사의 도움을 받아야 한다. 자식 앞에서 떠나간 배우자에 대한 판단이나 비하 발언은 자제해야 한다. 그것은 떠난 배우자에 대해 사랑하는 감정을 가진 아이를 혼란스럽게 한다. 아이가 어떻게 느끼고, 어떻게 생각하는지 자주 묻는 것이 중요하다. 아이들은 어른들과 매우 다른 감정을 가질 수 있다.

아이들은 일차적인 수준에서 감정을 감지하는 반면(그들은 왜 이런 감정이 드는지 혹은 무엇을 느껴야 하는지에 초점을 맞추지 않는다), 어른들은 여러 판단을 통해 자신의 감정을 분석하는 경향이 있다. 아이들은 진실한 감정을 여과 없이 그리고 어른의 눈을 통하지 않고 표현할 수 있어야 한다. 아이들은 또한 자신의 하루 일과표에 대해 질문할 수 있을 만큼 충분히 안전하다고 느껴야 한다. 때때로 아이들은 그들의 감정을 말할 준비가 되어 있지 않다. 그렇다면 나중에 다시 시도하여 아이에게 당신과 함께 나눌 수 있는 기회를 많이 주고, 아이가 원할 때 그들의 짐을 덜어 주어야 한다.

많은 어른은 슬픈 아이를 안아 주고 위로하기는 쉽지만 화가 난 아이를 다루는 것은 어려워한다. 사랑하는 사람이 떠나면 화를 내는 것이 보통이다. 아이들에게 화난 감정 또한 정상이라는 것을 알리는 것이 중요하다. 그들은 그 감정에 대해 이야기를 하거나, 발을 구르거나, 그것에 대해 그리거나, 글로 쓰거나, 종이를 찢거나, 산책하는 것을 필요로 할지도 모른다. 어떤 아이들은 자신의 감정을 스스로 헤쳐 나가기 위해 잠시 동안 혼자 있거나 또래들과 대화를 원할 수도 있다. 십 대들은 특히 그렇다. 아이들이 준비되면 당신을 이용할 수 있다는 것을 알려 주어야 한다.

아이들은 이 다음에 어떤 일이 발생할지 알지 못하는 경우에 두려워한다. 아이는 전학을 가거나 그의 부모님이 이혼할 때, 자신이 어떤 영향을 받게 되는가에 관해 알아야 한다. 아이에게 여전히 그들의 친척들과 전화, 이메일, 방문을 통해 어떻게 연락을 지속할 수 있는지에 대해 자세하게 설명함으로써 많은 비극적인 걱정을 피할 수 있다. 이혼의 경우, 자녀가 어디에서 살게 될 것인지, 어떤 상황

이 달라질 것인지, 어떤 상황이 그대로 유지될 것인지를 알 수 있도
록 도와주어야 한다. 연락할 수 있도록 전화번호, 주소, 편지지(또
는 이메일)를 제공하는 것은 아이의 마음을 편안하게 하는 데 도움
이 된다. 양가의 조부모, 이모, 삼촌, 사촌 등과의 연락을 장려하는
것이 중요하다. 지속적으로 확대 가족과 연락을 주고받는 것은 종
종 아이들에게 연결되어 있다는 느낌을 주어 아이가 잘 대처해 나
가는 데 도움이 된다.

삶은 나아질 것이다!

아이들의 삶이 격변을 겪을 때, 그들은 수백 가지 방법으로 수백
가지의 질문을 할 수도 있다. "아빠는 왜 우리와 함께 살지 못하는
거죠?" "할머니는 왜 죽어야 했을까요?" "엄마는 왜 떠났죠?" "엄마
는 돌아올까요?" "왜 상황이 다를 수는 없는 건가요?" 당신은 이 모
든 질문에 답을 하지 못할 수도 있다. 그러나 당신이 아이의 슬픔,
좌절, 상처, 분노 등을 인식하고 있음을 아이에게 확신시키고, 당신
이 바로 옆에서 듣고, 안아 주고, 이야기를 들려 주거나, 그들의 새
삶을 가능한 한 편안하게 만들어 줄 수 있는 방법을 찾아줌으로써
상실을 애도하고 받아들이는 과정에 있는 당신의 아이를 도울 수
있다.

아이들이 힘든 삶의 전환을 다룰 때, 시간이 지날수록 삶이 나아
질 것이라는 것을 그들이 알아야 한다. 상황은 바뀌고 더 편안해진
다. 이것은 '영원히 아프지 않을 것'이라는 느낌을 전달하는 것과 아
이가 힘든 감정을 표현하도록 지지하는 것 사이의 섬세한 균형이

다. 이때 당신이 할 수 있는 한 가지 일은 시간에 따라 감정이 어떻게 변하기 시작하는가를 알기 위해 매일 또는 매주 하는 의식처럼 규칙적인 '감정 체킹'을 하는 것이다. 부모는 또한 정기적으로 가족 모임을 가져 드러나는 새로운 감정을 공유하고, 각 가족 구성원이 그들의 새로운 상황을 어떻게 대처하고 있는지 확인할 수 있다.

　심지어 엄마와 아빠가 새로운 동반자와 함께 있을 때에도 그들은 책임감 있고 민감한 공동의 부모로 남아 있어야 한다. 아이가 어려움을 극복하는 데 도움이 되는 각자의 문제 해결 방법과 감정들에 대해 온정적으로 귀를 기울이는 것이 특히 중요하다. 이러한 보살핌과 계획은 아이들의 적응 정도에 큰 차이를 만든다. 이러한 특별한 모임 동안에 가족이 즐거운 시간을 가질 수 있도록 제안할 수도 있다. 아이들이 애도와 성장 사이의 균형을 가지는 것이 중요한데, 이것은 여행, 재미, 놀이, 즐거움을 위해 충분한 시간을 계획하는 것을 의미한다.

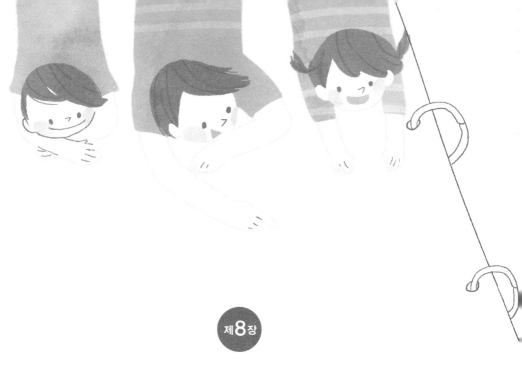

제8장

우리 이웃 안의 게릴라 전쟁

-공포에서 아이들을 보호하기 위한 전쟁-

당신은 혁명을 원한다고 말하죠.

음, 그래요…….

우리 모두는 세상을 바꾸고 싶어 해요.

당신은 내가 어떤 기여를 할 수 있는지 물어보는군요…….

글쎄요. 우리가 할 수 있는 일을

지금 우리가 하고 있다는 사실을 당신도 알고 있잖아요.

우리 모두는 제도를 바꾸고 싶어 해요.

음, 여기 계획이 있어요.

-존 레논(John Lennon)의 〈Imagine〉에서 영감을 받아-

마지막 장의 제목을 살짝 비꼬는 투로 '게릴라 전쟁'으로 붙여 보았다. 하지만, 이러한 표현을 통해 세워진 건물을 힘으로 강탈하는 것 같은 파괴를 의도하려는 것은 결코 아니다. 스페인어인 '게릴라'는 글자 그대로 '작은 전쟁'을 의미한다. 여기에 참여하는 사람들은 중대한 변화를 만들기 위해 독립된 하나의 집단을 구성하여 싸움에 나선다. 우리나라를 건국했던 선조들은 오늘 우리가 누리고 있는 자유를 위해 혁명전쟁에서 싸웠던 진정한 게릴라 영웅들이었다.

미래에 대한 긍정적인 관점으로 이 책을 결론지으려고 한다. 우리는 부모인 당신들이 지금까지 배웠던 지식을 당신의 공동체로 가져가길 기대하고, 이로써 당신은 진정한 혁명가가 될 것이다. 우리의 사회 제도 속에서 일어나는 작은 변화들이 아동기 트라우마의 예방과 치료에 거대한 도약을 이루어 낼 수 있다. 부모들은 우리의 세상을 보다 건강하고 아이들에게 더욱 친화적인 장소로 만들어 내기 위해 다음과 같은 두 가지 전선에서 변화를 일구어 내는 전쟁을 수행할 수 있다.

병원과 의료기관
지역 사회와 학교 위기 개입

예를 들어, 부모들은 병원, 이웃 그리고 학교가 '아이들 중심의 장소'가 되도록 풀뿌리 캠페인을 조직화하는 활동가들이 될 수 있

다. 이는 이 기관들의 사명이 아이들과 그 가족의 감정이고, 정신
적인 욕구를 충족시키는 데 집중하도록 변화시킨다는 것을 의미한
다. 학교, 아니면 동네를 더욱 아이들 중심적인 공간으로 만드는 봉
사활동 등에 참여할 수 있다. 질병, 부상, 자연 재난과 테러, 학교에
서 일어나는 여러 가지 위험과 같은 불가항력적인 사건들을 피해
갈 수는 없다. 하지만 우리 아이들의 트라우마 증상들과 그들을 쇠
약하게 만드는 스트레스들을 크게 줄일 수 있고, 때로는 예방할 수
도 있다. 이 장에서는 '부모 전사(parent warrior)'로서 지역 병원, 지
역의 관련 기관들, 학교에 도입되어야 할 제안들을 제시하려고 한
다. 우리의 아이들이 회복탄력성을 유지하고 살아가는 것은 그들
이 어떤 공포스러운 경험과 상관없이 그것으로부터 생겨난 두려움
을 제거하도록 하는 가장 탁월한 해독제이다.

병원과 의료 기관의 변화를 위한 모델

피터의 이야기

내가 SE(Somatic Experiencing)를 하게 된 계기는 1969년에 낸시
라는 여성을 치료해 달라고 부탁받은 때부터였다. 그녀는 일일이
열거할 수 없는 수많은 육체적 문제로 고통을 받았고, 종종 공황 발
작과 같은 고질적인 '심리적 질환'에 시달렸는데, 편두통 그리고 요
즘에서야 섬유근육통이라고 불리기 시작한 병증, 만성 피로, 심각
한 월경전 증후군, 과민 대장 증후군을 달고 살았다. 낸시는 '트라

우마 치유: 호랑이를 깨우기[1]란 이름의 치료를 받게 되면서 온몸에 경련을 경험하고, 몸서리치며, 몸을 이리저리 흔들고, 흐느끼기 시작했다. 그녀는 거의 한 시간 동안 그때 겪은 공포스러운 장면들과 감정들이 되살아날 때 부들부들 떨었다. 그녀는 그때 에테르 마취를 받은 상태에서 편도선 절제 수술을 받는 동안 의사와 간호사들에게 붙잡혀 헛되이 몸부림을 쳤다.

나는 낸시와 같은 증상을 가진 사람들을 더 많이 치유하게 되면서 얼마나 많은 사람이 어린 시절에 공격적 의료 시술 과정에서 압도당하고 공포스러운 경험을 했는지 알고 큰 충격을 받았다. 내가 개발해 온 방법으로 사람들을 훈련시키기 시작했을 때, 나도 낸시와 동일한 편도선 절제 수술을 받았다. 나도 낸시처럼 의사와 간호사에게서 붙들린 채 몸부림쳤다. 나는 필사적으로 호흡 곤란을 피하기 위해 노력했다. 극심한 공포와 심각한 무력감에 제압당하고 압도되는 경험을 피할 수 없었다. 나는 내가 겪었던 그 사건을 극복하려고 했고, 그 과정을 통과하고 나서 성인이 되고서도 두고두고 나를 괴롭히며 장악했던 두려움, '복통' 그리고 배반당하는 감정에서 벗어날 수 있게 되었다. 결국 낸시와 나는 어린 시절에 고의는 아니었지만 잔인하게 잃어버렸던 활력을 되찾게 되었고, 자책감에서 벗어날 수 있게 되었다.

이 시점을 계기로 아이들이 불필요하게 트라우마를 겪지 않도록 내가 할 수 있는 것을 해야 한다고 느꼈다. 병원은 낸시와 내가 편도

---

1) 피터 레빈의 저서인 『내 안의 트라우마 치유하기(Waking the Tiger: Healing Trauma)』에서 설명하고 있다. ―역자주

선 절제 수술을 받았던 1940년대와 1950년대 이후로 많은 변화를 겪어 왔지만, 제3장에서 새미를 통해 알게 된 것처럼 크고 작은 내 의료 시술 과정에서 아이들은 여전히 공포를 느끼며 압도당한다.

'공포 속 전쟁'은 아이들이 불필요하게 참아 왔고, 의료 보호 체계에서 무심코 그들에게 가해졌던 고통을 줄이는 것부터 시작할 수 있다. 의사, 간호사 그리고 같은 분야에서 일하는 여러 전문가가 하는 일은 생명을 구하는 것이다. 헌신적인 의료진들은 매일매일 재앙 수준의 각종 질병과 상처, 혼란스럽고 주체할 수 없는 상황들을 다루어야 하므로 종종 '소진되거나' 대리 트라우마 때문에 고통을 받는다. 게다가 관료주의적인 '의료 지원 시스템'은 의료 서비스 제공자와 환자를 서류 작업으로 몰아넣는다. 수술이 끝난 후 트라우마 반응을 줄이고, 최소화하거나 제거할 수 있는 다른 접근 방식을 고려하기 위해 지금까지 이토록 적은 시간이 할애되었다는 사실은 정말 놀라운 일이 아닌가?

의료적 그리고 외과적 절차는 새로운 방법들을 고안하지 않은 채 환자들의 건강 문제를 해결하고자 하였다. 의료적 개입이 긴급한 것이든 혹은 계획된 것이든 그 절차들은 어른들에게조차도 힘들다. 사람들이 치료에 대한 동의서에 서명하도록 요구받을 때 경험하는 것처럼, 의료 절차들은 까다롭고 두려움을 주고 어쩌면 해를 끼치는 과정일 수 있다. 마지막 장에서 제시하는 방법들을 통해 아이의 부모로서 긍정적인 변화를 만들어 가는 데 동기 부여가 되길 기대해 본다.

불필요한 고통과 미래의 트라우마 증상을 예방하고, 회복 시간을 단축하고, 비용을 절약하는 치료를 제공하기 위한 책임이 의료진이나 관련 행정을 담당하는 사람들에게 있다고 하더라도 우리는 사업 중심으로 돌아가는 환경하에 있다는 것을 이해할 필요가 있다. 이 점에서 당신은 가족의 건강을 돌보는 의료 소비자로서 후원을 통해 종종 영향력을 가질 수 있다. 어떤 의료 시설이라도 여기에 제시된 아이디어를 쉽게 구현할 수 있다. 부모와 의료진들이 소아의료 분야를 개선하기 위한 비전을 만들어 가는 데 서로 협력한다면, 그것은 현재 시스템에 긍정적인 변화를 일으키는 강력한 연합 전선이 될 것이다. 현재의 모델에 스트레스 예방 프로그램을 더할 수 있다면 그것이야말로 최선의 지향점이 될 것이다. 전 시스템에 걸쳐 인본주의적 가치를 구현하는 실행 조처들이 동반된다면 다음과 같은 여러 가지 이익이 실현될 수 있다.

- 의료적 절차에 고통을 받았을 아이들이 회복탄력성을 가지고 건강하게 자랄 기회를 가질 수 있다.
- 훗날 아이들이 성인이 되었을 때, 불안감, 다른 심리적·신체적·의료적 트라우마로 인한 영향을 덜 받을 수 있다. 그리고 좌절과 무력감의 성향이 각인되지 않았기 때문에 자신이 압도되는 경험을 겪더라도 빠르게 회복할 수 있다.
- 외과적 수술을 받은 아이들이 좀 더 빠르게 회복될 수 있는 가능성을 높인다.
- 심각한 건강 문제뿐만 아니라 폭력적인 행동까지도 회피할 수 있게 된다.
- 의료 계획을 결정하는 과정에서 환자의 신체, 감정 및 정신적 욕구가 더 동등하게 고려되는 환경이 조성되고, 어린 환자라도 마땅히 받아야 할 존중과 존엄을 보장받을 수 있게 된다.

- 사회 전체적으로 사람이 겪는 고통의 많은 부분을 줄일 수 있고, 건강관리
  에 들어가는 막대한 비용을 절약할 수 있게 된다.

최근에 많은 병원과 의료 센터들이 과거라면 회복할 수 없었던
수많은 사람의 생명을 구하는 수준 높은 의료 서비스를 제공하고
있다. 그리고 나아가야 할 다음 단계는 의료적, 정서적 그리고 정신
적 문제에 대해 보다 즉각적이고 효과적인 방식으로 개입하는 체
계를 갖추고 서비스를 제공하는 것이다.

샌프란시스코 의료 센터에 있는 캘리포니아 대학교의 아동병원
에서는 의료 서비스의 가치를 어떻게 하면 높일 수 있을지 검토하
는 과정에서 환자의 경험에 대한 정서적 측면을 고려하기 시작했
다. 이 계획에는 아동 생활 담당 의료진 두 명과 소아 류머티스 및
재활의학 담당부서 그리고 소아과에서 사회복지사로 일하는 카렌
산체(Karen Schanche)가 참여해 흥미로운 공동 작업을 수행했다.
이들은 소아과 환자를 위한 혁신적인 치료 프로그램을 개발하여
현장에 적용했다. 이 프로그램은 다양한 의료 치료와 연관된 증상
들을 줄이도록 고안되었다.

우리 기관에서 공부했던 카렌은 그녀가 돌보는 외래 환자와 입원
환자들을 대상으로 SE 원칙들을 적용해 오고 있다. 그녀는 류머티
스 외래 환자 프로그램에서 치료받는 4세에서 8세까지의 아이들이
정규적으로 병원을 방문할 때 전신마취를 하지 않으면서 통증이 심
한 다양한 관절 주사에 잘 대응하도록 준비시킨다. 그녀는 진행과
정에서 아이들이 어떻게 영향을 받을 수 있는지를 보여 주는 것 외
에 다양한 활동을 한다. 아이들이 안전하고 편안한 감정을 유지하

기 위해 필요한 것들이 무엇인지를 파악하고, 느낄 수 있는 감각들에 대해 알려 주고, 경계를 만들기 위한 역할극을 하며, 통제하는 감정을 유지하기 위해 아이들이 내면의 자원에 접근하는 방법을 찾을 수 있도록 도와주면서 시간을 보낸다. 또한 이 프로그램은 치료 과정에서 자기 곁을 지켜 주었으면 하는 사람이 누구인지, 그 과정에서 압박감과 고통을 느낄 때 그 사람이 어떻게 관리하고 개입해 줄지에 대해서도 아이들이 스스로 결정할 수 있도록 지지해 주는 과정도 들어 있다.

　이와 같은 방법들을 통해 어린 환자들이 그들의 초점을 고통스러운 감각들로부터 즐거움을 느끼게 하는 감각들(아니면 최소한 덜 고통스럽게)로 전환할 수 있게 된다. 그 과정에서 아이들이 느끼는 불편들은 최소화되고, 고통은 잘 견뎌 낼 수 있도록 준비된다. 아이들이 자신에 대한 통제감을 유지하고, 치료의 더 큰 목표에 주의를 기울이도록 하면서 주사로 인한 고통과 불안을 감소시키고, 자신이 경험해야 할 감각들에 대해 수용하는 태도를 갖게 된다. 카렌은 대다수의 아이가 전신 마취를 받을 때보다 지지를 받으면서 관절에 주사를 맞을 때 더욱 협조적이었다는 놀랄 만한 결과를 보고했다. 그녀는 아이들로부터 "이제 속이 울렁거리지 않아요. 토하지 않아도 돼요!" 같은 말들을 들었다고 한다. 아이들이 마취 없이 주사를 맞는 경험을 하게 되는데, 그것이 어떻게 더 좋은 기분을 주는지에 대해 일반적으로 많은 아이가 놀라워한다고 한다.

　이 프로그램의 가장 큰 장점은 아이들이 억제되고, 약물을 투여받는 과정에서 비롯되는 심리적이고 신체적인 혼란으로부터 자유로워진다는 점이다. 아이들에게 진정제 대신 신경 마비크림이나 마취 스프레이가 국부적으로 사용된다. 아이들은 몹시 고통스러운 통증을 겪으며 붙들려 있을 때 무력감을 더 크게 느낀다. 그래서 카렌은 '손을 밀기' '밀어 젖히기'라는 게임을 진행하여 스스로를 보호하려는 반응과 힘을 느낄 수 있도록 아이들을 북돋아 준다. 주사를 맞는 과정에서 어린 환자들이 강력한 근육을 사용하여 자신의 감각들을 집중할 때, 그것들을 다른 쪽으로 분산시키기 위해 이 같은 밀고 누르기를 시행한다. 카렌은 아이들마다 가진 특유의 이미지와 은유의 기법들과 함께 SE를 통합하고 있다. 현재까지 그녀는 외래 류머티스 환자 프로그램에서 치료 중인 27명의 아이와 7명의 재활 치료 중인 입원 환자를 준비시켜 왔다. 이런 대응에 대해 어린 환자들은 고마움을 표현하며, 담당 의사들 역시 자신들의 어린 환자들이 스트레스가 가중되는 의료 절차들을 덜 고통스러워하며 이겨 낼 수 있는 능력을 갖게 되고, 의료 과정에 대한 만족도가 개선된 것에 크게 만족했다.

이 병원에서와 같은 접근 방법들에 대해 더 많은 연구가 진행되어야 한다는 필요성이 제기되는 동안에 이 책의 저자들은 의료 시술 전이나 후에 SE를 받은 사람들이 일반적으로 빠른 회복을 보여 주고 있다는 아직은 입증되지 않은 보고들에 대해 주목해 오고 있었다. 보고서의 내용은 또한 그들이 심각한 의료 절차를 경험했다고 할지라도 증상이 완화되고 온전하게 자기 삶으로 돌아갈 수 있는 정도까지 회복 능력을 갖게 되었다는 점도 담고 있다.

가족 친화적인 어린이 병원 사례

아직은 사례를 찾기 힘들지만 소수의 의료 시설이 민감하면서도 사람 중심적인 태도와 의료 환경을 갖춰 가기 시작했다. 몇몇 병원이 희망 만들기 재단(Make-A-Wish Foundation)[2]의 후원을 받아 소아 환자가 겪는 트라우마를 최소화시키려는 노력을 하고 있다. 그 병원들이 어떻게 아이들의 트라우마를 방지하고, 병원에서의 생활을 더욱 편하고 덜 두렵게 만들어 가고 있는지 알아보자.

캘리포니아 롱비치에 위치한 밀러 어린이 병원(Miller's children's hospital)은 선구적인 태도를 갖춘 의료 시설이다. 이 병원의 아동 생활 프로그램(child life program) 매니저인 리타가 만든 '푸른 돌고래를 지나 곧장 보트로 가세요. 방문자 배지를 줄 안내원을 만나게 될 겁니다.'라는 안내판을 보게 된다면 이 병원이 얼마나 진심이 가득한 곳인지 느끼게 될 것이다. 그녀의 따스한 환영의 말은 이렇게 주목할 만한 특징을 가진 소아 병동 시설을 둘러보기도 전에 배려받고 보호받는다는 감정을 느끼게 해 주었다. 각각의 아이를 치료하는 모든 과정에서 이 병원이 기울인 헌신은 온 가족에게까지 확장된다. 아이와 부모는 사전에 치료 과정 이전부터 치료 과정 그리고 그 이후까지 어떤 일들이 진행될 것인가에 대한 설명을 듣게 된다. 적절한 시기가 되면 형제 프로그램(sibling program)을 통해 형

---

2) Make-A-Wish 재단은 각 주마다 다른 웹사이트를 가지고 있는 전국 단위의 조직이다. 주요 웹사이트 주소는 www.wish.org이다.

제와 자매의 첫 방문이 이루어지도록 준비시킨다.

아동 생활 프로그램은 입원이든, 외래이든 모든 소아 환자가 병원 경험을 긍정적으로 수용할 수 있도록 하는 데 유일한 목적이 있다. 아동 생활 전문가들은 아이들이 두려움과 불안을 떨쳐 버릴 수 있도록 돕고, 병원에서의 경험이 익숙해지도록 하는 개별화된 프로그램들과 집단 프로그램들을 계획한다. 우선, 전문가들은 모형 도구와 여러 책 그리고 아이들이 친근해 하는 병원복과 파란 수술 모자를 쓴 실물 크기의 인형인 '제프리(Jeffery)'를 사용한다. '제프리'는 아이들이 관찰하면서 가지고 놀 수 있는 심전도 스티커, 맥박계, 링거, 혈압 측정기, 주사기가 들어 있는 특별한 상자를 가지고 있다. 다음으로 아이들은 병원에서 어떤 경험을 하게 될 것인지 각 단계를 설명하는 사진 책을 보게 된다. 아이들은 그들의 소유가 되는 작은 곰들과 별들로 디자인된 멋진 색깔의 파자마와 슬리퍼를 고르는 것으로 치료 과정을 시작한다.

나는 목에 있는 종양 제거 수술을 받기 직전 상태에 있는 다니엘이란 아이에게 적용 중인 프로그램을 관찰했다. 다니엘은 자신의 담당자가 읽어 주던 책의 이야기에 넋을 잃은 듯 집중해 들었고, "바깥쪽은 끈적거리고, 가운데 부분은 부드럽게 끈적인다."고 심전도 스티커를 설명하며 그것을 만져 보기도 했다. 다니엘이 스티커를 가지고 노는 것을 마치자 그 전문가는 다니엘의 가슴 어느 곳에 스티커를 붙이게 될지 정확히 알려 주었고, 똑같은 스티커를 붙인 다른 아이들의 사진을 보여 주었다.

이러한 설명은 놀이방에서 이루어졌는데, 그 방에는 카펫이 깔린 계단과 미끄럼틀 그리고 〈커다란 푸른 집의 곰돌이(Bear and the big blue house)〉 같은 애니메이션을 보여 주는 텔레비전이 마련되어 있었다. 다니엘이 수술 준비를 받는 동안, 돼지 의사 호그가 곰과 그의 친구들을 검사하기 위해 커다란 푸른 집에 방문하는 내용이 상영되고 있었다. 다니엘이 준비를 마치자 의사가 오기 전까지 엄마, 아빠와 같이 미끄럼틀을 타고 놀았다. 의사는 놀이방에 들어와서 다니엘이 자신을 낯설게 느끼지 않도록 몇 분간 같이 놀아 주었다. 그다음으로 의사는 다니엘의 가족이 묻는 질문에 인내심을 가지고 답변을 해 줬다. 그는 쉬운 용어로 진행되는 일련의 과정들에 대해 설명해 줬다.

밀러 어린이 병원의 아이들은 마스크, 주사기, 장갑, 솜, 알코올 면봉, 반창고, 압설자[3]와 의료용 모자가 들어 있는 놀이 세트와 파자마를 입은 인형을 선물받는다. 그리고 병원에는 『토미(거북이)의 MRI 여행』과 『나의 병원 책』과 같은 그림책들이 비치되어 있고, 비디오와 도서, 인터넷으로 의료 정보를 검색할 수 있는, 부모와 십대들을 대상으로 운영되는 도서관도 있다. 아이들이 회복하는 동안 자신의 흥밋거리를 해소할 수 있도록 치료 후 여러 놀이방을 돌아다니며 즐겁게 시간을 보내도록 배려하고 있다.

밀러 어린이 병원은 또한 최첨단의 통증 감소 기술을 가지고 있다. 예를 들어, 버튼을 누르면 작동하는 '환자 제어 진통제'라는 기계를 비치해 놓고 있다. 이 기계는 5세 정도만 되어도 작동할 수 있을 정도로 아주 안전하고 간단하다. 이 기계는 통증을 완화시키는 역할을 하면서 동시에 아이들이 약을 과잉 복용하는 것이 불가능

---

3) 혀를 누르는 기구—역자주

하도록 작동한다.

약물 없이 통증을 완화시키는 방법을 쓰기도 한다. '펀 센터(fun center)'라고 불리는 모바일 기반의 시설을 만들어 놓았는데, 텔레비전, 비디오 플레이어를 갖추고 있으며, 양방향 비디오 게임도 할 수 있다. 아동 생활 프로그램의 관리자는 로스앤젤레스에 있는 서던캘리포니아 대학교가 겸상적혈구 질병으로 극심한 고통을 경험하는 청소년 환자들이 게임 시설을 이용했을 때 어떤 생리학적 반응을 보이는지에 대해 모니터한 연구 결과를 공유했다. 여러 연구 결과에서 '펀 센터'를 이용한 아이들의 통증 반응이 유의미하게 줄었다는 사실을 확인시켜 주었다. 이런 시설은 어린 아이들부터 청소년기 아이들까지도 활용할 수 있다는 장점이 있다. 부모의 개입이 적극적이지 않은 상태에서 모든 연령층의 아이들에게 적용되지만 조금 더 성숙한 십 대 아이들에게 한층 더 효과적인 '조부모 프로그램'이라는 것도 운영한다. 이 프로그램의 핵심은 자원봉사자들이 참여하는데, 아이들이 외롭거나 지루하지 않도록 카드게임을 하고, 앉아 있고, 이야기하고, 들어주면서 함께 시간을 보내는 것이다.

아이들에게 밝고 좋은 기분을 선사하는 환경을 갖추기 위해 밀러 어린이 병원은 아동 생활 프로그램 외에도 여러 가지 대단한 노력을 기울여 왔다. 각각의 방은 바다를 주제로 한 다채로운 색깔의 벽화가 그려져 있다. 작은 아이들은 수많은 바다 생물에 둘러 싸여 있고, 십 대 아이들은 모래사장에 서핑보드가 그려진 그림을 마주한다. 여러 가지 게임을 즐길 수 있고, 애완동물 방문이 허용되며, 공들여 만든 여러 개의 놀이방이 있다. 놀이방은 미술 작품, 공예품, 상상력을 자극하는 놀이 기구 등 다양한 시설을 갖추고 있으며,

비슷한 질병을 가진 다른 나라의 아이들을 온라인으로 연결시켜 주는 건강 돌봄 단체인 '별빛 세상(starbright world)'을 통해 그들과 특별 화상 회의가 가능하다. 이것들로도 부족해 텔레비전 스튜디오에서 〈기글스(Giggles)〉라는 프로그램을 제작해 아이들이 있는 모든 방으로 생방송한다. 이 프로그램의 주인공은 당연히 광대 기글스(Giggles the Clown)이지만 아이와 아동 생활 전문가가 주인공이 된다! 다른 어린이 환자도 자기가 생각한 문제들을 가지고 전화할 수 있으며, 연결되는 누구나 선물을 받는다. 그 프로그램의 '게스트'는 그날의 '스타'로 떠오른 어린이 환자로부터 사인을 받고 싶어 하는 동료 방문객들을 맞이할 수 있다.

　아이들을 준비시키고 모든 과정을 잘 통과하도록 지지해 주는 아동 생활 전문가말고도 최선의 노력에도 불구하고 트라우마 반응을 보이기도 하는 아이들을 정서적으로 지지해 줄 수 있는 사회복지사와 심리학자들도 함께하고 있다. 또한 회복 기간에도 아이들이 특수한 도움을 필요로 하는지 여부를 확인하기 위해 스태프들은 경계를 늦추지 않는다. 이 병원에서 이루어지는 돌봄 서비스가 너무 훌륭해 사실이 아닌 것처럼 느껴질 수도 있겠다. 그러나 다시 생각해 본다면, 그렇기 때문에 그와 같은 일들은 너무나도 당연히 실현되어야 한다고 할 수 있다. 더욱이 지금 이 책을 손에 든 채 당신이 사는 곳에 있는 병원이 그러한 일들을 자기의 일들로 받아들이는 것에 대해 관심 있어 한다는 사실을 당신이 찾아낼 수 있기를 바란다.

트라우마 예방 노력을 증진하기

아이들의 편안함을 더 높은 수준으로 끌어올리고 호소력 있는 환경을 만드는 것이 중요하다는 것을 자각하게 되면서 최선의 노력을 기울이는 의료 기관들이 늘어나고 있다. 그러나 이러한 변화에도 불구하고 트라우마를 방지하는 데 가장 단순하면서도 가장 중요한 실행 요소들이 잘 알려져 있지 않거나 간과되는 경우가 종종 있다.

한 가지 다행인 점은 아이들이 트라우마를 겪지 않도록 예방하는 일들이 고급스럽고 비싼 장비들을 요구하지 않는다는 것이다. 트라우마를 예방하는 방법은 모든 사람에게 활용될 수 있다. 첫 번째 단계는 트라우마의 기초가 되는 신체적 역학관계를 이해하도록 아이들을 담당하는 의료진을 교육시키는 것이다. 트라우마는 동작 불가능 상태, 무력감 그리고 좌절된 싸우기−도망가기 반응 중에 묶여 버린 에너지로부터 비롯되는 것이기 때문에 어떤 아이도 공포에 질려 있는 상태에서 묶여 있거나 마취되지 않도록 하는 것이 절대적으로 중요하다.

의사와 간호사, 사회복지사 그리고 아동 생활 전문가는 항상 아이들의 감정에 주의를 기울이고, 그들이 겪는 불편을 최소화하기 위해 노력해야 한다. 아이들이 어떤 반응을 하는지 주의 깊게 관찰해야 한다. 아이들의 신체 반응과 얼굴에서 표현되는 것들은 종종 몇 마디 말보다 아이들이 느끼는 두려움을 구체적으로(즉, '놀란 토끼 눈'이란 표현처럼 얼굴만 보고도 몸이 굳어 버린 상태라는 것을 파악해낼 수 있는 것처럼) 드러낸다. 아이들은 공포에 질렸을 때 입이 얼어붙는 '침묵' 상태에 빠진다. 그리고 아이들에게 시행되는 병원의 일상에 대한 오리엔테이션과 역할놀이가 수술 당일이 아닌 일주일 전에 실시되도록 하는 것이 가장 좋다. 왜냐하면 아이들이 치료 과정에 충분히 협조할 수 있도록 편안함을 느낄 수 있게 부모는 그 기간 동안 집에서 아이와 '병원' 적응을 위한 놀이를 진행할 수 있기 때문이다.

앞서 제4장에서 이미 언급했지만 아무리 강조해도 지나치지 않는 트라우마 예방에 중요한 요소가 있다. 어린 아이가 수술을 받아야 할 때에는 가능하다면 절개선을 따라 국부 마취제를 투여하는 것이 중요하다. 현재 국소 마취가 회복 속도를 향상시키고, 회복 과정에서의 혼란을 줄여 준다는 연구 결과들이 힘을 얻고 있지만 일반적으로 행해지고 있는 것은 아니다. 많은 경우 국부 마취는 전신 마취로 인한 잠재적 위험 부담 없이 행해질 수 있다는 이점이 있다. 그러나 전신 마취는 상당 부분 국부 마취 없이 시행되어서는 안 된다. 국부 마취는 빠른 회복이 가능하다는 점 외에 다른 장점도 있다. 전신 마취만 시행되었을 때, 몸은 외과적으로 절개된 부위를 공격당한 상처(마치 매서운 동물의 습격을 받은 것과 다르지 않게)로 등록시킨다. 반면 절개 부위를 따라 시술된 국부 마취는 아이들이 느끼는 무력감의 크기를 감소시키는 데 도움이 되고, 결과적으로 이후 발생될 수 있는 심리적 증상들에 덜 취약해지도록 한다.

트라우마 개입 이후의 과정에서 적절한 프로그램을 적용해 보기

앞서 소개했던 롱비치 기념 의료센터의 밀러 어린이 병원은 미국 내 네트워크화된 90개소의 가정 친화적 병원들 중 하나이다. 앞에서 서술된 간단하지만 중요한 권장사항들을 추가함으로써 아이들의 욕구를 우선시하는 것과 같은 변화를 프로그램에 녹여 내는 시도를 하는 것은 그리 어렵지 않은 일이다. 부모들이 해야 할 역할의 전부라고 할 수 있는 것은 이 책에서 강조했던 트라우마 예방의 원리들을 지역 병원 관계자들이 이해할 수 있도록 교육시키는 것이다. 예민하게 행해져야 하는 실천 사항들, 오리엔테이션, 준비 과정을 통해 의료적 트라우마를 예방하는 것이 얼마나 중대한 일인지를 이해하는 병원을 선택하도록 하라. 또한 기꺼이 부모와 한 팀으로 일하려는 의료 센터나 병원을 선택하는 것도 아주 중요하다. 당신이 살고 있는 지역 사회에 '아이 생명(child life)'과 '희망 만들기(make-a-wish)' 같은 프로그램들을 도입하기 위해 더 많은 정보를 얻을 수 있도록 '아이 생명위원회'(www.ChildLifeCouncil.org)와 접촉하라. 고도화된 장비가 트라우마 예방과 스트레스 완화 프로그램에 필수조건이 아니라는 점을 병원 관계자들이 상기하도록 적극 노력하라. 아이들의 두려움, 걱정, 고통을 이해하고 완화시키는 것이 트라우마를 예방하는 진정한 품질보증서이다. 의료진이 당신의 아이와 가족을 위해 봉사해야 한다는 것을 기억하라! 가족의 권리를 인식하고 주장하라. 변화를 일으키는 선택을 하도록 하는 것은 궁극적으로 당신에게 달려 있다!

캔디의 이야기

캔디는 내가 밀러 어린이 병원을 방문했을 때 만났던 아동 생활 전문가이자 인턴이었다. 그녀는 우리가 하고 있는 트라우마 예방에 대해 큰 흥미를 보였고, 나 역시 자신의 일에 대한 그녀의 열정적인 헌신에 깊은 인상을 받았다. 나는 그녀의 이야기를 주의 깊게 들었다. 캔디는 어린 시절의 자신은 굉장히 외향적이었고, 친절한 성격의 소녀였으며, 댄서로도 활동했다고 설명했다. 7세가 되었을 때 그녀는 의학적 처치가 요구될 정도로 견디기 힘든 그리고 도무지 원인을 알 수 없는 무릎 통증을 경험했다고 한다. 캔디는 무섭고 지독했던 병원 생활을 결코 잊지 못할 것이라고 말했다. 의사는 몸 속에 박힌 바늘이 발견될 때까지 그녀의 무릎을 '파고 찔렀다.' 하지만 그녀의 기억 속에 더 깊게 새겨진 것은 의사가 간호사에게 무심코 던진 "만약에 말이야. 우리가 이 바늘을 빼내지 못하면, 이 다리를 잘라야 할지도 몰라."라는 말이었다.

어른이 된 캔디는 "의사가 저를 살렸다는 건 인정해요. 바늘이 심장 쪽을 향할 수도 있었으니까요. 그런데 너무 무서웠어요. 저를 안심시키기 위해 아무것도 하지 않았어요. 오히려 그 시련이 끝났을 때 간호사가 '우리 간호사들이 얼마나 큰 역할을 했는지 엄마에게 꼭 말해 주렴!'이란 말을 건넸죠. 그러나 그들이 그런 역할을 했다고 생각하지 않아요."라고 언급했다.

나는 캔디에게 그 병원에서의 경험이 그녀의 삶에 어떤 영향을 주었는지 물었다. 그녀는 수술 이후 소심해지고 불안감이 높아졌다고 했다. 그리고 자신의 이런 경험은 자신이 돌보는 어떤 아이도 자신과 같은 고통을 겪게 해서는 안 된다는 마음을 갖게 했고, 의료 트라우마 예방에 자신의 삶을 헌신하게 된 계기가 되었다고 말했다.

많은 사람이 병원과 의료 기관들을 낯설고 위협적이고, 심지어 위험한 장소로 인식한다. 이렇게 형성된 위협감은 생명에 관계된 심각한 건강 문제로 치료를 받아야 할 때 더욱 강해진다. 의료 트라우마는 특히 아이들에게 중요하다. 많은 성인도 어린 시절에 그들이 겪었던 치료 과정의 결과로 참아야 했던 호흡곤란, 마비, 두려움에 다시 휩싸이게 된다.

하지만 다행히 앞에서 본 것처럼, 보다 인간 친화적인 돌봄이 의료 현장에서 적용되고 있다. 접근 방식의 단순한 변화만으로도 의료진들은 아이들이 경험하는 안전과 위협의 정도에 상당히 영향을 미칠 수 있다. 시술 전의 충분한 오리엔테이션, 역할극을 통한 예행연습, '현실화될 수 있는 나쁜 정보'를 파악하는 데 도움 주기, 긍정적인 말의 의도적 사용은 지극히 어린 환자들의 치료 결과를 개선하기 위해 의료 현장에서 일하는 사람들이 쉽게 적용할 수 있는 강력한 도구이며, 핵심적인 실천 사례이다.

분명한 것은 지금의 당신처럼, 소아과 분야의 의료진들도 트라우마의 본질에 대해 이해하기 위해 훈련을 받을 필요가 있다. 우리의 희망은 멀지 않은 미래에 모든 병원과 의료 센터가 모든 환자, 특히 가장 약한 사람들, 우리 아이들의 스트레스와 트라우마 충격을 예방하거나 최소화하는 것의 중요성을 이해하는 것이다. 그러는 동안 부모로서 당신은 지식과 공감으로 무장하고, 건설적이고, 혁명적이며, 평화로운 치유의 전사가 되어 현재의 시스템을 바꾸는 데 중추적인 역할을 할 수 있어야 한다.

지역 사회의 위기 개입

지난 몇 년간 예측할 수 없는 기후 변화에 따른 자연 재난의 증가, 새로운 질병의 위협, 학교 총기 난사, 폭력에 만연된 언론 보도 그리고 미국이 더 이상 테러로부터 안전할 수 없게 된 상황 등으로 인해 비극적인 사건이 점점 더 자주 일어나고 있다. 이 단원은 지역 사회의 대규모 재난과 대량의 인명 피해를 발생시킨 사건의 영향을 받는 아이들의 대처를 돕기 위해 보다 강화된 능력을 갖추고자 하는 부모들을 위한 것이다. 여기서 제시된 아이디어와 활동들은 아이들과 함께하는 지역 시민단체 운동을 조직한 활동가들에 의해 적용될 수 있는 것들이다. 이 방법들은 앞에서 언급한 끔찍한 재앙에서부터 광산 참사와 같은 우발적이며 다수의 인명 피해를 가져온 사고, 같은 반 친구의 자살에 이르기까지 이웃의 삶을 요동치게 하는 다양한 사건에도 유효하다. 더불어 지금까지 배워 온 정서적 응급처치의 원리는 화재, 태풍, 지진, 토네이도, 홍수, 쓰나미와 같은 자연 재난에도 동일하게 적용될 수 있다.

서로를 위로하고 도우며 충격과 공포로 마비된 아이들과 어른들을 지지해야 하는 상황이 닥쳤을 때 시행될 수 있는 학교와 공동체 기반의 계획이 **사전**에 마련되고, 이 과정에서 일반인들이 핵심 자원봉사자로서 역할을 할 수 있도록 미리 조직화하는 것이 중요하다. 만약 부모인 당신이 행동 계획을 가지고 있다면, 반복적으로 뉴스에 등장하는 공포의 현장을 쳐다보면서 두려움에 넋을 잃은 채 집에서 스스로 고립되고자 하는 관념에 쉽게 빠져들지는 않을 것이다. 더불어 당신은 아이들이 일상의 붕괴를 초래한 상황으로부터 가능한 한 빨리 되돌아올 수 있도록 도울 수 있다.

우리가 처한 새로운 현실

2001년 9월 11일, '우리는 안전하다.'라고 생각했던 현실이 산산조각 났다. 유사한 사건이 다시 일어날 것만 같았다. 다음에 또 어떤 일이 일어날지 그리고 우리 아이들에게 무슨 말을 해 줘야 할지와 같은 심오하고도 답변할 수 없는 질문들과 그것이 주는 두려움이 우리에게 잔해처럼 남겨졌다. 사실 우리가 그들에게 그 끔찍한 일에 대해 무엇을 말하느냐보다는 아이들에게 어떤 방식으로 말을 할 것인지와 아이들의 느낌과 걱정을 어떻게 경청하느냐가 더 중요하다. 아이들은 부모의 말보다 부모의 감정에 더 크게 영향을 받는다. 그들은 정보보다는 안전을 더 필요로 한다. 아이들은 자신이 보호받고 있다는 것과 자신이 사랑받고 있다는 것을 알 필요가 있다. 마음에서 우러나오는 "사랑한단다, 내가 널 지켜줄게."라는 말은 어떤 설명들보다 훨씬 큰 의미를 가진다. 아이들은 안아 주기, 흔들어 주기, 만져 주기 같은 신체적 접촉을 통한 소통을 필요로 한다.

맞벌이 부부는 늘 그 자리에 함께 있다는 것을 아이들이 느끼도록 전화하는 시간을 갖는 것이 중요하다. 일상생활의 예측가능성과 지속성은 모든 연령의 아이들에게 중요하다. 아이들에게 일상은 계속될 것이고, 그들이 다시 즐겁게 놀 수 있다는 믿음을 주기 위해 함께 계획을 세우는 것 또한 아이들의 스트레스를 완화시키기 위해 우리가 할 수 있는 중요한 일 중 하나이다.

　각종 미디어는 고객을 붙들어 놓기 위해 생생한 공포를 전달하려고 하기 때문에 아이들이 텔레비전에 노출되는 것을 최소화하는 것이 중요하다. 저녁시간이나 잠자기 전에는 특별한 주의가 필요하며, 아이들이 잠들고 나면 뉴스를 시청하는 것이 가장 좋다. 3세에서 5세 남짓의 아이들은 텔레비전에서 보거나 들은 것에 대해 물어볼 수도 있다. 그 연령대의 아이들은 자기의 감정을 단어로 표현하는 방법을 배워 가기 시작한다. 당신은 그때 그런 감정을 가지는 것이 괜찮다(OK)는 것을 아이들이 인지할 수 있도록 해야 한다. 주인공이 시련을 만나 그것을 극복해 나감으로써 더 강해진다는 이야기가 아이들에게 도움이 되는 것처럼, 아이들에게 그림을 그리게 하고, 그린 내용과 그것에 대해 어떻게 느끼는지 서로 이야기를 나누는 것도 유익한 일이 될 것이다.

　게다가 아이들은 무슨 일이 일어났는지 스스로 맥락을 이해할 수 있도록 그들의 그림 속에 새롭고도 창의적인 요소를 종종 담아 놓는다. 예를 들어, 비행기가 세계무역센터 건물과 충돌하면서 창문 밖으로 사람들이 뛰어내리는 것을 보았던 한 아이는 그 장면을 그려 놓았는데 그림 속에 의미 있는 무언가를 첨가시켰다. 그 아이가 그린 것은 땅바닥에 놓인 작고 둥그런 모양의 물체였다. 부모가 그것이 무엇인지를 물어보자 아이는 이렇게 대답했다. "창문에서 떨어지는 사람들을 구할 수 있게 트램펄린을 그렸어요."

　좀 더 성숙한 6세에서 12세 정도의 아이들의 경우에는 더 직접적으로 이야기할 수 있다. 아이들이 가지고 있는 정보가 어디에서 획득되고 경험된 것인지, 아이들이 느꼈던 두려움은 구체적으로 무

엇인지 파악해 보는 것이 중요하다. 그리고 당신은 부모로서 사고
로 영향을 받은 사람들을 어떻게 도울 수 있는지에 대해 가족이 다
양한 아이디어를 제안할 수 있도록 독려하는 역할을 할 수도 있다.
예를 들어, 사랑하는 사람을 잃은 아이에게 편지를 보낸다거나 돕
기 기금을 마련할 수 있도록 모금 행사를 하는 일들이다. 도움이 되
는 활동들을 직접 실행하는 것은 구경꾼이 되는 것과는 비교할 수
없는 큰 차이를 만든다.

9·11 이후 거대 재난 발생 시 가족과 지역 사회를 위한 지원 부족

미국 적십자사의 재난 정신건강(American Red Cross Disaster
Mental Health) 코디네이터인 리사 라듀[나중에 국립 대재난연구소
(National Mass Fatalities Institute)의 수석고문이 됨]는 9·11 펜타곤에
대한 공격 이후 버지니아 애링턴에 위치한 적십자사 본사에 발령을
받았다. 그녀의 임무는 보고, 상담, 조언을 위해 워싱턴과 인근 지역
사회가 요청하는 것들에 대응하는 것이었다. 그녀는 2006년 한 인
터뷰에서 다음과 같은 말을 했다.

부모들 그리고 지역 사회의 리더들이 명백히도 이구동성으로 이런 주장을 쏟
아냈다. "우리 아이들을 돕기 위해서 우리는 도움이 필요하다." 또 하나 확실한
것은 대부분의 사람이 아이들이 이러한 재앙에서 회복하도록 어떻게 도울 수
있는지 그 방법을 모르고 있다는 것에 크게 당황스러워 했다는 것이다. 왜냐하
면 부모들은 자신의 아이들을 학교에 데리고 가는 것을 두려워했고, 아이들 역
시 그들의 부모가 일을 가거나 심지어 쇼핑을 가는 것조차 두려워했다. 모든

이웃도 어둑어둑한 시간에 집 밖을 나서는 것을 두려워했다. 어느 누구도 테러의 영향을 어떻게 다룰지 제대로 모르는 것 같았다. 이런 일련의 상황들은 트라우마가 직접적인 영향에 의한 것이든, 대리 경험으로 나온 것이든 그것으로부터 회복하기 위해서는 아이들과 어른들 모두 자신의 평정을 되찾을 수 있도록 조직화된 서비스가 필요함을 명백히 보여 준다.

　부모들은 테러 또는 대규모 피해를 끼친 인재나 자연 재난에서 비롯된 공포를 다루는 지역 사회에서 활동하는 자발적 기구의 리더나 책임자가 될 수 있다. SE를 통해 아이들과 가족은 안정감을 회복할 수 있다는 희망을 갖게 된다. 그것은 인간존재로서 우리의 뿌리를 총체적으로 뒤흔드는 사건들로부터 회복할 수 있게 하는 새로운 접근 방식을 제공한다. 대응 방법에 대한 새로운 지식으로 준비된 부모들은 이웃 아이들이 응어리져 있는 트라우마 에너지를 방출할 수 있는 간단한 게임을 적용할 수 있는 체계를 만들 수 있다. 또한 당신은 아이들의 신경계를 차분하게 하고, 그 기능을 회복할 수 있도록 미술, 글쓰기 등 여러 표현 수단과 자기 몸의 감각을 인식하는 것을 함께 통합시키는 방법을 가르칠 수 있다. 아이들이 쉽게 잠들지 못하거나 집을 떠나기 힘들어하는 어려움을 겪는 것에 대해 화를 내는 대신 간단한 신체적 도구를 제공하여 그들의 생활에 균형감을 회복하도록 도울 수 있다.
　두려워 보이는 아이의 얼굴, 퇴행하고 방해하는 행동을 보이는 아이들이 있는 교실, 예전처럼 자기 삶을 누리지 못하고 무력하게 살아가는 아이의 모습을 지켜보는 가족, 이 모든 것은 회복탄력성이 제 기능을 발휘하도록 트라우마의 가장 위험스런 요소를 다스려서 최대한 빨리 우리 주변과 학교를 위한 계획을 스스로 제안하고 실행시켜야 한다는 긴급한 위험 사이렌이다.

자연 재난 이후 아이의 회복탄력성 찾기: 태국의 교훈

이 책에 나오는 트라우마를 다루는 방법들을 사용하면서 몸의 감각에 기반한 트라우마 치료 전문가들로 구성된 '트라우마 지원 프로그램(Traumna Outreach Program: TOP)'은 재앙적인 쓰나미의 원인이 되었던 2004년 12월 인도양 지진 이후 태국에 있는 학교 아이들을 대상으로 활동하며 작업을 진행했다. 라자 셀밤이 이끄는 또 다른 SE 전문가 집단인 '트라우마 비드야(trauma vidya)'는 남인도에서 생존자들을 도왔다. 두 팀으로 구성되었는데 이들은 모두 갑작스럽게 물에 떠내려가는 가족, 집, 생계 수단과 동물들을 지켜보면서 끔찍한 충격과 슬픔에 빠져 있는 아이들, 부모들, 교사들의 회복을 돕기 위해 일했다. 전문가 팀들이 돌아간 후에도 그들이 평정심을 유지할 수 있는 능력을 지속할 수 있도록 각종 워크숍을 열어 트라우마 응급처치의 원칙들을 가르쳐 주었다. 당신은 다음의 지침과 게임을 통해 갑작스런 재난이 닥쳤을 때 당신이 속한 공동체의 아이들이 회복되도록 도움을 줄 수 있는 사람으로 준비될 수 있을 것이다.

트라우마는 신경계를 압도하기 때문에 트라우마를 겪은 아이들은 종종 자신감을 느끼는 것과 균형을 잡는 것 그리고 자신의 행동을 조절하는 것에 어려움을 겪는다. 그들은 과잉 행동 상태에 빠지고, 충동 조절 능력이 상실되고, 무기력해지고, 멍해지고, 우울해질 수 있다. 이런 아이들을 돕기 위해서 당신은 이미 배웠던 몸을 인식하는 단순한 원리들을 통합시켜 적용할 수 있는 '깃발 잡기'와 '줄넘기' 같은 친숙한 게임들을 사용할 수 있다. 이런 신체 활동에 의해 유발되는 즐거움과 경쟁은 싸우기-도망가기 반응에 사용된 것과 유사한 에너지를 불러일으킨다. 또한 단체 활동은 당신의 아이와 당신이 관심을 갖는 이웃 아이들이 트라우마에 어떻게 대응하고 있는지를 직접 눈으로 확인하는 기회가 될 수 있다.

활동들은 매우 활기찬 자극 경험과 안정을 유지하도록 충분한 휴식이 사이사이 배치되면서 동일한 시간 배분이 되도록 설계되어야 한다. 둥글게 모여 앉아 마음을 차분히 하도록 유도하면서 그 시간 동안 아이들이 어떻게 느끼고 있는지 감각을 '점검한다.' 다음과 같은 질문을 던지고 손을 들어 의사표시를 하도록 하는 것이 단체 활동에서 가장 쉽게 할 수 있는 방법이다. "지금 강하다고 느끼는 사람은 누구입니까?" "약하다고 느끼는 사람은 누구입니까?" "에너지가 있는 사람은 누구입니까?" "피곤한 사람은 누구입니까?" "더운 사람은 누구입니까?" "추운 사람은 누구입니까?" "차분하다고 느끼는 사람은 누구입니까?" "아프다고 느끼는 사람은 누구입니까?" "신난다고 느끼는 사람은 누구입니까?" "심장이 빨리 뛰는 사람은 누구입니까?" "다리에 힘이 있다고 느끼는 사람은 누구입니까?" "두통이나 복통을 느끼는 사람은 누구입니까?" "행복을 느끼는 사람은 누구입니까?"

활기와 안정의 두 과정을 진행하는 동안 에너지는 자동적으로 초과되어 방출된다. 아이들이 '쫓고' '도망치고' '탈출하고' 자신의 팔과 다리 그리고 몸통에서 활기와 힘을 느끼는 동안 아이들은 스스로 회복탄력성과 자기 조절을 지지해 주는 뇌 영역들을 강하게 만든다. 놀이를 통한 감각 경험은 아이들이 자신감과 체력을 되찾도록 도움을 준다. 이런 방식으로 자신의 신체 상태를 인식하는 기능을 강화하도록 북돋아 줄 때 아이들은 사고를 경험하고 나서도 회복탄력성을 보다 쉽게 복구할 수 있다.

연결과 회복탄력성을 성장시키는 단체 활동

우리는 학교에 다니는 태국 아이들의 삶을 영원히 바꿔 놓고, 그들의 삶터를 피폐화시킨 쓰나미 이후 그들이 자신감과 회복탄력성을 되찾을 수 있도록 돕기 위해 몇 가지 게임을 사용하였다. 아이들이 '늑대(또는 호랑이)가 토끼를 쫓다' 게임과 '가상 줄넘기' 그리고 다른 몇 가지 활동은 아이들이 흥미를 느끼며 거기에 참여하는 동안 그들이 느끼던 불안감을 어느 정도 방출하는 데 성공적이었다. 두통, 다리의 무력감, 복통을 호소하는 아이들이나 우울하거나 불안해하는 아이들이 단체 놀이에 익숙해지면서 활기를 되찾기 시작했다. 아이들의 늘어진 몸이 활기를 되찾고, 슬픈 얼굴이 웃음과 즐거움으로 물드는 모습을 보는 것은 숭고한 체험이었다. 다른 아이들보다 트라우마를 더 심하게 겪은 아이들은 끝까지 활동에 참여하기 위해 그들 한 명 한 명을 이끌어 줄 수 있는 어른들의 도움이 필요했다. 아이들이 필요로 하는 각각의 부가적인 도움을 부모가 어떻게 제공할 수 있는지에 대해서는 단원의 뒷부분에 설명하겠다.

늑대(또는 호랑이)가 토끼를 쫓다

이 게임과 다음 게임은 SE의 원리를 사용하는데, 태국, 인도, 뉴올리언스, 배턴 루지에서 아이들과 함께 트라우마 안정화 작업을 수행했던 우리의 동료인 알렉상드르 아르테가 단체 활동을 위해 개발하였다. 이 게임을 아시아에서는 '호랑이가 토끼를 쫓다'라고 부르는데, 이는 호랑이가 지역 아동들에게 익숙한 동물이기 때문이다. 게임의 본질적인 규칙은 그대로 유지하면서 동물은 얼마든지 다양하게 바꾸어도 된다. 이 게임을 수행하기 위해서는 색과 크기가 다른 두 개의 공만 있으면 된다. 이 게임은 '도망가기' 반응을 자극하기 위해 고안되었다. 같은 마을 또는 자원봉사자로 참여하는 부모들, 학교의 교사들, 상담사들이 재난 이후에 아이들을 돕기 위해 모여서 이 게임을 진행할 수 있다.

게임을 시작하기 전 먼저 어른과 아이들이 서서 동그랗게 원을 만들고, 그대로 바닥에 앉는다. 리더는 공 하나를 들고 "이게 토끼다."라고 외친다. 그리고 그 토끼를 손으로 주고받으면서 원을 따라 돌게 한다. 처음에는 천천히 하도록 한다. 어른들은 아이들에게 점점 속도를 내라고 격려한다. 곧 몇몇 아이는 토끼가 아이들 사이를 '뛰어다닐' 것이라는 기대감이 일어나는 것을 느끼기 시작한다.

또 다른 어른이 두 번째 공을 늑대 군 또는 늑대 양(또는 호랑이 군, 호랑이 양)으로 소개하고, 두 번째 공이 '토끼'를 쫓게 만든다. 공을 돌리는 속도는 아이들이 늑대의 힘과 토끼의 속도를 인식하고 추격의 흥분이 상승되면 자연스럽게 빨라진다. 나이가 있는 아이들에게는 공을 돌리는 방향을 바꾸게 함으로써 게임의 난이도를 높일 수 있다. 이 게임의 목적은 승패를 가르는 것이 아니라 추격전의 흥분감과 '잡히지' 않기 위해 최대한 공을 빨리 건네야 되는 집단의 힘을 느끼는 데 있다.

다음으로 아이들은 휴식을 취한다. 그들이 진정되었을 때, 리더는 아이들이 어떤 다양한 감각을 느끼고 있는지를 확인하기 위해 손을 들게 하면서 그들의 상태를 점검한다. 이 게임을 잠시 동안 진행한 후 아이들이 자신의 몸에서 활성화된 에너지를 방출할 수 있도록 그들을 일어나게 하여 다리를 느끼고, 다음으로 그 다리가 지면과 밀착되어 있음을 느끼도록 한다. 그 느낌이 약하게 느껴지고, 에너지가 부족한 아이는 필요로 하는 지원을 어른으로부터 받게 한다. 예를 들어, 활동성이 떨어지는 아이들에게는 자신이 토끼인 척하도록 한다. 어른들은 그들의 손을 잡는다. 그 자세로 아이들의 체력과 열정을 공유하고, 얼마나 스스로 높이 뛰어오를 수 있는지 눈으로 확인하면서 높이 뛸 수 있도록 아이들을 돕는다. 처음에는 도움을 주고, 다음에는 아이들 스스로 하게 한다.

놀이 시간을 마무리하면서는 어떤 아이도 얼어붙거나 폐쇄되지 않은 상태임을 확신하면서 주의 깊게 아이들의 상태를 점검한다. 만약 아이가 너무 굳어 있거나 멍한 상태라면, 현실감이 더 생길 때까지 아이와 함께 안정감을 심어 주는 실제 활동(grounding exercise)을 한다. 아이가 자신의 손을 어른의 손에 대고 밀 때어른은 약간의 저항을 주며 버티는 '손 밀기'는 아이가 현실감을 되찾도록 하는 데 유용한 활동이다.

줄넘기 하는 척하기

이 게임은 아이들에게 행동 기능을 촉발시키는 어떤 대상을 향해 뛰어가도록(멀어지게 하는 것보다는 향해 가도록 한다.)하고, 그곳에서 탈출하는 경험의 기회를 제공한다. 이 게임은 팬터마임으로 진행되기 때문에 줄넘기는 필요 없다. 두 아이 또는 두 어른이 줄을 잡고 넘기는 척하면 나머지 사람들은 실제 줄넘기를 하는 것처럼 줄을 선다. 처음에는 땅에 닿을 정도로 낮게 줄을 넘긴다. 아이들이 좀 더 높이를 올려 도전하려는 의사를 보이면 가상으로 높이를 올려도 된다. 한 사람 한 사람 줄을 넘어 안전지대로 이동한다. 실제 줄넘기를 사용하지 않는 이유는 진짜 줄넘기의 부재가 상상력을 자극하기도 하고, 쓰러지는 것을 막을 수 있기 때문이다. 이러한 상황은 아이들에게 위협이 다가오지만 그들이 그것을 감당할 수 있다는 것을 상징한다. 이 놀이는 아이들의 자발적 움직임을 이끌어 내고 탈출 성공이라는 만족감을 안겨 준다.

참고사항: 부모가 이웃이나 선생님들과 함께 시행할 수 있는 집단 활동으로 '자기 역량 강화 게임(the empowerment game)' '늑대가 자정에 온다(the wolf comes at midnight)' '과거-현재-미래 사방치기 (past-present-future hopscotch)' '낙하산(parachute)' 등과 같은 것들이 있다. 이 활동들은『한 아이의 눈에 비친 트라우마: 치유의 기적을 일깨우기(Trauma through a child's eyes: Awakening the ordinary miracle of healing)』라는 책의 제11장과 제12장에 소개되어 있다.

신체 활동에서 주의할 점들

재난을 겪은 후 도움을 받아 '자기 조절 기능'을 회복하려고 할 때, 여기서의 핵심은 어려움을 경험한 아이들의 상태를 파악하고 지지하면서 여러 활동을 이끌어 줄 수 있는 어른들의 존재이다. 어떤 아이들은 스스로를 진정시키는 데 어려움을 겪기도 하는데, 이런 아이들을 찾는 것은 어렵지 않다. 어떤 아이들은 눈에 띄지 않게 묻혀 있거나, 너무 피곤해서 계속할 수 없다거나, 두통과 복통 등을 호소하며 불평하기도 한다. 어른들은 어려움을 겪으며 바둥거리는 아이들의 특별한 필요를 채워 줄 수 있도록 능숙해져야 한다. 이러한 상황을 만들어 가기 위해는 추가적인 도움이 필요하다. 아이들이 도움을 필요로 할 때 언제든 도움을 줄 수 있도록 보증하면서 그 역할을 공동으로 수행할 수 있는 몇몇 어른의 협력 속에서 여러 활동이 잘 실행될 수 있게 한다.

어떤 아이들은 성취감을 느끼기 위해 더 큰 도움을 필요로 하는데, 이때 리더들은 아이들이 자기 조절하는 방법을 배우는 과정에서 어떻게 서로를 지지해야 하는지를 전체 집단을 대상으로 본을 보인다. 예를 들면, 감각을 '확인하는' 과정에서 피곤함을 호소하는 한 여자아이를 바닥에 눕도록 하거나, 친근감을 느끼는 교사나 다른 친구의 무릎이나 어깨에 머리를 기대도록 할 수 있다. 그 과정에서 다른 어른은 어떤 부위에 피곤을 느끼는지 아이 스스로 파악할 수 있도록 돕는다. 만약 그 아이가 '다리요.'라고 말하면, 잠시 동안 다리를 쉴 수 있게 하고, 잠시 후 준비가 되면 천천히 다리를 움직이도록 도움(자기가 좋아하는 동물인 척하며 움직이도록 할 수도 있다.)을 준다. 이 과정에서 아이가 매트에 누워 있는 동안 무릎을 세운 채 발은 매트에 두고 두 다리를 교대로 움직일 수 있도록 돕는 활동도 수행한다.

과잉 행동을 하거나 자신을 진정시키는 과정에서 도움이 필요한 아이라면, 어른 혹은 보다 잘 조절할 수 있는 학생이 옆에 앉아 그 아이가 바닥을 느끼면서 아주 천천히 숨을 들이마시고 내쉴 수 있도록 돕는다. 아이가 스스로 바닥을 느끼게 되었을 때, 아이의 어깨나 등에 손을 올려 접촉하면서 고요해진 상황을 서로 교감한다. 이 과정의 주된 목표는 각 개인마다 다른 점들이 있다는 것을 정상적인 것으로 받아들이고, 참여하는 사람들이 더 깊이 연결될 때 서로를 도울 수 있는 방법을 가르치는 것이다.

지역 사회의 지원: 카트리나, 리타 그리고 다른 자연 재난

2005년, 미국 동남부 걸프 해안선을 강타한 허리케인이 삶의 버팀목이 되는 아이들의 집을 휩쓸어 버렸고, 그 가족을 뿔뿔이 흩어지게 했을 때, 학교 관계자들은 아이들이 재난의 수렁을 헤쳐 가도록 지지하는 처음 겪는 힘겨운 도전을 치르고 있었다. 2005년 11월 16일 『뉴욕타임스』에 실린 '카트리나가 할퀴고 간 세상에 대응하도록 학생들을 돕자.'라는 기사에서 엠마 데일리(Emma Daly)는 걸프포트와 미시시피에 살고 있는 초등학생들이 트루아리비에르 초등학교 간호사를 수시로 찾아와 열이나 다른 특별한 증상은 거의 동반하지 않은 두통과 복통 등의 모호한 증세들을 호소한다고(실제로 아이들은 종종 재난의 사후 효과로 과열 증세와 트라우마를 겪는다.) 보도했다. 다른 학생들은 조용하고 의기소침한 성향을 보였다. 물론 이러한 모든 증상은 재난이 사후에 끼치는 일반적인 영향이다. 하지만 대부분은 신체 증상을 트라우마와 연결하지 못한다. 국제의료단(International Medical Corps)의 고문인 린 존스(Lynne Jones) 박사가 허리케인의 영향을 받은 사람들에 대해 같은 기사에서 다음과 같이 언급했는데, 그런 메시지를 아이들에게 남긴 것은 증상을 정상화시키는 것의 중요성을 강조하려는 의도였다. "이런 일들은 이미 예정된 것입니다. 당신이 만약 아주 두렵거나 고통스러운 경험을 했다면, 고통과 두려움은 당신 몸 어딘가에 남아 있게 되죠." 이런 결과가 나타나는 것은 명확하게도 몸이 무거운 짐을 견디어 내고 있기 때문이다. 이 책에서 지속적으로 장기 트라우마 예방을 위해 제시하고 있는 이 설명 모델은 아이들이 자신의 몸이 느끼는 감각들이 무엇인지를 인식하고, 그것들을 작업해 가면서 이겨 낼 수 있도록 돕고, 고통을 느끼지 않도록 하는 일과 연계되어 있다. 에너지의 충전과 방출을 증진시키며 감각과 감정을 함께 공유하도록 하는 '꼬아볼까(with a twist)' 게임은 즐거움과 자신감이라는 감각을 회복시켜 무기력과 절망의 자리를 대신하게 한다.

자연 재난이 테러 공격, 전쟁 같은 대규모 참사가 일어난 지역에서 피해자를 돌보는 역할을 담당하는 사람들 역시 개인적으로 영향을 받게 된다. 존스 박사는 "대재난은 슬픔 속에서 고유한 침묵 상태를 만들어 낸다. 모든 사람은 다른 모든 사람을 돌본다."라고 말하면서 모든 사람은 중요한 것을 잃었고, 그래서 이웃에게 짐을 지우려고 하기보다는 조용히 고통을 감내하려는 경향이 있다고 덧붙였다. 태국에서 한 아이를 잃은 엄마에게는 모든 자식과 집까지 잃은 한 친구가 있었다. 그 엄마는 친구가 더 많은 것을 잃었기 때문에 자신이 더 상처 입거나 슬퍼하지 않아야 한다고 우리에게 말했다. 하지만 이런 상실의 불공평함이 스스로 느끼는 아픔과 트라우마를 감소시킬 수 있다는 것을 뜻하지 않는다. 특히 아이들은 방어적이라서 부모의 슬픔을 덜어 주려고 자신이 잘 대응하고 있는 것처럼 보이게 하려고 애를 쓴다.

이런 이유 때문에 집단적인 지지는 부모와 아이들이 위축과 고립으로 흘러가는 경향에 대응하도록 돕는 필수적인 수단이다. 만약 이웃들이 그들의 친구들과 함께 '이웃 살펴보기(neighborhood watch)'와 같은 비상시를 대비한 노력들을 함께해 보려는 생각이 있다면, 미리 관련된 방법들과 게임들을 익히도록 연습할 수 있다. 이런 과정을 통해 재난 이후를 대비한 모임을 만들어 갈 수 있는데,

이 모임의 목적은 아이들이 참여해 지지를 받게 하고, 참여자들끼리도 서로를 지지할 수 있게 하는 데 있다. 이웃은 이웃을 필요로 한다. 사람을 치료하는 것은 사람이다!

학교에서 이루어지는 위기 보고의 새로운 방식

학교에서의 위기 개입은 전통적으로 거짓된 정보들을 밝혀 내고, 관계된 모든 사람을 사실의 토대 위에서 소통하게 하고, 트라우마 반응을 정상화하고, 아이들에게 무엇이 일어났는지 이야기해 볼 수 있는 기회를 제공하는 데 있다. 많은 경우 보고를 담당하는 조직은 아이들이 본 것 중 제일 심각했던 것이 무엇이고, 어떻게 느꼈는지 물어보고, 그런 다음 아이들을 보낼 것이다!

아이들은 끔찍한 상황이 어떻게 진행되고, 어떻게 대응해 왔는지 설명하라고 요구받을 때 해 줄 말이 거의 없다. 통합되지 않은 단편적 보고는 트라우마를 다시 불러일으키고, 아이들의 경우 특히 그럴 가능성이 높다는 것이 우리 같은 작가들의 믿음이다. 그리고 아이들이 순응하는 경향은 트라우마 상태에 있는 많은 어른도 비슷한 경향이 있기 때문에 첫 번째 대응자는 아이가 분리와 폐쇄에 점점 떠밀려 들어가고 있다는 것을 인지하지 못할 수 있다.

SE는 학교와 지역 사회에서의 위기 개입의 새로운 방식을 제공한다. 이는 2004년 태국에서 발생한 쓰나미를 경험한 아이들, 미국에서 발생한 허리케인 카트리나와 리타 생존자들에게 성공적으로 사용되었다. 미국 뉴올리언스, 배턴 루지 그리고 태국에서 치유

를 받았던 사람들이 참여한 연구 결과에 따르면, SE가 장기적으로
나 단기적으로도 상당한 효과가 있다는 것을 보여 주었다. SE 응급
'치료-조치' 과정에 한두 번 정도만 참여하더라도 트라우마 증상이
유의미하게 완화되는 효과가 있다는 것이 증명되었다.

SE 위기 개입의 중요한 특징

SE '응급조치'의 주안점은 증상 완화와 그 증상을 키우는 데 영향
을 주는 바닥에 깔린 '에너지'의 해소에 있다. 이는 내면의 감각에
기반을 둔 여러 요소에 접근해 신경계의 과도한 각성을 아이들이
줄여 갈 수 있도록 도움으로써 가능하다. 이는 정보를 모아 공유하
고, 재난의 상황에 대해 아이들에게 설명을 요구하는 기존의 방식
과 몇 가지 방법에서 명백한 차이를 보인다. 아이들은 재난에 대한
그들의 기억을 공유하도록 요구 받는 것 대신 재난 이후 어떤 어려
움들을 겪고 있는지를 나누도록 요청 받는다. 재난 이후 겪게 되는
흔한 반응으로는 다음과 같은 것들이 있다. 음식 섭취와 수면 장애,
짜증, 멍함, 사지무력, 피곤, 얼어붙기, 두통, 무감각해짐, 회상, 미
래에 대한 걱정, 공황, 생존자로서의 죄책감 등이다.

이야기를 통한 '진실 캐기'를 자제하면서 트라우마를 다시 일깨
우는 것을 피하도록 하는 돌봄이 필요하다. SE는 슬픔과 공포에 사
로잡힌 아이들에게 '가장 심각한 경험은 어떤 것이었니?'라고 물어
보지 않는다. 대신 아이들의 신체 반응을 보고 들으면서 충격과 곤
경에서 벗어날 수 있게 도움을 준다. 감각과 감정이 아주 작은 수준
에서 고양되도록 과정을 밟아간다. 그리고 고의적으로 자극된 상

태가 아니라 자연스럽게 상황들이 떠오를 때 아이들이 아주 조금씩 이야기를 꺼낼 수 있도록 한다.

다음의 사례에서는 SE의 위기 개입이 어떻게 실행되는지 배우게 될 것이다. 이 사례는 버스를 기다리고 있던 한 그룹의 중학생들이 지나가는 차량에서 총격이 이루어지는 장면을 아무런 준비 없이 갑작스럽게 목격한 데에서 시작했다. 아침에 일어난 총격 사건 이후 상담사는 몇 명의 아이를 집단적으로 만났고, 그 후에도 몇 번 상담을 진행했다. 하지만 한 남학생과 한 여학생이 계속 여러 문제에 시달렸고, 위기 상담이 필요하다고 판단되었다. 우리는 SE를 사용했는데, 두 아이의 증상이 해결되었다. 다음에 언급되는 커티스의 이야기도 위기 경험 후 SE가 어떻게 구체적으로 적용되었는지를 보여 주는 가슴 아픈 사례이다.

차량 총격 사건 이후 커티스를 회복시키기

남자 중학생인 커티스는 버스 정류장에서 지나가던 차량이 총격을 가하는 사건을 목격했다. 커티스는 그 사건을 떨쳐 버릴 수 없었기 때문에 상담사에게 의뢰되었다. 그는 학교에서 초조해 했고, 주의가 산만했으며, 집에서는 그의 형제에게 공격적인 성향을 보였다. 내가 커티스를 만났을 때 그는 나에게 지금처럼 행동하고 싶지 않다고 말했다. 그는 "예전의 자신을 다시 느끼고 싶다."고 했다. 자신의 가장 큰 문제는 총에 맞아 쓰러진 사람을 떠올릴 때마다 일어나는 분노라고 말했다. 그는 수업 시간에 집중하지 못했고, 수면에 어려움을 겪었다. 무엇보다도 그를 불안하게 만든 것은 이유 없이 어떤 사람이든 공격하고 싶다는(누구든 닥치는 대로 표적으로 삼고 싶다는) 이해할 수 없는 낯선 감정의 분출이었다.

내가 그에게 어떤 부위에서 분노가 느껴지냐고 물었을 때, 그는 "제 다리와 발에서요."라고 답했다. 우리는 발과 다리에서 느끼는 감각들을 파악해 갔다. 그의 하반신을 1~2분 정도 관찰했는데, 커티스는 자신의 다리가 차고 싶어 한다고 말했다. 그는 또한 킥볼과 축구를 좋아하는데, 자신의 다리에서 강한 힘을 느낀다고 했다. 이는 커티스의 상황을 파악하는 데 중요한 요소라고 설명했다. 우리는 작업을 하면서 그가 갱 단원이 손에 들고 있었던 총을 차 버리고 싶어 했다는 것을 깨달았다. 나는 커티스가 총을 차버리고 싶었던 방식으로 자신의 다리를 이용해 축구공을 차게 만들었다. 그는 힘을 다해 공을 차기 시작했다.

나는 커티스가 흥분하고 분노한 상태에서 급하고 무리하게 차지 않도록 어떤 동작으로 차야 하는지 느린 자세로 시범을 보여 줬다. 나는 그에게 차는 동작을 준비할 때(폭력을 막기 위해 그의 몸이 하고자 했던 일) 엉덩이, 다리와 발에서 느껴지는 감각들을 설명하도록 했다. 커티스의 차는 동작은 총격 사건을 막기 위해 그가 하려고 했던 행동이었다. 그런 다음 커티스를 쉬게 하고 다리에서 일어나는 느낌들에 대해 주의를 기울이도록 했다. 우리가 이 과정을 진행할 때마다 그의 다리는 크게 흔들리고 떠는 현상이 나타나곤 했다. 활성화된 에너지가 이렇게 배출되고 나면 커티스는 자신에게 집중해 깊은 호흡을 하면서 전력을 다해 공을 찼다. 이때 그는 튼튼함, 힘, 자신감이 회복되는 것을 느꼈다. 그는 본래의 힘을 되찾았고, 주변의 불특정한 사람을 해치고 싶어 하는 심리적 압박도 사라졌다.

충격으로부터 몸을 분리시키기 위한 '응급조치' 후에 커티스에게 나타났던 증상들이 사라졌다. 커티스와 학교 상담사가 함께 몇 주 간 계속 상황을 관찰했는데, 커티스는 모든 증상에서 자유로워졌다. 더 이상 무차별적인 공격 성향을 느끼지 않게 되면서 안정을 되찾았다. 그리고 다시 예전대로 자신을 느끼며 살아갈 수 있게 되었다. 커티스는 예전의 활력을 되찾았을 뿐더러 천진했던 모습까지 회복했다. 이런 종류의 위기를 다스리는 과정에서 일어난 가장 중요한 관점의 변화는 사건의 공포에 초점을 맞추기보다는 스스로와 타인을 보호하려고 하는 몸의 불완전한 반응을 완결시키는 것에 초점을 맞춰야 한다는 것이다. 이런 개입으로 인해 트라우마는 다른 긍정적인 형태로 변화되었고, 결국 커티스는 증상에서 회복되었다.

집단을 대상으로 한 위기 완화

커티스에게 행해졌던 SE 위기 개입 작업은 학교 상담사가 감각에 대한 추적, 신경계의 활성화 및 비활성화, 감각을 수용하고 거기에 대응하는 방어적 행위에 대한 원칙들을 이해하고 대응할 수 있는 준비가 되어 있었다면 중학생 집단 전체를 대상으로 실행될 수도 있었을 것이다. 다음에 제안하는 내용은 자연재해, 학교 총기 사고, 테러 공격 후 학교 전체를 대상으로 트라우마 응급조치를 실행할 수 있도록 하는 방법들이다. 부모들과 교육 담당자들은 학교에서 고조된 감정을 느끼는 아이들을 소그룹으로 나누어 지지하는 역할을 함께 수행할 수 있다.

아이들이 모두 모였을 때 보통 한 학생이 자원하여 나선다. 그 학생이 자신이 느끼는 증상들을 처리하도록 도움을 받고 완화되면, 먼저 나서기 싫어하던 학생들도 자신감을 얻어 자신도 참여하겠다고 나선다. 다음은 3명에서 최대 12명 정도 그룹과 작업할 때 지켜야 하는 지침들이다.

1. 부모 또는 돌봄 봉사자들을 최대한 많이 초청해 참여하도록 하라.
2. 서로가 볼 수 있도록 학생들을 둥글게 마주 앉도록 하라. 어른들은 아이들을 도울 수 있도록 동심원 형태로 바로 뒤에 앉게 하라.
3. '작업'에 참여하는 학생을 위해 피트니스 운동에 사용되는 어린 아이 크기의 공이 하나 있다면 필수적이진 않지만 매우 유용하다. 공 위에 앉음으로써 어린 아이들은 더 쉽게 자신의 감각을 느낄 수 있고, 또 더 쉽게 그 감각들을 묘사하게 된다. 활용되는 공은 매우 편안해야 하며, 아이들이 앉는 것을 즐길 수 있는 것이라야 한다.
4. 트라우마 반응에 대해 이해하도록 집단을 대상으로 교육을 실시하라. 아이들이 초기 충격 상태 그리고 충격이 사라지기 시작하면서 경험할 수 있는 것들을 설명하라. 이 책에서 배운 정보를 활용하라. 예를 들어, 어떤 아이는 멍해짐을 느낄 수 있다. 이미지나 괴로운 생각 등등 여러 가지 것이 떠오를 수 있다. 그들을 돕기 위해 해야 할 일에 대해 설명하라. 즉, 설명을 통해 대상 집단원이 내면의 감각을 이해할 수 있게 하고, 그들의 몸과 마음에 들러붙어 있는 느낌들, 이미지들, 걱정을 일으키는 생각들을 어떻게 밖으로 배출시킬 것인지에 대해 알도록 해야 한다.
5. 집단을 대상으로 사건 당시에 무슨 일이 일어났는지에 대해 탐문하지 마라. 대신 그들이 안도감을 되찾게 하기 위해 어떤 방법으로 그들이 겪은

증상들을 개선시킬 것인지에 대해 설명하라.

6. 각자가 겪은 트라우마 증상들을 집단원과 공유하도록 하라. 예를 들어, 수면이나 섭식 장애, 집중력 약화, 악몽, "그건 실제로 일어나지 않았어."와 같은 느낌이다. 동시에 증상들에 대해 너무 집중하지 않도록 하는 것이 중요하다. 이는 더 큰 걱정을 일으키는 원인이 될 수 있으며, 증상을 경험한 사람들에게 스스로 잘못되었다는 느낌이 더 강하게 인식되는 결과를 초래할 수 있다. 증상에 대해서는 단지 현재의 여러 반응이 정상적임을 전달하기 위해서 그리고 아이들이 균형과 평정의 상태로 나아갈 수 있도록 하는데 무엇을 해야 할지를 다루기 위해서만 논의되어야 한다.

7. 감각이 무엇인지, 감정과 어떻게 다른지 설명하고, 대상 집단이 다양한 감각 관련 단어를 적극적으로 표현할 수 있도록 하라. 기록하는 것이 어렵지 않다면 모두가 볼 수 있도록 그 단어들을 써 내려가도 좋다. 언급되리라 예상되는 단어들을 설명하라. 떨린다, 흔들린다, 눈물이 그렁그렁하다, 조마조마하다, 메스껍다, 따뜻하다, 냉랭하다, 멍하다 같은 표현들이나 달리고 싶다, 싸우고 싶다, 사라지고 싶다, 숨고 싶다 같은 느낌을 예로 들 수 있다. 참여자들에게 이것들은 충격으로부터 벗어나는 과정에서 발생될 수 있는 감각들임을 알려 줘라.

8. 하나의 원을 구성하고 있는 집단에서 한 번에 한 자원자만을 대상으로 작업하라. 자원자가 같은 집단에 속한 어른들과 다른 학생들이 도와주고 있다는 것을 알아차리도록 하라. 그가 안전함을 느끼도록 특별히 가까운 친구나 사이가 가까운 어른과 눈을 마주치게 격려하라. 작업을 진행하면서 어느 때이든지 자원자가 별도의 도움을 필요로 한다면 휴식을 취하게 하고 집단 내 특별히 '친한 친구'와 접촉하도록 격려하라.

9. 자원한 학생이 의자나 공 위에서 편안한 자세를 취하도록 요청하라. 자신

의 발이 바닥에 닿아 있음을 느끼도록, 무언가에 의해 받쳐지고 있음을 느끼도록 그리고 숨을 들이쉬고 내쉴 때 호흡을 느껴 보도록 하라. 그가 바닥을 잘 딛고 있고, 중심을 잡고 있으며, 안전함을 느끼고 있는지 반드시 확인하라.

10. 지원한 학생이 준비되는 대로 감각 훈련을 시작하라. 먼저, 편안함과 즐거움을 불러일으키는 어떤 대상에 대한 감각을 설명할 수 있도록 하라. 사건 이후 그가 유의미할 정도의 풍부한 느낌들을 경험하지 못했다면, 사건 이전으로 돌아가 좋은 느낌들을 가졌던 때를 고르게 하고, 그것들을 다시 떠올리는 바로 지금 어떤 느낌이 드는지 묘사하도록 하라.

11. 지원한 학생이 즉시 증상을 설명할 수도 있고, 혹은 사건 이후 힘겹게 버티고 있는 어려움이 어떤 것인지에 대해 그에게 물을 수도 있다. 그런 다음 그가 지금 무엇을 느끼고 있는지 설명하라고 요청하라. 다음의 내용은 감각들을 일깨우도록 유도하는 데 필요한 질문들과 언급들을 본보기로 예시해 놓은 것이다.

　a. (예를 들어) '나무 뒤에 있는 남자'가 너의 마음에 장면처럼 떠오를 때, 너의 몸에서 어떤 것이 느껴지니?

　b. 그가 돌아올까 봐 걱정이 될 때, 네 몸에서 어떤 것이 느껴지니?

　c. 배가 조여진다고 느낄 때, 느껴지는 다른 무언가는 없니? 무엇처럼 조여지니? 어떤 것처럼 생겼니? 어디서 그것을 느끼는지 보여 줄 수 있니?

　d. 네가 그 돌을 볼 때…… 혹은 너의 주먹을 쥐어서 돌처럼 만들었을 때 …… 다음에 어떤 일이 일어날 것 같니?

　e. 너의 다리가 흔들린다고 느낄 때, 그 다리가 무엇을 하고 싶어 한다고 생각하니?

　f. 너의 다리가 뛰고 싶다고 느낄 때, 네가 가장 좋아하는 곳으로 뛰어가고

있고 그리고 네가 도착했을 때 네가 가장 좋아하고 안심할 수 있는 사람(그 사람의 이름을 실제로 호명하라)이 기다리고 있다고 상상해 봐.

g. 또는 그 학생이 가장 좋아하는 동물처럼 뛴다고 상상할 수 있게 하라. 얼굴에 바람을 맞으며 더 빨리 뛸 때 다리에 가해지는 힘을 느낄 수 있도록 격려하라.

12. 지원한 학생이 이끄는 대로 따라가라. 그가 내적인 반응들을 의식할 때, 다음에 일어날 일들을 호기심을 가지고 탐구할 수 있도록 도와주라.

참고 사항: 충격에서 벗어나게 하는 정서적 응급조치의 세부적인 정보에 대해서는 제2장을 참고하기 바란다. 사랑하는 사람을 잃고 슬픔에 빠진 아이들을 도와야 한다면 제7장을 참고하라. 학교에서 사용할 수 있는 부모, 교사, 상담사들에게 필요한 여러 활동과 방법에 대해서는 『한 아이의 눈에 비친 트라우마: 치유의 기적을 일깨우기(Trauma through a child's eyes: Awakening the ordinary miracle of healing)』의 제11장을 읽어 보길 바란다.

우리가 책의 시작 부분에서 말했듯이, 트라우마는 피할 수 없는 현실이다. 트라우마라는 괴물을 만나지 않고 성장하는 사람은 아무도 없다. 다행인 것은 종신형을 받은 것처럼 트라우마를 안고 살아가지 않아도 된다는 사실이다. 아이에게 내재된 회복탄력성을 지지하기 위해 그동안 당신이 배워 왔던 간단한 방법들을 통해 당신 자녀의 자신감과 즐거움을 증진시킬 수 있음을 당신 스스로 다시금 확신할 수 있게 되었다. 그 방법들을 실행함으로써 당신은 세상을 바꿀 수 있고, 당신에게 주어진 한 번의 기회마다 한 명의 아이를 변화시킬 수 있다. 좀 더 힘을 낸다면, 한 번의 기회에 하나의 기관을 변화시킬 수도 있다. 제시된 방법들을 배우려고 애쓴 여러분, 즉 헌신한 부모들께 고마움을 전한다. 당신들의 아이가 우리의 미래의 희망이다.

331

참고문헌

Acosta, Judith, LCSW, and Simon Prager, PhD. *The worst is over: What to say when every moment counts (Verbal first aid to calm, relieve pain, promote healing and save lives)*. San Diego, CA: Jodere Group, 2002.

Adams, Caren, and Jennifer Fay. *No more secrets: Protecting your child from sexual assault*. San Luis Obispo, CA: Impact Publishers.

Ames, Louise Bates, Clyde Gillespie, Jacqueline Haines, and Frances Ilg. *The gesell institute's child development from one to six*. New York: Harper & Row.

Arms, Suzanne. *Immaculate deception II*. Berkeley, CA: Celestial Arts.

Baker, Dr. Leigh. *Protecting your children from sexual predators*. New York: St. Martin's Press, 2002.

Bowlby, J. *A Secure base: Parent-child attachment and healthy human development*. New York: Basic Books, 2000.

Bowlby, J. *Separation: Anxiety and anger*. New York: Basic Books, 2000.

Brazelton, T. Berry, MD. *Touchpoints: The essential reference, your child's emotional and behavioral development*. United States: Addison-Wesley, 1992.

Brink, Susan. Soothing the littlest patients: Doctors focus on easing pain in kids. *U.S. News & World Report.* www.usnews.com.

Damasio, Antonio R. *Descartes' error: Emotion, reason, and the human brain.* New York: Harper Perennial, 1995.

Damasio, Antonio R. *The feeling of what happens: Body and emotion in the making of consciousness.* New York: Harcourt, Inc., 1999.

Freyd, Jennifer. *Betrayal trauma.* Cambridge: Harvard University Press, 1996.

Henderson, Julie. *Embodying well-being or how to feel as good as you can in spite of everything.* Napa, CA: Zapchen, 1999.

Herman, Judith Lewis, MD. *Trauma and recovery.* New York: Basic Books, 1992.

Hetherington, E. Mavis. An overview of the virginia longitudinal study of divorce and remarriage with a focus on early adolescence. *Journal of Family Psychology,* 7(1), 39-56.

Hetherington, E. Mavis, and John Kelly. *For better or worse: Divorce reconsidered.* New York: Norton, 2002.

James, John W., and Russell Friedman. *When children grieve.* New York: Harper Collins, 2001.

Karr-Morse, Robin, and Meredith W. Wiley. *Ghosts from the nursery: tracing the roots of violence.* New York: The Atlantic Monthly Press, 1997.

Kohut, Heinz. *The restoration of the self.* New York: International University Press, 1977.

Kübler-Ross, Elizabeth. *On death and dying.* New York: Macmillan, 1969.

LeDoux, Joseph E. *The emotional brain: Mysterious underpinnings of emotional life.* New York: Simon and Schuster, 1998.

Leo, Pam. *Connection parenting: Parenting through connection instead*

of coercion. Deadwood, OR: Wyatt–MacKenzie Publishing, Inc.,
2005.

Levine, Peter, and Maggie Kline. *Trauma through a child's eyes:
Awakening the ordinary miracle of healing.* Berkeley, CA: North
Atlantic Books, 2007.

Levine, Peter. *Healing trauma: A pioneering program for restoring
the wisdom of your body* (a book and CD). *It won't hurt forever:
guiding your child through trauma; and sexual healing: transforming
the sacred woun,* (the latter two are primarily audio programs). All
available from Sounds True, Louisville, CO.

Levine, Peter. *Waking the tiger: Healing trauma.* Berkeley, CA: North
Atlantic Books, 1997.

Levy, D. M. On the problem of movement restraints. *American Journal
of Orthopsychiatry,* Vol. 14: 644 (1944).

Marshall, James. *George and Martha.* New York: Houghton Mifflin Co.,
1972.

Marshall, S. I., and F. Chung, Discharge criteria and complications after
ambulatory surgery. *Anesth. Analg.* 88, no. 3 (March 1, 1999): 508.

McCarty, Wendy Anne, PhD. *Being with babies: What babies are
teaching us, an introduction, 1.* Goleta, CA: Wondrous Beginnings,
1996. (Available through www.wondrousbeginnings.com.)

McCarty, W. A. *Being with babies: What babies are teaching us,
supporting babies' innate wisdom, 2.* Goleta, CA: Wondrous
Beginnings, 1997. Available through www.wondrousbeginnings.
com.

Michaloliakou, C., F. Chung, and S. Sharma. Preoperative multimodal
analgesia facilitates recovery after ambulatory laparoscopic
cholecystectomy. *Anesth Analg* (1996).

Montagu, *Ashley. Touching: The human significance of the skin* (3rd ed.). New York: Harper & Row, 1971.

Neufeld, Gordon, PhD, and Gabor Maté, MD. *Hold on to your kids: Why parents need to matter more than peers*. Toronto, Ontario, Canada: Knopf, 2004.

Oaklander, Violet. *Hidden treasures: A map to the child's inner self*. London, England: Karnac Books, 2006.

Oaklander, Violet. *Windows to our children*. Moab, UT: Real People Press, 1978.

Pearce, Joseph Chilton. *Evolution's end: Claiming the potential of our intelligence*. New York: HarperCollins Publishers, 1992.

Pearce, Joseph Chilton. *Magical child: Rediscovering nature's plan for our children*. New York: Dutton, 1977; reprinted by Penguin Books (Plume) in 1992.

Perry, Bruce. *Violence and childhood: How persisting fear can alter the developing child's brain*. The Child Trauma Academy, Department of Psychiatry and Behavioral Sciences, Baylor College of Medicine, Texas Children's Hospital, 1996.

Perry, Bruce D., MD, PhD. *The vortex of violence: How children adapt and survive in a violent world*. Published online by the Child Trauma Academy, 2000. www.childtrauma.org.

Perry, Bruce D. Incubated in terror: Neurodevelopmental factors in the 'cycle of violence'. in *children, youth and violence: The search for solutions*, J. Osofsky, ed. New York: Guilford Press, 1997.

Perry, B.D., R. Pollard, T. Blakely, W. Baker, and D. Vigilante. Childhood trauma, the neurobiology of adaptation and 'use-dependent' development of the brain: How 'states' become 'traits'. *Infant Mental Health Journal*, Vol. 16, no. 4: 271–291 (1995).

Porges, Stephen W. Neuroception: A subconscious system for detecting threats and safety. *Zero to Three Journal*, Vol. 24, no. 5: 19–24 (May

2004).

Rothenberg, Mira. *Children with emerald eyes: Histories of extraordinary boys and girls.* Berkeley, CA: North Atlantic Books, 2003.

Sapolsky, Robert M. *Why zebras don't get ulcers: An updated guide to stress, stress related diseases, and coping.* New York: W.H. Freeman & Company, 1994.

Scaer, Robert. *The trauma spectrum.* New York: Norton, 2005.

Schore, Allan N. *Affect dysregulation and disorders of the self.* New York: W.W. Norton & Company, 2003.

Schore, Allan N. *Affect regulation and the origin of the self: The neurobiology of emotional development.* Hillsdale, NJ: Lawrence Erlbaum Associates, 1994.

Siegel, Daniel J., MD. *The developing mind: How relationships and the brain interact to shape who we are.* New York: The Guilford Press, 1999.

Siegel, Daniel J., MD, and Mary Hartzell, M.Ed. *Parenting from the inside out: How a deeper self-understanding can help you raise children who thrive.* New York: Jeremy P. Tarcher/Penguin, 2003.

Soloman, J., and C. George. The development of attachment in separated and divorced families: Effects of overnight visitation, parent and couple variables. *Attachment and Human Development I,* no. 1: 2–33 (April 1999).

Somé, Sobonfu E. *Welcoming spirit home: Ancient african teachings to celebrate children and community.* Novato, CA: New World Library, 1999.

Steele, William, and Melvyn Raider. *Structured sensory intervention for traumatized children, adolescents and parents,* Volume I of the mellen studies in social work series. United Kingdom: Edwin Mellen Press, Ltd., 2001.

Stewart, John, PhD. *Beyond time out: A practical guide to understanding and serving students with behavioral impairments in the public schools.* Gorham, ME: Hastings Clinical Associates, 2000.

Takikawa, Debby. Documentary DVD (narrated by Noah Wyle). *What babies want: An exploration of the consciousness of infants* (2005). Contact Beginnings Inc., A Resource Center for Children and Families, P.O. Box 681, Los Olivos, CA 93441. Telephone: (800) 893-5070. www.whatbabieswant.com.

Terr, Lenore, MD. *Too scared to cry: Psychic trauma in childhood.* New York: Basic Books, A Division of Harper Collins Publishers, 1990.

Van Derbur, Marilyn. *Miss america by day: Lessons learned from ultimate betrayals and unconditional love.* Denver, CO: Oak Hill Ridge Press, 2003.

van der Kolk, Bessel A., Alexander C. McFarlane, and Lars Weisaeth, Eds. *Traumatic stress: The effects of overwhelming experience on mind, body, and society.* New York: The Guilford Press, 1996.

Wallerstein, Judith S., Julia M. Lewis, and Sandra Blakeslee. *The unexpected legacy of divorce: A 25-Year landmark study.* New York: Hyperion, 2000.

Wiehe, Vernon R. *Sibling abuse: Hidden physical, emotional, and sexual trauma.* Thousand Oaks, CA: Sage Publications, 1997.

Yashpal, K., J. Katz, and T.J. Coderre. Effects of preemptive or post-injury intrathecal local anesthesia on persistent nociceptive responses. *Anesthesiology* (1996).

Zand, Walton, and Roundtree. *A Parents' guide to medical emergencies: First aid for your child.* Avery Publishing Group, 1997.

추가자료

Alliance for Transforming the Lives of Children(ATLC, 아이들의 삶을 변화시키기 위한 동맹). www.atlc.org에서 임신, 출산 및 육아 정보를 얻고자 하는 부모를 위한 증거 기반 정보자료이다.

Balametrics는 교사, 학부모 및 치료사를 위해 밸런스 보드나 감각 통합 도구와 같은 장비를 제공한다. www.balametrics.com 웹사이트를 방문하거나 (800) 894-3187이나 (360) 452-2842로 전화하기 바람. 편지는 Balametrics, Inc., P.O. Box 2716, Port Angeles, WA 98362로 보내거나 이메일 Info@balametrics.com 으로 보내기 바람

BEBA(Building and Enhancing Bonding and Attachment 유대감과 애착을 형성하고 강화하기): 출판, 프레젠테이션 회의, 비디오 제작, 집단 부모교육으로 영아기 트라우마와 가족치료에 전문화된 캘리포니아 산타바바라 가족치료 센터. 웹사이트: www.beba.org.

Birthing The Future(미래의 탄생) 주소는 P. O. Box 1040, Bayfield, CO 81122. 전화번호: (970) 884-4090. 가임 여성을 지원하고 고대, 전통 및 현

대의 출산 신념과 관행에 대한 세계의 지혜를 공유하는 비영리 단체이다. www.BirthingTheFuture.com에서 정보와 제품을 볼 수 있음

Calm Birth(평온한 탄생), 21세기 출산방법에 대해서는 www.CalmBirth. org를 보거나 info@CalmBirth.org로 문의 바람. 관습은 출산과정을 바꾸고 어머니와 아이 모두에게 평화로운 시작(출산)이 새겨진다. www.childbirthconnection.org (증거기반 산모 돌봄의 비영리단체)

Elora Media: 창의력 향상을 위한 어린이용 책, 비디오 및 음악제작. 웹사이트: www.eloramedia.com.

Foundation for Human Enrichment(휴먼역량강화재단). 주소 6685 Gunpark Dr., Boulder, Colorado, 전화: (303) 652-4035 팩스: (303) 652-4039. 레빈(Levine)박사가 설립한 FHE는 전세계의 트라우마치료 및 예방에 전념하는 비영리 교육 및 연구기관이다. 신체기반 트라우마치료(SE) 교육과 소외계층에 대한 지원을 한다. www.traumahealing.com.

International Trauma-Healing Institute(ITI 국제 트라우마치료연구소). 주소: 269 South L raine Blvd., Los Angeles, CA 90004. www.traumainstitute. org 중동 및 전세계의 트라우마 지원, 예방과 치료를 위한 ITI 설립자이며 연구소 소장인 Gina Ross에게 문의 바람

Lisa R. LaDue, MSW, LISW 국가재난 협회 수석고문(공동 창립자 및 전무이사). Kirkwood Community College, 6301 Kirkwood Blvd. SW, Cedar Rapids, IA 52404. 전화번호: (319) 398-7122. 웹사이트 www.nmfi.org.

Peter A. Levine, 2005. 콜로라도주 루이빌 Sounds True에서 『몸과 마음을 잇는 트라우마 치유』 책과 CD 발행

Peter A. Levine. 2001. 콜로라도주 루이빌 Sounds True에서 『영원히 상처가 될 수는 없어: 자녀를 위한 트라우마와 성적 상처 회복 가이드』 CD 발행

Peter A. Levine. 2003. 콜로라도주 루이빌. Sounds True에서 『성적 치유: 성스러운 치유로 변화시키기』 CD 발행

Dr. Belleruth Naparstek, 『성공적인 수술』은 의료 절차를 준비하기 위한 이미지 CD; www.healthyjourney.com에서 구할 수 있음

TOUCHPOINTS, Ed Tronick, 1295 Boylston, Suite 320. Boston. MA. 02115. 전화번호: (617) 355-5913. 정서 및 행동영역의 전문가를 위한 조기교육

Truma Outreach Program(TOP 트라우마 지원 프로그램)은 전 세계에 걸친 아웃리치, 교육, 훈련 및 연구를 통해 트라우마 피해자를 지원하는 FHE 프로그램이다. 태국에서 쓰나미 이후 2005년에 만들어졌다. 웹사이트 www.trumahealing.com.

Trauma Vidya는 2004년 인도양 지진해일 이후 인도에서 만들어졌으며 외상성 스트레스 증상을 겪고 있는 인도사람들에게 교육, 훈련, 치료 및 연구를 통한 구호를 제공했다. www.traumavidya.org.에서 설립자인 Raja Selvan에게 문의 바람

찾아보기

저자 소개

Peter A. Levine 박사는 지난 40년간 트라우마 분야에서 선구자로 활동해 왔다. 그는 신체 기반 트라우마 치료의 개발자이자, 그의 창조적이고 독창적인 연구 보급에 중추적인 역할을 하는 콜로라도에 본사를 둔 휴먼 역량강화(Human Enrichment)재단의 설립자이기도 하다. 레빈 박사는 미국 항공우주국(NASA)의 최초 우주왕복선 개발 당시 스트레스 자문 위원이었고, 미국심리학회(APA)에서 대규모 재난 대응과 인종-정치적 전쟁 대응 분과회 핵심 멤버로 활동했다. 레빈 박사의 베스트셀러인『내 안의 트라우마 치유하기(Waking the Tiger: Healing Trauma)』는 20개국의 언어로 번역되어 출간되었다.『몸과 마음을 잇는 트라우마 치유(Healing Trauma: A Pioneering Program for Restoring the Wisdom of Your Body)』은 책과 CD로 발행되었고, 부모들을 위해『영원히 상처가 될 수는 없어: 자녀를 위한 트라우마와 성적 상처 회복 가이드(It Won't Hurt Forever: Guiding Your Child Through Trauma)』는 오디오 학습 시리즈물을 제작했다.

Maggie Kline은 은퇴한 학교 심리학자로, 25년간 캘리포니아 롱비치에서 결혼, 가족 및 아동 상담 치료를 해 오고 있다. 신체 기반 트라우마 치료를 꿈 작업, 예술 및 놀이치료에 접목했으며, 개인, 부부, 십 대와 아이들의 스트레스 관련 장애 및 트라우마 예방과 치료를 위해 널리 일하고 있다. 클라인은 신체 기반 트라우마 치료의 선임 연구원이며, 미국과 유럽에서 아이를 돕는 교육자들을 대상으로 레빈 박사의 전문적인 워크숍에서 치료 방법을 가르치고 있다. 인도양 쓰나미가 있었던 2004년부터 태국의 트라우마 완화 후원으로 FHE에서 아이들을 대상으로 집단 상담을 계속 해 오고 있다. 심리학자가 되기 전 클라인은 롱비치 지역 학교 연합의 학교 상담자와 부모를 위한 책임교사였다. 다양한 문화권의 아이를 상담할 때, 그녀의 풍부한 배경 지식은 이 책에서 실제적인 단계들을 이야기할 때 분명히 드러나듯, 고등학교 재직 경험에서 비롯된다. 클라인은 레빈 박사의『영원히 상처가 될 수는 없어: 자녀를 위한 트라우마와 성적 상처 회복 가이드(It Won't Hurt Forever: Guiding Your Child Through Trauma)』와『한 아이의 눈에 비친 트라우마: 치유의 기적을 일깨우기(Trauma Through A Child's Eyes: Awakening the Ordinary Miracle of Healing)』의 공저자이다.

역자 소개

하영례(Ha Young rye)

30여 년간 대학과 대학원 등에서 강의하고 있다. 놀이상담심리 교육수련감독전문가로서 다양한 어려움을 겪고 있는 아동과 가족에게 놀이치료, 놀이평가, 부모코칭, 슈퍼비전을 하고 있다. PCPA: 부모−아동 놀이평가 도구(인싸이트, 2022), 취학준비도검사(테스피아, 2021)를 개발했으며, 현재 한국아동심리재활학회 부회장, 대한아동병원협회 자문교수, 키드위즈 공동대표, '함께 아동가족상담실: 놀이평가 · 부모코칭연구소'를 운영하고 있다.

김숙희(Kim Sook hee)

부산에서 '포레스트 아동가족상담센터'를 운영하며 성폭력, 가정폭력, 성매매 및 산재 환자 등 트라우마로 어려움을 겪는 아동과 가족을 상담하고 있다. 현재 대구대학교 겸임교수이며 놀이상담심리 교육수련감독전문가로서 놀이치료 관찰수련 및 슈퍼비전을 통해 놀이치료사를 양성하고 있다.

김은경(Kim Eun kyung)

20여 년간 대학과 대학원에서 아동상담과 놀이치료, 부모상담 등을 강의하고 있고, 임상현장에서 다양한 트라우마와 심리적 어려움을 겪는 아동과 부모를 상담해 오고 있다. 아동상담 지도감독전문가, 발달심리전문가, 놀이상담심리 교육수련감독전문가와 청소년 상담사 1급으로서 슈퍼비전을 통해 아동 상담 전문 인력을 양성하고 있다.

김혜선(Kim Hye sun)

강원대학교 사회복지학과 교수이며, 중독과 트라우마 회복연구소 소장이다. 한국가정법률상담소(서울) 가정폭력(음주문제) 가해자 및 피해자 전문 상담사로 활동하고 있으며, 전미중독상담사협회(NAADAC)의 회원이고, 국제적인 트라우마 치료 및 교육기관인 Somatic Experiencing에서 훈련받았다.

트라우마로부터 우리 아이 지키기
부모와 상담자를 위한 지침서
Trauma-Proofing Your Kids:
A Parents' Guide for Instilling Confidence, Joy and Resilience

2020년 6월 30일 1판 1쇄 발행
2022년 2월 25일 1판 2쇄 발행

지은이 • Peter A. Levine · Maggie Kline
옮긴이 • 하영례 · 김숙희 · 김은경 · 김혜선
펴낸이 • 김진환
펴낸곳 • ㈜**학지사**

04031 서울특별시 마포구 양화로 15길 20 마인드월드빌딩
대표전화 • 02-330-5114   팩스 • 02-324-2345
등록번호 • 제313-2006-000265호

홈페이지 • http://www.hakjisa.co.kr
페이스북 • https://www.facebook.com/hakjisabook

ISBN 978-89-997-2147-2 93180

정가 17,000원

이 도서의 국립중앙도서관 출판시도서목록(CIP)은 서지정보유통지
원시스템 홈페이지(http://seoji.nl.go.kr)와 국가자료공동목록시스템
(http://www.nl.go.kr/kolisnet)에서 이용하실 수 있습니다.
(CIP 제어번호: CIP2020026341)

출판 · 교육 · 미디어기업 **학지사**
간호보건의학출판 **학지사메디컬** www.hakjisamd.co.kr
심리검사연구소 **인싸이트** www.inpsyt.co.kr
학술논문서비스 **뉴논문** www.newnonmun.com
교육연수원 **카운피아** www.counpia.com